2030
한국경제론

2030 한국경제론

1판 1쇄 ┃ 2017년 2월 17일
　　2쇄 ┃ 2020년 9월 10일

지 은 이 ┃ 이인실
발 행 인 ┃ 김영희

발 행 처 ┃ (주)와이에치미디어(**프리이코노미북스**)
등록번호 ┃ 2017-000071호
주　　소 ┃ 08054 서울특별시 양천구 신정로 11길 20
전　　화 ┃ 02-3771-0245
팩　　스 ┃ 0502-377-0138
홈페이지 ┃ www.yhmedia.co.kr
E - mail ┃ fkimedia@naver.com
I S B N ┃ 978-89-6374-239-7
정　　가 ┃ 18,000원

이 도서의 국립중앙도서관 출판예정도서목록(CIP)은 서지정보유통지원시스템 홈페이지(http://seoji.nl.go.kr)와 국가자료공동목록시스템(http://www.nl.go.kr/kolisnet)에서 이용하실 수 있습니다.(CIP제어번호: CIP2017004513)

2030 한국경제론

이 인 실 지음

프리이코노미북스

경제를 알아야
미래를 준비할 수 있다

2015년 영국의 한 싱크탱크인 경제경영연구센터(CERB, Centre for Economics and Business Research)는 15년 뒤인 2030년경 한국경제가 세계 7위의 경제대국으로 성장할 것이라고 전망한 바 있다. 이 싱크탱크는 친기업 인식을 가진 국민과 공공부문, 정부 등을 그 강력한 이유로 들며, 제조업 선택과 집중 전략으로 신화를 일궜던 한국경제가 점점 기술에 기반 한 경제로 옮겨 갈 것으로 내다보았다.

그러나 그 후 2년여가 지난 지금도 이 성공방정식이 통할지는 의문이다. 얼마 전 글로벌 컨설팅사 PwC와 삼일회계법인은 『2050 세계경제 장기 전망-세계경제 순위의 변화』 보고서를 통해 충격적인 전망을 내놓았다. 이대로 가다간 2050년 한국경제가 세계 18위로 떨어질 거라는 얘기다. 이집트(15위), 파키스탄(16위), 이란(17위)만도 못하게 된다는 것이다. 물론 이 보고서의 예측은 '구매력평가(PPP, Purchasing Power Parity)' 기준 국내총생산(GDP)에 근거하긴 하지만 2016년 현재 우리나라의 구매력평가 기준 국내총생산이 13위인 것을 감안하면 충격이 아닐 수 없다.

사실 30년 후가 아닌, 당장 10년 후 한국경제도 방심할 수 없는 일이 되어 버렸다. 이 책은 이런 걱정에서 출발해 무엇보다 우리의 미래를 이끌어 갈 2030세대들이 한국경제 발전과정을 제대로 이해하고 향후 무엇에 주목하며 발전시켜 나갈지를 고민하도록 단초를 제공해 보겠다는 취지에서 비롯되었다. 그들이 한국경제를 책임지는 중추세력이 될 2030년경에도 한국경제가 여전히 세계 10위권의 경제대국으로서 지위를 유지할 수 있어야 우리에게 미래가 있기 때문이다.

지난해 중국경제와 금융시장이 휘청거리는 모습을 보이면서 한국경제에 대한 우려가 커지고 있다. 과연 한국경제는 잘 해낼 수 있을까? 굴곡이 컸던 시대에 경제학을 배웠던 필자로서는 한국경제론을 가르치는 것에 대해 감회가 남다를 수밖에 없다. 박정희 정권의 유신시대에 고등학교에서 제식훈련과 교련을 배워야 했고 최루탄 냄새를 맡으며 대학시절을 보내다 보니 균형 잡힌 학문으로서 경제학을 공부하기 쉽지 않았다. 그나마 이제 와서 다행이라고 생각되는 것은 10년간의 미국 유학생활을 마치고 1990년 귀국한 이후 다양한 위치에서 경제학을 연구하고 공부했다는 점이다.

귀국한 첫해에는 시간강사를 하다 보니 여러 과목을 주어지는 대로 가르쳤다. 경제원론은 물론이고 통계학, 재정학, 화폐금융론, 한국경제론에 이르기까지 주어진 과목을 모두 마다하지 않고 강의했다. 특히 한국경제론을 가르쳤던 것을 돌이켜 생각해 보니 당시 강의를 들었던 학생들에게 미안하고 부끄럽기 짝이 없다. 미국 박사학위과정 동안 전공을 했거나 논문을 썼던 분야를 가르치면 부담이 덜 했을 것이지만 그 당시에는 과목을 가릴 처지가 아니었다. 정규직으로 시작한 하나은행경제연구소에서의 금융조사팀장과 한국경제연구원의 금융재정연구센터 소장, 그리고 국회예산정책처에서 경제분석실장을 역임하면서 현실경제에 밀접한 연구를 다양한 각도에서 할 수 있었던 것이 큰 행운이었다. 2006년 서강대에서 교편을 잡기 시작하게 되면서 가르친 과목은 경제원론과 거시경제학, 재정학과 더불어 민주주의 경제학과 의회의 사결정의 경제학이었다. 정치경제학적 입장에서 경제학을 보는 눈을 넓히게 된 것도 시각을 넓히는 데 큰 도움을 주었다.

2009년 1학기부터 2년 3개월을 통계청장으로 재임하다 2011년 2학기에 학교로 돌아오니 우선은 뇌구조를 돌리는 일이 필요했다. 행정을 위해 활동하는 뇌, 가르치는 뇌와 연구하는 뇌의 쓰는 부위가 분명 다른 것 같다. 처음에는 계속 고민해 왔고 가르치기도 했던 '민주주의와 경제학'을 맡았으면 하였으나 학과장이 명예퇴직하신 김광두 교수님이 가르치시던 한국경제론을 맡으면 어떻겠느냐고 제의했다. 한국경제론은 이론적인 과목이 아니라 경제학에 대한 이해도가 높은 가운데 한국경제를 총괄적으로 보는 안목이 있어야 하는지라 해 보고 싶은 일이긴 하나 걱정이 앞섰다. 다행히 개강까지는 한 달 이상의 시간이 있어서 인터넷으로 찾아보기도 하고 교보문고에 들러 한국경제 관련 책들을 찾아 읽어 보았다.

생각보다 대학에서 한국경제론이라는 과목을 개설한 대학이 적었다. 그분들의 강의계획서를 읽어 보았으나 개인의 학문적 성향이 지나치게 반영되어 있어서 개인적으로는 받아들이고 납득하기 어려운 부분조차 있었다. 시중에 나와 있는 한국경제론 책들은 가짓수가 많은 것 같았지만 내용을 들여다보니 대부분이 경제정책에 대한 설명 일변도였고 그나마 일관성이 없어 한국경제에 대한 교과서로 사용할 만한 책은 많지 않았다. 여러 명이 각자의 분야에서 한국경제를 보는 시각을 서술한 논문이나 글을 모아놓은 것 또는 각 분야별로 나누어 경제를 서술하는 식이다. 그러다 보니 한국경제를 체계적으로 바라보는 일관성이 없어 학생들에게 가르치기 곤란했다. 저자가 한 분인 경우는 시각이 한 방향으로 흐른 경우가 많았다. 강의를 맡고 가르치겠다고 했을 때의 의지가 교과서를 택하면 퇴색될 것 같았다. 이에 보다 중립적이고 글로벌한 시각에서 한국경제의 발전 상황을 설명하고 학생들이 시사점을 얻는 방향으로 강의록을 쓰기 시작했다. 이마저도 개인적 학문취향이 반영될 것임에도 불구하고 학생들의 시각에서 필요한 부분을 적어 나가기로 작정한 것이다.

한국경제를 논하는 중요한 출발점은 경제학을 어떻게 정의하는가에서 시작해야 할 것이다. 최광(2003)은 인류의 건강을 다루는 네 가지 학문을 이야기하면서 신체적 건강(physical health)을 다루는 것은 의학(medicine), 정치적 건강을 다루는 것은 법학(law), 정신적 건강을 다루는 것은 신학(theology), 그리고 물질적 건강을 다루는 학문으로 경제학을 분류하고 있다.[1] 경제학의 정의를 상징적으로 잘 표현하고 있다고 생각된다. 경제학은 분명히 물질적이고 형이하학적인 면을 포함해 다루고 있다. 하지만 더 중요한 방점은 경제학이 현실에서 사회적 현상에 대해 잘 설명하고 있다는 데 있다. 제1차 산업혁명과 더불어 발전해 온 경제학이 최근에는 제4차 산업혁명이라는 파고에 직면해 도전을 받고 있다. 산업혁명을 겪으며 물질적으로 풍부해진 서구 경제에 대한 설명으로 경제학이 발전하다 보니 한국경제에 대한 이론적인 접근은 원천적으로 부족한 편이다. 그동안 여러 경제학자들이 주장해 온 동북아경제론이나 동아시아경제론에 편승해서 한국경제론을 이야기할 수도 있다.
최근에는 한 가지 학문적 전통을 고집하기보다 학제가 융합해

---

1) 최광, 『경제원리와 경제정책』, 2003.

서 현실을 설명하려는 노력이 진행 중이다. 좀 더 포괄적인 관점에서 한국경제를 설명한다면 학생들에게 이해력이나 설명력을 높일 수 있을 것이다. 게다가 경제학은 사회 전체적인 현상을 설명하고 해결책을 간구하는 학문적 성격이 부족하다는 비판을 받고 있기도 하다. 우리가 현재 살고 있는 경제와 사회가 훨씬 더 복잡하고 다양해졌기 때문이지만 이러한 비판적 시각 역시 편협적이라는 지적을 받기는 마찬가지이다. 이처럼 경제학에 대한 비판이 거세진 것은 경제학자의 시각이 좁아졌기 때문이라기보다는 경제를 분석함에 있어서 같이 분석해야 하는 대상이 더욱 광범위해지고 복잡해졌기 때문으로 보는 것이 맞다. 경제학의 어원에도 나와 있듯이 경제학은 경제인간(homo economicus)을 연구하는 학문이다. 영국의 경제학자이며 근세경제론의 효시라고도 할 수 있는 알프레드 마샬은 경제학을 '일상생활 속에서 인간을 연구하는 하나의 학문(Economics is a study of mankind in the ordinary business of life)'이라고 정의했다. 굳이 영어가 아니더라도 경제학은 우리나라에서도 '세상을 바르게 다루어 백성들을 이롭게 한다'는 뜻의 '경세제민(經世濟民)'을 연구하는 학문으로 인식되어 시작되었다.

그중에서도 한국경제는 최근 들어 점점 관심이 커져가는 학문 분야 중 하나이다. 제2차 세계대전 이후 도시국가가 아닌 일정 정도 이상의 인구를 가진 국가 중에서 한국처럼 산업화에 빠르게 성공한 나라는 많지 않다. 이미 많은 개발도상국가들이 한국형 경제모형에 대해 관심을 가지고 배우고자 하지만 한국경제의 성공을 설명할 이론이 체계적으로 개발되어 있지 못한 것은 아쉬운 일이다. 경제학이론 중 가장 정교한 신고전학파의 이론적 체계하에서 한국경제를 설명하는 것은 매우 어렵다. 노벨경제학상 수상자인 루카스(Robert E. Lucas) 교수가 1993년 논문에서 한

국의 경제발전을 기적이라고까지 설명하였는지 이해가 간다.[2]

최근 사회과학의 여러 저서에서 한국경제는 매우 특이한 경우로 연구의 대상이 되고 있다. 한국은 한 세기만에 혹독한 식민지와 전쟁을 겪어서 폐허가 되었고 세계에서 가장 빠르고 압축적인 성장으로 산업화를 달성했으며 제4차 산업혁명의 최전선에서 활약하고 있는 경이로운 나라이다.

한국경제에 대한 객관적인 자료문제로 돌아가면, 다행히도 역사적으로 매우 의미 있는 해인 2010년을 계기로 『한국경제60년사』가 발간되었다. 경술국치 이후 한국경제가 근대화를 시작한 지 100년이 되는 해이며 한국전쟁 발발한 지 60년이 되는 해인 2010년에 '한국경제60년사편찬위원회'가 구성되고 『한국경제60년사』가 발간되어 적어도 객관적 사실을 한자리에서 볼 수 있는 참고 문헌이 생긴 것이다. 다만 『한국경제60년사』는 주로 국책연구원을 중심으로 만들어졌다. 또한 노동분야 같은 경우는 학자들 사이의 국책연구원인 한국노동연구원에서조차 의견의 일치를 보기 어려워 자세한 논의가 이루어지지 못한 아쉬움이 있다. 그럼에도 불구하고 이 책의 전반적인 흐름은 한국경제60년사편찬위원회의 자료가 많은 참조가 되었다. 다만 『한국경제60년사』가 출판된 후 수년이 경과하여 출판 당시 상상할 수 없었던 많은 이슈들이 등장하였으므로 이후에 등장한 현안에 대해서는 따로 논의한다.

이 책은 크게 세 부문으로 구성되어 있다. 첫 번째는 한국경제 발전에 대한 이해를 돕기 위한 다양한 시각을 다루었다. 세계 속에서 그리고 역사 속에서 한국경제의 위치를 조명해 보고 한국

---

2) Lucas, Robert E., 'Making a Miracle', Econometrica, 1993.

경제의 발전 요인을 설명하였다. 두 번째는 한국경제를 시계열적으로 나누어 총론적 차원에서 설명하고 있다. 세 번째는 한국경제의 구조적 문제점이 무엇인지와 함께 한국경제의 당면과제에 대해 짚어 보았다.

잠깐! [漢字, 세상을 말하다] 經濟(경제)

일본에서 명치유신이 한창이던 19세기 중반, 많은 일본 지식인이 서방으로 유학을 떠났다. 그들은 새로운 학문을 접했다. 그중 'Economics'라는 듣지도 보지도 못한 과목이 있었다. 이를 어떻게 일본에 소개해야 할까, 그들은 고민했다. '가장 낮은 비용으로 가장 큰 효과를 낼 수 있는 방법을 연구하는 학문'이라는 뜻을 살려야 했다. 그래서 생각해 낸 게 바로 '세상을 바르게 다루어 백성들을 이롭게 한다'는 뜻의 '경세제민(經世濟民)'이었고, 이를 축약해 '경제(經濟)'라고 했다. 경제학은 그렇게 동양에 소개됐다.

'경세제민'이라는 말이 중국 문헌에 처음 등장한 것은 4세기 전후다. 동진(東晋, 317~419) 시대 학자 갈홍(葛洪)이 쓴 도가(道家) 서적 포박자(抱朴子)는 "홍수가 심할 때 기자(箕子)가 경세(經世)의 방책을 내놓았고, 범생회(范生懷)가 치국(治國)의 방법을 제시했다"고 쓰고 있다. 이후 여러 서적에서 경방(經邦, 나라를 다스림), 제민(濟民, 백성을 구함) 등이 등장했고 이를 연결해 '경세제민'이라는 말이 탄생했다.

중국에서도 '경제'라는 단어가 없었던 것은 아니다. 당나라 학자였던 방현령(房玄齡, 579~648)이 쓴 진(晋)나라 역사서 『진서(晉書)』에는 "발 아래에 물이 차오르는 위기에 처하면, 각고의 탈출 방법을 생각해내고, 결국 명료한 길을 찾아내 충분히 위기를 넘긴다(足以經濟)"는 말이 나오기도 한다.

그러나 '경제'가 현대적 의미(Economy)로 쓰인 것은 1910년대 활발히 이뤄진 신문화운동 이후였다. 굳이 따지자면 '경제'라는 단어의 지적 재산권은 일본에 있는 셈이다. 철학(哲學, Philosophy)이 그렇듯 말이다. 중국 학계 일각에서는 "만일 중국인이었다면 'Economics'를 '혜민학(惠民學)'으로 옮겼을 것"이라는 얘기가 나온다.

서방 경제학이 동양 사회에 전해진 지 100여 년, 우리는 그동안 수많은 경제위기를 목격해야 했다. 2008년 글로벌 위기 이후 최대 경제 대국이라는 미국이 또 다시 문제다. 경제학자들은 백성을 위기에서 구하고(濟民), 백성에게 혜택을 줘야 한다(惠民)는 경제학의 존재 이유를 언제쯤 실현할 수 있을까.

중앙일보 2011.08.08 한우덕(woodyhan@joongang.co.kr)

목 차

2030
한국경제론

Part 1

한국경제 발전 70년의 함의

제1장

한국경제 발전을 둘러싼 다양한 시각과 논의

1. 한국경제에 대한 기본적 이해

한국경제를 논하기 전에 이 책에서 경제학에 대해 어떻게 접근하고 있는지를 설명할 필요가 있다. 경제학은 사람들이 당면하는 수많은 경제행위를 어떻게 이해할 것인가에서 시작한다. 사람들의 경제행위는 인간이 먹고 마시고 쓰면서 일상생활을 영위하는 수많은 물질에 대한 욕망에서 시작한다. 경제학이 '사회과학의 여왕(queen of social science)'이라는 찬사를 받게 된 것은 이러한 물질적 욕망을 끄집어내서 이론적으로 체계화시켰기 때문이다. 인간의 본성 중 물질적 욕망을 '합리성'과 '이기심'이라는 논리적 잣대로 재단해 연구했다. 경제학의 본산인 서구유럽에서도 경제학의 역사는 길지 않다. 경제학의 아버지라고 하는 아담스미스의 국부론에서 경제학의 뿌리를 찾는다. 서양에서 경제학은 왜 1776년 아담스미스의 『국부론』을 시작으로 발전하기 시작했을까? 아담스미스가 주장한 것처럼 개인이 자신의 이기심에 충실해 자신의 물질적 욕망을 채우려고 하면 보이지 않는 손이 시장을 통해 정리를 해 주어 이상적인 상태로 가게 된다는 것이다. 그러나 여기에는 사람들이 잊고 있던 전제가 있다.

유럽에서는 오랫동안 중세를 지배하였던 종교관과 왕권은 개인이 물질적 욕망을 추구하는 것을 허락하지 않았다. 봉건적인 농업경제사회에서 생산의 목적은 효율적으로 더 많이 생산하는 것을 추구하는 것이 아니라 내 가족과 같은 공동체 내의 사람들이 쓸 만큼 생산하거나 왕족이나 귀족 교회권력이 요구하는 만큼을 전통적인 방법으로 생산하면 되었던 것이다. 그렇게 보면 경제학은 기독교 종교관과 절대권력인 왕권과의 오랜 투쟁을 거쳐 정립된 것으로 볼 수 있다. 중세나 고대에도 경제는 존재하였다. 하지만 경제학이 있었던 것이 아닌 것이다. 경제학의 기본원리인 개인의 이기심을 인정하지 않았기 때문이다. 개인의 물질적 욕망을 인정하지 않는 절대권력하에서는 경제가 발전하는 데 한계가 있을 수밖에 없다.

동서양이 모두 농경사회에서 기아와 질병에 시달리기는 마찬가지였지만 산업혁명 이전에는 생산성이나 기술력에 있어서 서양경제보다 동양경제가 앞서 있었다. 경제사학자인 앙구스 메디슨(Angus Madison)이 물질화할 수 있는 것을 모두 화폐가치로 환산하는 방법을 동원해 그리스 시대의 1인당 소득을 추정한 결과 150달러였다(1990년 불변가격 기준). 1만 5천 년 전 수렵채집 시대 원시인의 1인당 국민소득이 90달러에 불과하였는데 1만 년이 넘도록 150달러였던 1인당 국민소득은 1750년 산업혁명이 일어날 때까지도 180달러에 불과할 정도로 인간사회의 물질적인 번영은 수천 년간 큰 진전이 없었다.[3] 그런데 250년 후인 2000년에는 무려 37배나 증가한 6,600달러에 이르게 된 것이다.

서구의 경제는 산업혁명 이후 물리적 기술의 진보와 사회적 기술의 진보에 의해 발전을 거듭하였다. 앙구스 매디슨(2001)[4]에 의하면 1700년을 기준으로 할 때 유럽 전체의 경제력이 중국과 인도 수준에 불과했다. 그러나 산업혁명을 거치면서 서구의 경제력은 놀랍도록 번영을 거듭하게 된다. 동양경제를 서양경제가 앞서게 된 시기에 대해서는 여러 가지 설이 있지만 로버트 포겔 시카고대 교수는 산업혁명을 기점으로 서양이 동양의 경제력을 추월하기 시작한 것으로 본다. 특히 포겔 교수는 두 가지 사회적 기술의 발견에 주목한다. 하나는 기업, 특히 주식회사의 발명이며 다른 하나는 자본주의라는 경제시스템의 발명이다. 불특정 다수로부터 돈을 모아서 주식회사의 형태로 만들면 이렇게 만들어진 자본으로 노동생산성을 크게 끌어올려 전반적으로 생산성을 높일 수 있게 된다.

경제학자들은 아담 스미스의 『국부론』이 나온 1776년을 주목하기도 한다. 동서양 문명의 비교 전문학자인 로버트 조지는 1794년까지도 동양이 서양을 앞섰다고 주장한다.[5] 중국, 일본, 인도 등 동아시아 경제는 산업혁명 이후 계속 기울다가 1950년을 저점으로 최근 눈부신 발전을 하고 있다. 중국은 1949년 공산화된 이후 국력을 키우기 시작했으며 한국경제도 1950년 이후 지속적으로 성장을 하고 있다. 앙구스 메디슨은 중국의 경제력이 2017~2030년 사이에 미국을 추월할 것이며 2030년에는 세계경제의 23%를 차지할 것으로 전망하였는데 그의 전망보다 중국의 경제력은 더 빠르게 확대되고 있다. IMF 자료에 의하면 중국

---

3) 인류의 역사를 250만 년으로 보면 인류 부의 97% 이상이 우리 역사의 마지막 0.01%에서 창출되었다는 것이다(『부의 기원』, p.39).

4) Angus Madison, 『The World Economy-A Millennial Perspective, Development Centre Studies』, OECD 2001.

5) Robert Loyd George, "The East-west Pendulum", Quorum Books, 1992 May.

의 구매력(PPP) 기준 GDP규모가 2014년 말 정도에 이미 미국의 GDP규모를 추월하였다.

이언 모리스(Ian Morris)는 강한 나라의 기준을 1인당 에너지 소비, 군사력, 도시인구, 정보기술로 보고 이를 지수화하였다.[6] 이에 따르면 2000년 현재 서양은 906점이고 동양은 565점에 불과하다. 이 추세대로 간다면 동양이 서양을 추월할 수 있는 시기는 2103년이 되어야 한다고 한다. 서기 541년 동양이 서양을 추월한 이후 1773년 동양이 다시 서양을 추월했다고 동 지표는 이야기하고 있다. 이런 다양한 견해들을 참고하여 한국경제는 어떤 위치에 있는지 생각해 볼 필요가 있다.

2. 세계 속 한국경제의 위치

한국은 지리적으로 한국과 중국, 일본으로 구성되는 동아시아의 중앙에 위치한 반도 국가이다. 이 세 나라는 지리적으로 인접해 있는 것은 물론이고 정치·경제·역사적으로도 매우 밀접한 연관이 있다. 2010년 세계은행이 발간한 『세계개발보고서』에 의하면 현재 이들 세 국가를 합친 면적은 세계 전체의 6.8%에 불과하지만 세계 인구의 22.5%에 달하는 사람이 살고 있으며, 구매력기준의 국민소득으로 보면 세계경제의 20%를 차지하고 있다.

여러 가지 지리적 구분이 있는데 이렇게 동아시아를 주목하는 것은 동아시아 국가의 경제규모도 중요하지만 이들 국가들이 경제학자들이 실현 가능하다고 생각하는 이상으로 지속적인 성장을 거듭하였다는 점이다.

---

6) Ian Morris, 『Why the West Rules--for Now: The Patterns of History, and What They Reveal About the Future』 Farrar, Straus and Giroux, 2011.

동아시아 모형과 신고전학파 모형의 비교

	동아시아 경제발전 모형	신고전학파 경제성장모형
시장	불완전경쟁시장	완전경쟁시장
정부	경제적 자원의 일부분, 간섭	자유방임, 불간섭
국제무역	규모의 경제와 비교우위	정태적 비교우위
수출	적극적 방법으로 수출촉진	정책중립 혹은 정책부재
요소가격 왜곡	필요함	비효율적 자원배분

20세기 중반 이후 반세기 동안(1950~1999) 미국과 유럽 5개국은 각각 경제규모가 5.1배와 5.0배 증가한 반면에 홍콩은 28배, 한국의 38.9배, 싱가포르 36.7배, 일본 16.1배, 그리고 대만은 46.8배나 성장하였다.

세계은행도 1993년 동아시아 경제발전에 대한 보고서를 내면서 동아시아국가들의 이처럼 빠른 경제성장과는 달리 다른 개발도상국 경제의 70% 이상은 선진국 경제의 평균성장률보다 느리다는 점을 지적하고 있다. 동 보고서는 경제발전의 성공이 이처럼 지역적으로 밀집될 가능성이 매우 희박하다고 지적하고 있다. 그런 면에서 동아시아의 발전은 주목받기에 충분하다고 평가하고 있는 것이다. 이러한 동아시아 경제에 대한 세계의 이목 집중은 동아시아 모형을 탄생시켰고 다양한 연구가 이루어졌다.

동아시아 경제발전론을 설명하는 대표적인 것이 쿠즈네츠(Paul Kuznets, 1988) 교수의 연구이다. 그는 한국, 일본, 대만 세 나라에 국한하여 이 세 나라를 설명하는 발전모형을 설명하였다. 다른 국가들에 비해 ①상대적으로 높은 투자율을 유지하였으며 ②정부가 경제에 적극적으로 개입하고 있고 ③경제를 구조적으로 수출지향하는 형태로 계획적으로 끌어가고 있으며 ④노동시장은 서구국가와 달리 경쟁적 구조를 가져가려 하고 있고 ⑤전체 경제규모에서 공공부문이 차지하는 비중이 크지 않다는 것이다. 여기에 세 나라에 국한된 것은 아니지만 인적자본에 대한 대규모 투자와 새로운 기술에 대한 습득능력이 뛰어난 점도 발전의 요소로 보았다.

경제학자들뿐만 아니라 사회학자들도 한국경제의 발전에 관심을 가지고 동양 특유의 윤리의식과 한자를 사용한다는 언어적 동질성 등을 발전요소로 제시하기도 하였다. 동양적 사고방식 중 대표적인 것이 유교관인데, 한때는 사회를 사농공상(士農工商)에 의해 상업을 천시하여 산업발전을 저해한다는 비판을 받기도 하였지만 교육을 중요시하는 전통이 인적 자본을 축적하는 데 기여했다는 평가를 받고 있기도 하다. 혈연과 지연, 학연 등 대인관계에 지나치게 의존하여 효율성이 떨어진다는 부정적 평가를 받기도 하였고 심지어는 1997년 아시아 금융위기가 왔을 때 아시아 전체를 싸잡아 정실(패거리) 자본주의(Crony Capitalism)라는 오명으로 해석되기도 하였다.

크루거(Anne O. Kruger)는 1980년대 중반 이후 세계경제에서 뛰어난 성과를 보여 주고 있는 한국, 일본, 대만, 홍콩을 대상으로 동아시아 국가의 경제발전을 분석하였다. 애칭으로 '네 마리 용(Four Dragons)'이라고 불렸던 이들 네 나라는 상대적으로 자원이 빈약한 국가이지만 ①실현가능하다고 판단되는 이상의 고성장을 지속하였고 ②수출주도형의 경제정책을 시행하였으며 ③ 교육에 대한 높은 투자를 통해 노동력의 수준을 제고하였으며 ④정부에 의한 사회간접자본을 지속적으로 구축해 나가며 ⑤통화정책과 재정정책은 보수적으로 운용했다는 특징을 가지고 있다고 분석하였다.

폴 크루그먼 교수는 1994년 발표한 그의 논문에서 아시아의 경제성장은 영감(Inspiration)에 의한 게 아니라 땀(Perspiration)

에 의한 것이라고 했다. 즉, 아시아의 빠른 경제성장은 풍부한 노동력을 바탕으로 자본투입이 이루어진 것으로, 과거 고성장시대처럼 저축과 노동 투입 증가가 끝없이 지속될 수는 없으므로 아시아 국가들은 과거 소련을 비롯한 사회주의 국가가 그랬듯이 곧 성장의 한계를 맞게 될 것이라는 것이다. 발표 이후 아시아 경제위기가 터져서 많은 공감을 얻기도 했지만 아시아가 향후 세계경제의 큰 축을 이끌어 갈 것이란 것은 의심의 여지가 없다. 크루그먼 교수의 냉정한 평가에도 불구하고 흥미로운 것은 현재 아시아의 선진국, 특히 한국과 일본이 이러한 아시아의 도약을 이끄는 과학과 기술혁신, 나아가 성장을 넘어 광범위한 복지사회 건설을 선도하는 역할을 할 것으로 기대하고 있다는 점이다. 한국경제를 비롯한 아시아경제가 이 보고서의 낙관적 시나리오에서처럼 기대하는 역할을 할 수 있을지는 미지수이지만 아시아의 시대가 오는 것임은 분명하다.

최근 빌 게이츠가 추천하면서 더 잘 알려진 『How Asia Works [아시아의 힘(2014): 한국어 번역]』의 저자 조 스터드웰은 아시아를 동북아시아와 동남아시아로 나누고 2차 세계대전이 끝난 후 일제히 전개된 동아시아 국가들의 경제개발 역사를 살펴보면서 동북아시아(일본, 한국, 대만, 중국)는 어떻게 고도성장을 이루었고 동남아시아(말레이시아, 인도네시아, 태국, 필리핀 등) 나머지 국가들은 왜 실패했는지 분석하였다. 동아시아의 개발사에서 승자와 패자를 가른 결정적 요소가 무엇인지에 대한 질문은 개발경제학의 오랜 주제이기도 한데, 조 스터드웰은 경제개발에서 가장 중요한 것은 국가의 역할이고 산업정책에서 핵심은 토지개혁을 통한 농업 개발, 수출 중심 제조업 육성, 금융에 대한 통제 등 세 가지라는 것이다. 즉, 이 세 가지는 동아시아에서 가장 먼저 경제개발에 성공한 일본과 그 뒤를 따라간 한국과 대만, 그리고 그들보다 한참 늦게 출발한 중국에서 공통적으로 발견되는 성공의 공식으로 규정짓고 있다.

아시아개발은행이 2011년 발간한 『아시아 2050』이란 보고서는 2050년 아시아가 전 세계 총생산의 52%를 차지할 것이라 예측하고 있다.[7] 약 300년 만에 다시 아시아가 세계 총생산의 절반 이상을 차지해 세계경제의 중심적 지위를 되찾게 된다는 것이다. 2011년 현재 아시아 경제가 차지하는 비중이 27%인 것에 비춰 보면, 순조롭게 성장을 해 나간다는 전제가 있기는 하지만 향후 40년간 아시아는 엄청난 도약을 통해 세계경제의 중심으로 부상하게 되는 것이다. 아시아 50개국 중에서도 이러한 도약을 견인할 나라로 7개국을 꼽고 있는데 중국·인도·인도네시아·일본·한국·태국·말레이시아가 그 대상 국가이다. 이들 7개국이 2050년 아시아 총생산의 90%, 전 세계 총생산의 45%를 차지하고 향후 40년간 아시아 경제성장의 87%, 전 세계 경제성장의 55%를 기여하게 될 것이라고 한다. 물론 개혁에 실패한다면 그 정도의 성장은 어렵다는 다른 시나리오를 참조하더라도 아시아의 번영은 당분간 우여곡절을 겪을지라도 지속될 것이다.

3. 한국경제 발전에 대한 다양한 분석

동아시아 국가들이 서구국가들이 밟아 온 전통적인 성장경로를 거치지 않고도 지속적인 경제성장을 하고 세계경제에서 경쟁력을 가지는 나라로 발전할 수 있었는가를 동아시아 발전모형이라는 틀 안에서 해석하려는 다양한 노력들이 있었다. 하지만 동아시아 발전모형 내에서 한국경제의 발전에 대한 설명은 가능한가

---

7) ADB, 『Asia 2050: Realizing the Asian Century』, 2011.

하는 의문이 들지 않을 수 없다.

한국경제에 대한 인식이 크게 개선되고 있으나 아직까지 독자적인 분석모형이 존재한다고 보긴 어렵다. 무엇보다 전통경제학인 신고전학파 경제학은 합리성을 가정하고 경쟁이 보장된 시장에서 개인의 효용을 극대화하고 기업은 이윤을 극대화하기 위해 활동한다고 가정하고 있다. 이런 가정은 국제무역시장에서도 같이 통용되고 있다. 그러나 실제로 후진국들이 당면하는 현실은 다르다. 당면하는 시장은 정보가 완전하고 거래비용이 낮은 완전경쟁시장이라기보다는 정보도 제한적이고 거래비용이 높은 매우 불완전한 경쟁시장이다. 소비자도 서구와 같은 합리성을 전제해 활동하지 않는다. 동아시아에서는 정부가 서구경제에서와 같이 경제에 간섭을 하지 않는 것이 아니라 정부조차도 경제자원의 일부분처럼 행동한다는 것이다. 국제무역에 있어서도 리카르도가 역설한 것처럼 정태적 비교우위가 아니라 동태적 비교우위에 따라 행동해야 한다는 것이다. 비교적 정태우위보다는 규모의 경제가 더 중요하다는 것이다.

노벨경제학상 수상자인 로버트 루카스 교수는 1993년 《이코노메트리카(Econometrica)》에 발표한 「Making a Miracle(기적을 만드는 일)」이라는 논문에서 1960년 이후 한국의 경제성장은 어떤 경제이론으로도 설명하기 어려운 기적과 같다고 주장했다. 1960년대 초 한국은 필리핀보다 훨씬 낮은 경제 수준에서 경제개발을 시작하였지만 상위권 진입을 앞두고 있지만, 필리핀은 아직도 하위중진국에 머무르고 있다. 루카스 교수는 내생적 성장모형을 통해 한국이 인적자원의 개발과 활용으로 경제적 발전을 이루었다고 설명하고 있다.

앞서 설명한 조 스터드웰도 경제개발에서 가장 중요한 것으로 국가의 역할을 꼽고 있고 이러한 관점에서 동아시아의 경제발전을 분석하고 있다. 조 스터드웰이 성공의 세 가지 요인으로 토지개혁을 통한 농업 개발, 수출 중심 제조업 육성, 금융에 대한 통제 등을 주목하면서 소작농 위주였던 농업을 토지개혁을 통해 소규모 가족농으로 재편하는 것은 한 국가가 산업화를 시작할 수 있는 기반이 되었다고 설명하고 있다. 이렇게 농업 부문에서 형성된 부는 산업화에 필요한 자금을 댈 뿐만 아니라 초기 제조업체들의 시장이 되기 때문이다. 대만은 토지개혁의 가장 성공적인 사례로 제시된다. 그러나 본격적인 경제개발이 이루어지려면 농업만으로는 한계가 있으며 제조업과 교역의 역할이 필요하다. 이 단계에서 성공하려면 농업을 통해 확보된 역량과 자본을 서비스업이 아닌 제조업으로, 특히 국제경쟁력을 갖춘 대규모 제조업으로 유도해 나가야 한다. 조 스터드웰은 이 단계에서 한국의 사례를 강조하면서 한국은 일본이나 대만에 비해 토지개혁의 성과가 낮았지만, 제조업 육성과 수출 증진에서는 어떤 나라보다 탁월한 성과를 보였다고 평가하고 있다.

특히 소규모 농가를 육성하고 제조업을 키우는 경제개발 초기 단계에서 금융 부문의 통제와 관리는 필수적으로 보고 있다. 국가가 은행을 틀어쥐고 제조업체에게 특혜 대출과 함께 수출 증진이라는 압력을 동시에 부여하는 방식이 유효했다는 것이다. 한국은 이 부분에 있어서 다른 나라보다 탁월한 성과를 발휘했다고 보고 있다. 여기서 흥미로운 것은 스터드웰이 IMF 등 국제기구들이 개발도상국을 향해 자본시장 개방을 훈수해 온 것에 대해 비판을 하고 있는 점이다. 서구 국가들의 방식으로 자본시장을 통한 자본축적으로 제조업에 투자하는 방식을 개발도상국에 적용하는 것은 잘못된 것이라고 주장한다. 아직 시장이 충분히 성숙하지 않았기에 서구의 방식대로 흘러가지 않았던 다른 아시아 국가들의 사례를 보면 수긍이 가는 부분이 있다. 국가가 금융 부문에 올바른 방향을 제시하고 산업 프로젝트로 자금을 돌리고, 해외 자금 흐름이 개발계획을 방해하지 않도록 국제적인 자금의 유입과 유출을 엄격하게 제한한 것이 성공의 원인이었다고 분석한다. 토지개혁이나 금융통제는 그동안 한국의 경제개발과 관련해 중요하게 거론되지 않았던 요소라는 점에서 다른 한국경제 개발 관련 학자들의 연구와 비교해 보는 것은 한국경제에 대한 또 다른 관점을 제공한다는 점에서 흥미롭다.

더욱이 한국의 현대사 인식과 관련해 토지개혁이 이승만 정권의 경제적 업적 중 으뜸으로 꼽히는 것인데, 이 책에서는 이승만 전 대통령이 끝까지 토지개혁에 저항했고 미군정이 지속적으로 압박해 이뤄졌다고 설명하는 점은 검증이 필요한 부분이다. 더구나 일본의 식민지배 경험이 한국이 산업화로 나가는 토대와 아이디어가 됐다는 시각도 있는데 이 역시 검증이 되어야 하며 한국 학계에서는 받아들이기 어려운 부분이다. 그는 산업화에 대한 사상은 일본에서 식민지인 한국과 대만, 근대적 개발이 약 20년 뒤처진 중국으로 확산되었다고 보고 일본에서 진행된 산업화의 직접적인 영향으로부터 단절된 동남아시아 국가들의 경우 개발에 필요한 제조업정책을 배우기 위해 일련의 국제기구들(특히 세계은행)이 설립될 때까지 기다려야 했다고 하는 부분은 지나친 서구적 시각으로 보인다.

일본은 유럽의 식민국들과 달리 뒤늦게나마 식민지에 제조공장을 지었으며 그 결과 식민지 시대 이후에 지도자들이 따를 수 있는 산업화의 표본이 생겼다고 해석하는 부분은 식민지 근대화론을 지나치게 정당화시키는 것이다. 박정희 전 대통령에 대한 평가도 예민한 부분인데 개발은 철저히 정치적인 과업으로 보고 정치지도자로서 박정희 전 대통령이 수출 중심 제조업이 경제개발의 중심이 돼야 한다는 걸 누구보다 잘 이해했고 그 방향으로 기업과 은행, 심지어 국가를 결집시키는 데 성공했다고 평가하고 있다. 스터드웰의 관점은 아시아적 시각에서 보기 어려웠던 새로운 관점도 제공하지만 논쟁거리도 아울러 가지고 있다는 점을 감안해야 한다.

제2장

한국경제
발전 요인

한국경제가 동아시아 국가들과 더불어 세계적으로 주목을 받게 된 것은 실현 가능하다고 판단한 것 이상으로 빠른 성장을 한 데 기인한다. 이로 인해 경제구조는 급격한 변화를 겪게 된다.

1. 경제구조의 급격한 변화[8]

1) 경제규모 및 산업별 성장 추세 변화

한국경제의 빠른 성장추세는 제조업 위주로 시작된다. 한국전

---

[8] 이 절은 2014년 한국은행이 새로운 국제기준(UN 2008 SNA)과 기준년을 변경(2005년에서 2010년)해 국민계정을 개편한 결과 발표에 의거해 정리하였다. 개편 결과에 의하면 1971~2012년 중 한국경제는 연평균 실질GDP 성장률(신계열)이 7.4%로 개편되기 전인 구계열 성장률 7.1%에 비해 0.3%p 상승하였는데 이는 개편된 새로운 기준인 UN 2008 SNA가 R&D를 자산화하는 글로벌 매뉴팩처링(global manufacturing) 활동을 포착하는 등의 변화를 반영함에 따라 R&D 지출 규모가 확대된 데 주로 기인한다.

쟁 이후인 1953년에서 1990년대에 이르기까지 매 십 년간 평균 두 자리 수의 성장률을 보여 왔다. 1960년대와 1970년대 제조업의 실질 부가가치는 연평균 각각 16.8%와 15.8% 증가하였다. 특히 1970년대에 들면서 제조업 내에서도 중화학 공업의 비중을 늘려갔다. 서비스업은 실질 성장률과 비슷한 추세로 꾸준히 성장하였다. 반면에 농림어업은 실질성장률 이하로 성장하면서 산업 내의 비중이 꾸준히 감소하였다.

2) 경제규모 및 1인당 국민소득(GNI 및 1인당 GNI)

한국의 국민총소득(명목GNI) 규모는 1953년 483억 원에서 2013년 1,441조 원으로 2만 9,833배 확대되었으며, 1인당 GNI(미달러 기준)도 1953년 67달러에서 2013년 2만 6,205달러로 394배 늘어났다. 2015년 중 국내총생산(명목GDP)은 1,558.6조 원으로 전년보다 4.9% 늘어났으며 미국달러 기준으로는 환율 상승(연평균 +7.4%)의 영향으로 전년대비 2.4% 감소한 1조 3,775억 달러를 기록했다.

1970년 대비(명목GNI 2조 8,427억 원, 1인당 GNI 257달러)로는 각각 507배, 102배 증가하였다. 이에 따라 1970년 세계 39위였던 우리나라의 명목GNI(미달러 기준) 순위는 2012년 14위로, 1인당 GNI 순위는 125위에서 42위로 상승하였다.[9] 1990년대 중반 이후 우리나라의 명목GNI의 국제순위는 정체되고 있으나 1인당 GNI의 국제순위는 상승을 지속해 왔다.

우리나라의 1인당 GNI(미달러 기준) 증가율을 요인별로 분해해 보면 1954~2013년 중 1인당 국민소득 증가는 실질소득 증가

---

9) 2012년 인구 4,000만 명 이상 국가 기준 1인당 GNI 순위는 8위이다. 미달러 기준으로 미국 52,013, 일본 48,324, 독일 42,364, 프랑스 40,297, 영국 39,248, 이탈리아 32,828, 스페인 27,949이다.

와 물가 상승이 기여한 반면, 원달러 환율 상승 등은 대체로 마이너스(-) 요인으로 작용하였다.

1인당 가계총처분가능소득(PGDI, Personal Gross Disposable Income)[10]은 1975년 472달러에서 2013년 1만 4,704달러로 꾸준히 증가해 왔다. 2015년 1인당 가계총처분가능소득은 1,756.5만 원으로 미달러 기준으로는 1만 5,524달러이다.

다만 1975년에 77.4%에 달하였던 가계총처분가능소득의 GNI 대비 비율은 이후 하락 추세를 보이며 2013년 56.1%를 기록하였다.

3) 경제성장률 및 실질소득 증가율

1954~2013년 중 우리나라의 연평균 실질GDP 성장률은 7.4% 이며 교역조건 변화를 반영한 실질GDI 성장률은 7.1%로 실질 GDP 성장률을 0.3%p 하회하였다. 실질GDP 성장률은 1950년대 5.8% 이후 1970년대에 10.4%까지 높아졌다가 점차 낮아져 2010 년대에는 3.9%를 기록하였다. 실질GDI 성장률은 1960~1970년대 중 실질GDP 성장률보다 낮았으나 1980년대 유가 안정으로 인한 교역조건 개선으로 일시 높아졌다가 1990년대 중반을 기점으로 ICT제품의 수출가격 하락 등으로 인한 교역조건 악화로 실질 GDP 성장률보다 낮은 상황이 지속되었다.

4) 저축과 투자

총저축률(총저축/국민총처분가능소득)은 1988년(41.7%)까지 빠르게 상승하였다가 이후 낮아져 2013년에는 34.4%를 기록하였다. 국내총투자율(총투자/국민총처분가능소득)은 1991년에 정점

---

10) 가계 및 가계에 봉사하는 민간비영리단체의 소득 합계이며 제한적이나마 가계의 구매력을 나타내는 지표이다.

(41.4%)을 기록한 이후 기업들의 설비투자 증가세 둔화 등으로 하락하는 추세이다. 2014년 총저축률은 34.5%로 2013년과 비슷했으나 2015년 35.4%로 전년보다 0.9%p 상승한 반면 국내총투자율은 28.5%로 2014년 29.3%보다 0.8%p 하락하였다.

1960~1980년대는 가계소득의 증가율이 가계소비의 증가율을 상회하였으나 1990년대 이후에는 가계소비가 가계소득보다 빠른 속도로 늘어났다.

5) 경제구조 변화

1953~2013년 중 생산구조의 변화 추이를 보면 농림어업의 GDP(기초가격 총부가가치 기준) 대비 비중이 1953년 48.2%에서 2013년, 2014년, 2015년에 2.3%로 정체된 가운데 크게 축소된 반면, 같은 기간 중 제조업은 1953년 7.8%에서 2013년, 2014년, 2015년에 31.0%, 30.2%, 29.5%로 크게 늘었다가 최근 감소하는 모습을 보이고 있다. 서비스업은 1953년 40.3%에서 2013년, 2014년, 2015년에 59.3%, 59.6%, 59.7%로 그 비중은 동 기간 중 큰 폭으로 확대되었다. 2000년대 이후에는 이러한 생산구조의 변화 속도가 크게 낮아졌다. 한편 전기가스수도업과 건설업의 비중은 각각 2000년대 초반 및 1990년대 초반까지 높아졌으나 이후 점차 축소되고 있다.

이 기간 중 지출구조의 변화를 보면 민간11)소비의 GDP 대비 비중은 1953년 86.5%에서 꾸준히 낮아져 1990년대 이후에는 50% 내외를 유지하고 있으며, 정부소비의 비중은 1953년 8.0%에서 2013년 14.9%로 점차 확대되었다. 한편 총고정자본형성의 비중은 1990년대 중반까지 빠르게 높아졌으나 이후 지식재산생산

---

11) 민간은 가계 및 가계에 봉사하는 비영리단체를 말한다.

물투자의 증가에도 불구하고 설비 및 건설 투자의 증가세가 둔화되어 하락으로 전환되었으며, 수출입의 비중은 대외교역 확대로 꾸준히 상승하였다.

가계소비 대비 국내소비[12]의 비율은 가계의 국외소비 증가로 1970년 100.1%에서 2013년 98.5%로 낮아졌다. 국내소비를 형태별로 보면 서비스 소비의 비중은 높아지고 있으나 준내구재 및 비내구재 등 재화 소비의 비중은 낮아지는 경향을 보이고 있다.

목적별로는 음식료, 주류 및 담배, 의류 및 신발 등 생활필수품의 구입 비중은 꾸준히 낮아진 반면 의료보건, 교통, 오락문화 등의 비중은 높아졌다.

총고정자본형성에서 설비투자가 차지하는 비중은 1979년 48.4%까지 높아졌으나 이후 2013년 29.1%까지 점차 낮아졌으며, 건설투자의 비중은 건물건설을 중심으로 하락세를 나타낸 가운데 2000년대 이후에는 50% 내외를 유지하고 있다. 또한 지식재산생산물투자의 비중은 지식정보화의 진전과 함께 R&D 투자 등이 빠른 속도로 늘어남에 따라 크게 상승하였다.

수출입의 GNI 대비 비율은 1953년에는 12.5%에 불과하였으나 2013년에는 105.9%로 상승하였다.

1953~2013년 중 분배구조(국민총처분가능소득의 구성내역)의 변화를 보면 피용자보수의 비중은 상승한 반면 총영업잉여(영업잉여+고정자본소모)의 비중은 2000년대 이후 하락세가 멈추고, 세금(순생산 및 수입세)의 비중은 부가가치세 도입(1977년)으로 1980년대 초반까지 높아졌으나 이후 하락세를 보였다. 이에 노동소득분배율도 1953년 27.3%에서 2013년 61.4%로 점진적으로 상승하였다.

---

12) 여기서 국내소비는 가계의 국내소비와 외국인의 국내소비를 합한 것이다.

6) 일반정부의 지출

일반정부의 총수입 및 총지출은 1970년 각각 0.6조 원, 0.6조 원에서 2013년 462.7조 원, 450.2조 원으로 큰 폭으로 늘어났으며, 저축투자차액(총수입 - 총지출)은 1980년대 초반까지 지출초를 기록하였으나 이후 수입초로 전환하였다. 다만 일반정부 부문을 정부(중앙 및 지방 정부)와 사회보장기금으로 나누어 살펴보면 사회보장기금의 저축투자차액은 국민연금 납부액의 꾸준한 확대로 수입초를 유지하고 있으나, 정부의 저축투자차액은 1980 ~1990년대에만 수입초를 나타내다가 이후 총지출이 총수입보다 빠르게 늘어남에 따라 지출초를 지속하고 있다.

2. 신속한 자본투입

1) 성장회계

한 국가의 경제성장에 구체적으로 어떤 생산요소가 얼마나 공헌했는가를 회계장부처럼 숫자를 통해 보여 주는 것을 '성장회계 (Growth Accounting)'라고 하는데 성장회계를 통해 한국경제를 분석해 보면 한국경제와 다른 국가들과의 비교가 용이하다. 한국경제의 고속성장의 배경에는 동아시아국가들과 마찬가지로 빠른 자본축적이 큰 기여를 했다. 다음 [표]에서 보는 것처럼 Hahn and Shin(2010)이 1961~2004년 사이 전 세계 83개국의 성장을 분석한 결과에 의하면 1961년부터 2004년까지 45년 동안 전 세계 83개 국가의 1인당 GDP성장률이 평균 2.4%이고 선진국은 2.1%, 한국은 4.7%인데 이 중 2.9%가 자본축적에 의해 성장한 것이다. 동아시아의 성장률은 세계 성장률을 상회하고 있으며

주요 지역별 경제성장의 분해(1961~2004)

	GDP 성장률	근로자 1인당 GDP성장률	성장에 대한 기여	
			1인당 자본축적	TFP 증가
전 세계(83)	4.0	2.4	1.2	1.3
선진국(22)	3.3	2.1	1.1	1.1
중국	7.2	5.4	2.1	3.4
한국	7.1	4.7	2.9	1.8
1961~1970	7.7	4.7	3.0	1.6
1971~1980	7.3	4.6	3.8	0.8
1981~1990	8.6	6.1	2.8	3.4
1991~2000	5.8	4.1	2.7	1.5
2001~2004	4.5	2.9	1.3	1.5
동아시아(5)	5.7	2.8	1.8	1.0
중남미(22)	3.7	1.0	0.6	0.4
남아시아(4)	4.9	3.0	1.1	1.8
사하라 이남 아프리카(19)	3.4	1.0	0.6	0.3
중동 및 북아프리카(9)	4.4	2.0	1.2	0.9

자료: Hahn and Shin(2010)

이러한 성장은 자본축적이 크게 기여하였다. 한국은 이러한 동아시아 국가 중에서도 고성장을 구가한 나라이며, 자본축적이 성장에 크게 기여하였다. 이에 비해 아프리카나 남미의 국가들은 세계 성장률을 하회하는 성장률을 보였다.

성장을 이루는 데 필요한 또 다른 생산요소는 자본이다. 우리나라가 고성장을 이룬 데는 신속하고 적극적으로 자본이 투입되었다는 점이 기여한 바 크다. 시대별로 차이가 있지만 경제개발 5개년을 시작한 이후 매우 신속하게 자본을 투입했고 자본투입은 곧바로 성장으로 이어졌다. 1970년대 자본축적이 성장에 가장 많이 공헌했으며, 다음이 1960년대와 1980년대이며 최근 들어서는 자본축적이 매우 낮은 수준이다. 이러한 신속하고 과감한 자본축적은 같은 개도국이라도 차이가 남을 알 수 있다. 많은 개도국들이 자본을 투하해서 노동의 생산성을 높이고 성장을 촉진하고 싶어 하지만 쉽지 않은 일이다.

무엇보다 우리나라 자본투입의 특징은 민간과 정부가 함께 일사분란하게 노력해 이루어졌다는 점이다. 이런 점은 서구의 학자들에 의해 '한국주식회사'라는 새로운 명칭을 부여받기도 했고 외환위기의 주범으로 지목받으며 '정경유착', '연고자본주의(Crony Capitalism)'로 비아냥도 받았지만 한국의 경제성장을 이끄는 데 결정적 역할을 했다. 1964년과 2004년 거의 반세기 동안 한국의 1인당 자본축적을 따라올 나라는 세계적으로 거의 없다. 그만큼 빠르게 자본을 축적해 나갔다는 것이다. 아시아국가들, 그중에서도 중국이나 동아시아 국가들이 한국처럼 높은 자본축적을 해왔고 많은 경제학자들이 동아시아를 주목하게 하는 요인으로 작용했다. 루카스(1993), 암스덴(1989), 프레스캇(1998)에 의해 한국의 압축적인 자본축적에 대해 학술적으로도 평가가 내려진 바 있는데, 이는 세계 경제사에서 하나의 기적일 뿐 아니라 세계의 어느 개발도상국가도 이루어 낼 수 없는 역사적 결과라는 것이다. 최근에는 아스모글루와 로빈슨(2012)에 의해 경제제도적인 차원에서의 평가가 잇따르고 있다.

2) 내외자본의 총동원

일본의 식민지에서 해방된 후, 그리고 1953년 한국전쟁이 끝난 이후 한국에는 자본이 없었다. 경제성장을 하기 위한 마중물 역할을 할 초기자본이 턱없이 부족했다. 내부자본을 동원하기 위해 절약을 장려하고 저축운동을 전개해 나갔다. 하지만 내부자본을 모으는 것은 한계가 있기 마련이다. 그래서 한편으로는 대외개방을 통한 외국자본 도입을 적극 추진했다. 한때는 외국에 빚을 내서 경제를 운영하다가 망하고 만다는 '외채망국론'이 학자들 사이에서 대세를 이루었다. 학자들이 외채망국론을 펼친 것이 틀린 말은 아니었다. 많은 나라들이 외채를 끌어다 쓰고는 갚지를 못해 파산을 하는 경우가 많았기 때문이다.

그러나 우리나라는 다른 나라의 예는 물론이고 심지어 국내 경제학자들의 이런 예언을 보기 좋게 깨고 성공을 거두었다. 이런 기저에는 자본을 조달하고 배분하는 과정이 다른 나라와 달랐다는 점이 깔려 있다. 우리나라 경제발전에서 이야기되는 것이 공업화 과정에서의 압축성인데 자본투입에서도 마찬가지로 압축적 투입방법을 선택했던 것이다. 정부가 국가 전체적으로 큰 그림을 그리고 선택과 집중에 의해 특정 산업에 자금을 몰아주는 방법을 택했다. 정부가 자본의 조달과 배분과정을 주도하면서 경제성장에 필요한 기간산업을 집중적으로 육성하고 사회간접자본을 확충해 나갔다.

자본조달을 특정산업에 원활하게 몰아주기 위해서 정부는 우선 정책금융기관을 육성했다. 1954년에 산업은행을 세워 장기자금을 정부의 신용으로 조달해 국내 기업에 공급했다. 민간자금을 효율적으로 유치하기 위해 1956년 대한증권거래소를, 중소기업에 대한 금융지원을 원활히 하기 위해 1961년에는 중소기업은행을, 불특정 다수 국민의 저축을 장려하고 돈을 모아 산업을 지원하기 위해 1962년에는 국민은행을, 기업들의 외환거래를 원활하게 하기 위해 1967년에 외환은행을 만드는 식으로 말이다. 이러한 정부주도의 자본조달과 배분을 위해 금융시장을 철저하게 정부통제하에 두게 되었다. 금융을 실물경제를 뒷받침하는 보조역할을 하게 하기 위해 박정희 정부가 가장 먼저 한 일은 이승만 정부 시절에 민영화하였던 은행을 다시 국유화하는 일이었다. 부정축재법을 1961년 6월 20일에 제정하고 1957년 불하되었던 은행주식을 정부에 귀속조치하였다. 이로써 정부는 특수은행은 물론 일반은행마저도 정부의 통제권 아래 두게 된다.

정부는 중앙은행 통제권도 강화해서 한국은행법을 개정하여 금융정책 수립에 있어서 정부가 주도권을 가질 수 있도록 금융 통화위원회를 금융통화운영위원회로 개칭하여 기능 면에서 정책 수립이 아닌 정책을 운영하는 위원회로 격하시켰다. 이로써 세계적으로 가장 효율적인 자본 조달과 배분은 가능하였지만 후에 금융이 실물경제의 시녀로 전락하고 관치금융화하였다는 등의 비판의 대상이 되었다.

3) 국가기간산업단지 조성

경제성장의 인프라로 작용하는 도로나 철도, 건설, 전력시설과 같은 것도 정부주도로 자금을 몰아주어 확충해 나갔다. 나아가 좀 더 집중적으로 시너지 효과를 높이기 위해 국가기간산업을 산업단지로 조성해 총체적으로 지원했다. 1962년에 울산공업단지를 만들었는데 정부가 땅을 고르고 산업단지를 만들어 기업들에게 싼 값에 분양하고 상하수도와 각종 인프라 시설을 제공해 가며 집중적으로 육성했다. 이는 결과적으로 조국근대화의 상징이라고 불릴 정도로 성공을 거두었고, 현재 울산은 2000년 이후 전국에서 1인당 GDP가 가장 높은 부동의 1위 지역을 고수하고 있다. 2011년 1인당 GDP도 5,400만 원으로 전국 평균의 2.2배나 된다. 시행착오를 거치면서 울산과 같은 공업단지를 만들어 나갔으며, 이어 전남 여천반도에 광양만을 끼고 종합석유화학공업을 육성하기 위해 집중적으로 자본을 투자해 국가 차원의 여천 산업단지를 만들었다. 1960년대 수출주도형 공업화를 하면서 수출산업 육성과 섬유·봉제 산업을 위해 수도권에 구로공단이나 부평공단과 같은 수출산업공단을 만든 것도 같은 맥락이다.

우리나라는 대만과 달리 석유화학, 비료, 조선소, 제철소와 같은 자본집약적인 기업을 정부주도로 자본을 조달해 만들었다. 예를 들어 호남지방에 호남비료공장을 세웠는데 곡창지대인 호남지방에 비료공장을 세우는 것이 자연스러운 일이 아닌가 반문할 수도 있다. 하지만 해방 이후 단행된 토지개혁과정에서 지주에게서 농지를 매수해 농민에게 나누어 주면서 농지값을 유가증권으로 나누어 지급했다는 것의 의미를 곱씹어 볼 필요가 있다. 당시 살기 어려운 때라 농지값으로 지주들에게 현금으로 나누어 주게 되면 그나마 만들어진 민족자본마저 생활자금으로 쓰일 가능성이 컸기 때문에 이것을 산업자본화하려는 의도에서 유가증권으로 나누어 주게 된 측면도 있었다. 이렇게 의도적으로 자본을 축적해서 산업으로 흘러들어 가게끔 노력했다는 이야기다. 국가기간산업을 육성하기 위해 울산공업단지를 1962년에 만들었으며, 1965년에는 구로동에 구로수출공단을 만들었고, 1966년에 여천공업단지를, 1971년에는 구미에 전자공단을 만들었다. 공장뿐 아니라 기업도 대규모 자본이 필요한 기간산업은 정부주도로 만들어 나갔다. 1962년에 만들어진 석유공사, 1964년의 충주비료, 1963년의 호남비료가 그것이다. 이후 인천제철, 포항제철, 울산 미포조선 등의 자본집약적 기업을 정부주도로 만들어 나갔다. 마찬가지로 경제성장의 인프라로 작용하는 도로나 철도, 건설, 전력시설과 같은 것도 정부주도로 자금을 몰아주어 확충해 나갔다. 1961년에서 1979년까지 20여 년간 전력시설은 36.7만Kw 생산에서 800만Kw 생산으로 무려 21.8배나 증가하였다.

3. 기술의 급속한 발전

한국경제를 성장시킨 힘 중 하나는 빠른 기술의 습득 및 체화이다. 국내 연구개발 활동은 물론이거니와 선진기술의 습득에 힘을 기울였다. 수입에 대해 철저히 관리하면서 기술 습득에 힘을 기울였다. 국내 기업이 외국의 기업을 사들여 외국의 기술을 직접 습득하는 것은 물론이고 국내에 진출한 외국 기업으로부터 기술을 전수받았다. 제품을 생산하는 과정에서의 과학기술과 더불어 선진국 기업으로부터 제품을 개발하거나 판매하는 기획기능이나 마케팅 기술도 배우게 된다.

국내 R&D 투자액은 현재 세계적으로도 매우 높은 편이다. 이렇게 한국의 기술진보가 빠르게 일어날 수 있었던 것은 왜일까? 첫 번째는 국내외 시장에서 경쟁이 심해지면서 1980년대 민간부문을 중심으로 경쟁을 통한 연구기술개발이 크게 늘어난 덕분이다. 두 번째는 1960년대 이후 수출위주의 정책을 마련하면서 소비재 수입은 철저히 줄이고 대부분을 원자재와 자본재 위주로 수입하였는데, 2000년의 경우 내수용 자본재 수입액이 국내 설비투자액의 57%에 해당하기도 했다. 셋째 특허권 등 사용료 지출도 계속 증가하고 있다.

해방 이후 1960년대 중반에 이르는 시기에는 다른 대부분의 개발도상국이 그렇듯 소위 선진기술 추격(catch-up)의 과정을 밟았다. 아무것도 없는 폐허에서 우리나라는 이미 선진국에선 보편화되어 있는 기술과 기술선진국에서 기술성장이 이루어지고 있는 과도기 기술을 한꺼번에 들여와서 소화하고 흡수해 내면서 동시에 우리의 기술로 창출해 내며 발전해 온 것이다. 자동차를 처음 만들 때는 외국 자동차를 사와서 수만 개로 분해하고, 다시 하나하나 조립해 가는 등의 시행착오를 거치면서 기술을 습득해 나갔다.

1960년대 후반부터는 공업화 정책에 맞추어 스스로 기술을 만들어 낼 수 있는 기반을 만드는 데 주력했다. 외국에서 기술을 들여와 우리 기술로 흡수하고 발전시키기 위해서는 기술분야별로 전문적인 연구기관이 필요했다. 주로 정부가 중심이 되어 관련 법이나 제도를 만들었고 기술인력을 양성하기 위한 기반을 만들었다. 이 과정에서 집약적인 기술축적이 가능했고 현장에서 바로 써먹는 기술도 만들어졌다. 기술로 성장의 한계를 극복하며 외국이 놀라는 제조업의 한계를 허무는 일이 시작된 것이다.

정부가 주체가 되어 이루어진 기술진보의 추진은 1980년대 들어 기술드라이브를 위한 기술진흥확대회의라는 기구를 설치하고 국가연구개발사업을 출범시키면서 확대·발전시켜 나갔다.

초기에는 정부가 드라이브를 걸면서 다른 한편으로는 민간기업의 기술개발 능력을 높이기 위한 노력을 해 나갔다. 주요 산업 핵심기술의 국산화를 위한 노력에 민간의 힘을 크게 보태기 시작했다. 물론 초기에는 시행착오도 많았고, 정부에 대한 의존을 많이 한 민간기업은 쓰러지기도 했다. 1990년대 중반에는 그동안 따라잡고 베끼기에 급급하기만 했던 과학기술의 현실을 넘어서서 우리 기술을 만들어 내는 단계로 올라섰다. TFT-LCD 기술이 세계적인 경쟁력을 확보했는가 하면, 이동통신기술은 세계시장을 선도하기 시작한 것이다.

2013년 1월 30일, 마침내 대한민국은 나로호 발사에 성공하며 우주시대를 열었다. 나로호 발사 성공은 여러 가지 의미를 지닌다. 이미 북한은 2012년 12월 은하3호 발사에 성공해 우주로켓을 쏘아 올렸고, 중국은 유인 우주선에 이어 우주정거장 발사 등 우주개발에서 미국·러시아와 대등한 수준에 올라섰다. 일본 역시 최근 16번이나 연속해서 우주로켓 발사에 성공했다는 점에서, 그간 여러 차례의 발사 실패에 대한 질책의 목소리가 컸던 것도 사실이다.

그동안 우리의 과학기술이 경제성장에서 일정한 역할을 수행해 온 것을 생각해 보면 참으로 희망적이고 커다란 성과라 아니할 수 없다. 우리의 우주개발 예산은 한 해 2,000억~3,000억 원으로 3조 원이 넘는 일본의 10분의 1도 안 되었다. 그런 상황에서 거둔 이번 나로호의 발사 성공은 우주관련 기술 구축의 신호탄으로 보아야 한다. 숱한 실패의 위험이 도사리고 있고 오랜 시간과 많은 돈이 들어가는 우주관련 기술 분야에서 말이다. 국책연구소는 핵심기술과 원천기술을 개발하고, 민간에서는 위성과 발사체 제작을 맡는 것 같은 역할 분담을 통해 우주개발 기술을 산업화해 나가면 지난 60년간 고도성장과정에서 우리의 기술력이 해 왔던 것처럼 국가경제의 새로운 성장동력의 역할을 할 것이라고 본다. 그런 점에서 나로호의 성공과 같이 한국경제 성장을 한 단계 더욱 높이는 데 기여한 기술력의 진보를 가능하게 한 것은 과연 무엇일까 생각해 보지 않을 수 없다.

경제발전과정에서 정부의 정책적 역할은 매우 컸다. 1960년대 이후 수출위주의 정책을 하면서 수입에서 소비재는 철저히 줄이고 대부분을 원자재와 자본재 위주로 하였다. 해방 이후 외환위기를 맞기 전까지 한국은 만년 무역수지적자 국가였기 때문에 가능한 수입을 줄이며 철저히 관리할 수밖에 없었지만 예외가 있었다. 수입품 중에서도 자본재에 대해서는 관대했다. 이런 정책적 지향성은 지속되어 2009년이 되어서도 총 수입 중 소비재 수입은 10%에 불과하며 원자재 수입비중이 57.6%, 자본재 수입이 32.2%나 된다. 자본재는 어차피 다시 수출을 하는 생산요소가 되기 때문이지만 또 다른 이유는 자본재를 수입하면서 기술습득이 가능하기 때문이었다.

기업들이 M&A를 통해 국내기업이 외국의 기업을 사들이는 과정에서 외국의 기술을 직접 습득하는 것은 물론이고 국내에 진출한 외국기업으로부터 기술을 전수받는 것도 같은 이치라 하겠다.

기술력이라고 하면, 제품을 생산하는 과정에서의 과학기술만 중요한 것이 아니다. 소위 말하는 OEM을 통해 수출을 하는 과정에서 선진국 기업으로부터 제품을 개발하거나 판매하는 기획기능과 마케팅 기술도 배우게 된다.

4. 자원의 효율적 재배분

산업화가 일찍 시작된 선진국과 달리 대한민국은 후발주자로서 뒤늦게 산업화를 시작하여 세계에서 가장 빠른 시일 내에 선진국 수준으로 도약했다. 이와 같은 한국경제 성장의 원천은 자원의 효율적 재배분에서 찾을 수 있다. 한국경제는 다른 나라 경제와 마찬가지로 생산성이 낮은 부분에서 높은 부분으로 자원을 이동시켜 왔다. 농업에서 제조업으로 제조업 내에서도 경공업에서 중공업으로 끊임없이 이동했다. 김종일(1998)은 우리나라는 1970~1986년에 총요소생산성이 1.45% 증가하였는데 이 가운데 0.74%가 기술진보에 의한 것이고 0.71%는 자원의 재배분에 의한 것이었다는 연구결과를 내놓았다. 기술의 진보만큼 자원의 효율적인 재배분에서 대한민국이 성공하였음을 보여 주는 증거이다. 노동시장과 관련해서도 노동자원이 농촌에서 도시로 끊임없이 이동해 공급되었기 때문에 산업화가 가능하였다. 또한 초고속성장이 가능했던 것은 우리의 자원배분이 효율적이고 빠르게 이루어졌다는 데 있다.

주요국의 산업별 고용구조

(단위: %)

국가	연도	농업	산업	서비스업
영국	1700	60.0	15.0	25.0
	1820	40.0	30.0	30.
	1890	16.0	44.0	40.0
미국	1880	51.9	25.9	22.2
	1900	43.0	30.0	27.0
	1920	30.9	38.7	30.4
	1940	25.5	37.4	37.1
	1950	17.7	43.0	39.3
일본	1880	80.9	6.5	12.6
	1900	68.5	13.5	18.0
	1920	54.4	20.5	25.1
	1940	44.3	26.9	28.8
	1948	56.0	21.3	22.7
한국	1963	63.1	11.2	25.6
	1970	50.4	17.2	32.3
	1980	34.0	28.7	37.3
	1990	17.9	35.0	47.1
	1996	11.7	32.1	56.2
	1997	11.3	30.9	57.8
	1998	12.4	27.5	60.1
	1999	11.6	27.1	61.3
대만	1952	56.1	16.9	27.0
	1960	50.7	21.5	27.9
	1970	35.7	34.4	29.9
	1980	19.6	42.9	37.5
	1990	12.9	41.3	45.9
	1997	8.5	38.1	53.5

주: 농업은 임업수산업 포함, 산업은 광업, 제조업, 전기, 가스, 건설업 포함, 서비스업은
여타부문 포함임.

1) 노동의 이동

고용비중으로 볼 때 1960년대 우리나라의 고용구조는 1700년

대의 영국, 1880년 이전의 미국, 20세기 초의 일본과 유사했다. 산업화가 일찍 시작된 선진국과 달리 대한민국은 후발주자로서 뒤늦게 산업화를 시작하여 세계에서 가장 빠른 시일 내에 산업화를 선진국 수준으로 바꾸었다. 유정호(1997)는 산업화를 농업 부문의 고용비중이 50% 이상에서 20% 이하로 하락하는 시기로 정의하였는데, 이에 따르면 우리나라는 19년 만에 산업화를 달성하게 된 것이다. 네덜란드 98년, 프랑스 104년, 벨기에 75년, 미국 54년 등 산업화를 일찍 시작한 나라가 오래 걸린 반면, 대만 20년, 말레이시아 26년 등 후발 산업국가들은 비교적 빠른 시간 내에 노동력이 농업에서 제조업과 서비스업으로 이동했다. 같은 개발도상국과 비교해 봐도 우리나라는 19년 만에 농업인구의 30%가 이동한 것이다. 1963년, 고용인력 중 63%가 농업에 종사하고 있었으나 1999년 11.6%, 2012년에는 7%도 안 되는 인력이 농업에 종사하고 있다.

2) 도시 기반시설 확충

자원 재배분을 원활하게 해 주는 중요한 역할 중 하나가 도시 성장을 뒷받침하는 기반시설을 갖추어 주는 일이다. 우리나라의 경우 도시화율이 빠르게 진행되었는데 이는 지역 간 자원이동이 잘 이루어졌음을 보여 주는 것이다. 지금은 인구 천만을 넘어선 서울의 상하수도 보급률이 99.9%이고 선진국 수준을 상회하고 있지만, 해방 이후 주택이나 도로 등 기간시설이 턱없이 부족한 가운데 농촌인구가 도시로 빠르게 유입되면서 도시인구 증가에 대응하여 도시기반시설을 확충하는 것은 쉬운 일이 아니었다.

GDP대비 공공부문의 자본스톡을 주요 선진국에 비해 낮지 않은 수준으로 올린 것은 경제의 생산성을 높여 성장에 큰 역할을 했다. 우리는 매일 일상에 젖어 잘 모르고 지나치지만 외국여행을 많이 한 외국인들은 우리나라 도시, 특히 서울의 기반시설에 혀를 내두른다. 문화도시라고 하는 파리시를 다녀온 사람들은 누구나 냄새나는 지하철과 개똥이 나뒹구는 파리의 뒷골목을 보고 놀란다. 천만의 인구가 사는 서울 같은 도시가 전기 사정, 도로 상태, 공원 가꾸기, 교통체계에서 쓰레기 처리에 이르기까지 일사불란하게 돌아가는 것은 쉽지 않은 일이다. 우리나라의 도시화 수준은 주요 선진국에 비해 전혀 뒤지지 않고 오히려 훌륭한 점도 많다.

3) 인위적인 자원배분 전략의 공(功)과 과(過)

우리 정부의 인위적인 자원배분 전략은 동태적 비교우위를 만들어 가는 과정이었다. 부작용도 있었지만 전반적으로는 긍정적인 영향이 더 컸다. 물론 정부 주도의 자원배분이 시장원리에 따른 자원배분에 역행한 경우도 많았다. 대규모 정책금융을 통해 자원을 배분하였고 인위적으로 중화학공업을 육성해서 자원의 손실이 있었으며 무엇보다 오랜 기간 동안의 금융억압으로 금융중개기능이 약해졌다. 자원배분으로 인해 생산성이 올라가는 방법은 생산성이 높은 부문에 인력과 자본 등이 옮겨가도록 하는 것이다. 자원의 이동이 순조롭게 이동하도록 하는 것도 중요한 전략이다. 그런데 노동시장이 경직적이거나 정부가 생산성이 떨어지는 사양산업을 퇴출시키지 못하도록 규제를 통해 막는 경우 인적·물적 자원이 생산성이 높은 부문으로 이동하지 못하게 된다. 실제로 우리나라는 자금지원이나 강력한 규제를 통해 중소기업을 보호하고 경제개발 초기에는 거의 10년 간격으로 부실기업을 구제해 왔다.

　그럼에도 불구하고 이런 정부의 인위적인 자원배분전략은 성장에 긍정적인 요인으로 작용하였다고 생각된다. 설명하기는 쉽지 않지만 비교우위라는 논리를 생각해 보자. 경제학 기초이론에서 가르치는 기본원리 중 하나가 상대적 비교우위와 절대적 비교우위를 구분하는 것이다. 유명한 경제학자 데이비드 리카르도가 영국 의회에서 의원들을 상대로 설명한 바에 의하면, 영국과 포르투갈이 포도주와 옷감을 모두 영국보다 적은 비용으로 생산할 수 있는 반면, 영국은 포도주 생산에 막대한 비용이 들고 옷감 생산에는 비교적 적은 비용이 든다고 할 때 절대적 비교우위만을 고려하면 영국은 무역으로 이익을 볼 수 없지만 생산에 관련된 제반 비용을 고려하면 포르투갈은 더 큰 이익이 남는 포도주를 수출하고 영국은 포도주를 포기하는 대신 옷감을 수출하여 상호 이익을 볼 수 있다는 것이다. 그래서 각 국가마다 비교우위에 있는 재화와 용역을 특화하여 생산해야 한다는 논리다.

　이때 비교우위를 살펴보기 위해 보는 것이 한 국가가 어떤 자원을 가지고 있느냐는 것이다. 주로 전통적인 비교우위는 천연자원이나 인적자원, 지리적 위치 등 부존자원을 보고 결정했다. 하지만 우리나라의 경우는 비교우위의 대상이 되는 자원의 개념도 달랐으며 비교우위의 원리도 다른 점이 있다. 우리나라가 적용한 상대적 비교우위는 전통적 이론에 의한 천연자원에 의해 결정되는 것이 아니라 동태적 비교우위에 의해 결정되었다. 실제로 최근 추세를 보면 산업 내 무역이 급증하면서 비교우위의 결정원인으로서 부존자원의 중요성이 감소하고 있다. 특정산업에 특화하는 대신에 유사한 산업구조를 가지고 특정제품의 생산에 특화하는 경향을 보이게 된다. 국제무역이 확대되고 시장이 커지게 되면서 특정제품에 특화해도 규모의 경제가 실현 가능해진 것이다. 즉, 과거의 비교우위가 부존자원을 놓고 정태적으로 결정되었다면 무역자유화 시대의 비교우위는 국제무역이 심화되면서 동태적으로 발전해 가는 비교우위로 변해 가고 있는 것이다. 우리 정부의 인위적인 자원배분 전략은 동태적 비교우위를 만들어 가는 과정이었다. 부작용도 있었지만 전반적으로는 긍정적인 영향이 더 컸다고 생각된다.

4) 국제무역

우리나라 산업구조의 변화는 수출상품구조와 비슷한 패턴을 보인다. 그만큼 수출이 경제발전에 중요한 역할을 했다는 반증이다. 10대 수출 상품 목록을 보면 1960년대에 오징어, 활선어, 중석 등 1차 산업 생산물 위주에서 1970년대 들어 섬유류 합판, 가발 등 경공업제품이 주류를 이루게 되며 1980년대 들어서는 강판, 선박, 음향기기 등 중화학공업제품으로 옮겨 가게 된다. 1990년대와 2000년대를 거치며 IT제품과 자동차, 선박, 석유제품, 반도체 등으로 빠르게 변하였다.

수출촉진을 위해 채택한 방법도 흥미롭다. 수출촉진을 전 국민의 관심거리이자 어젠다로 승화시킨 것이다. 1964년 11월 30일, 광화문 거리에 '수출 1억 불 돌파' '(경축) 제1회 수출의 날'이라는 플래카드가 내걸렸다. 같은 날, 세종문화회관에서는 국민축제 한마당이 열렸다. 그간 피와 땀을 흘려 이루어 낸 수출 1억 달러 달성의 감격에 온 국민이 기쁨으로 어깨춤을 추었고, 정부는 가슴 벅차하는 내용을 담은 대한뉴스를 계속 내보냈다.

수출이 5,000억 달러를 넘는 지금과 같은 시대에서는 상상하기조차 어려운 상황이지만 당시 한국은 UN 가입국 중 가장 못사는 나라 가운데 하나였으며, 우리보다 못사는 나라로는 인도가 유일했다. 1960년대 초 필리핀의 1인당 국민소득이 500달러였던 데 비해 우리의 국민소득은 70~80달러에 불과했으며, 우리의 수출액이 3,000만~4,000만 달러인 데 비해 북한의 수출은 2억 달러였다. 이런 상황에서 수출 1억 달러는 정부주도의 수출제일주의를 강력하게 밀고 나간 끝에 이룬 쾌거였던 것이다. 정부는 1억 달러 수출을 달성한 날을 '수출의 날'로 지정해 매년 기념행사를 해 오고 있다.13) 대통령부터 국민에 이르기까지 국가 전체가 수출촉진 전략에 동화될 수 있었던 것은 수출이 오랜 절망과 굶주림에서 벗어나 희망과 긍지를 갖고 자립경제의 기틀을 닦을 수 있는 원동력이라는 믿음을 공유하고 있었기 때문이다. 정부와 기업 그리고 현장 근로자들은 똘똘 뭉쳐서, '우리의 살길인 수출'을 향해 밤낮 없이 달렸다. 예상보다 일찍 괄목할 만한 성과가 나오면서 전 국민의 사기는 진작되었고, 저마다 일터에서 신바람 나게 일에 매진할 수 있었다. 여기서 빼놓을 수 없는 것이 '수출진흥확대회의'다. 1965년부터 박정희 대통령이 이 회의를 매달 직접 주관했는데, 24시간 수출만 생각했던 박 대통령은 이 회의에 매월 참여했는데, 총 177회나 참석했다. 여기에는 정부의 장관들, 경제관련 주요 인사들과 기업 총수들이 참석했다. 이 자리에서 박 대통령이 수출증진의 관점에서 기업인의 목소리를 듣고 곧바로 실행에 옮겼다. 요즘 식으로 하면 '원스톱서비스'인 셈이다. 수출을 위해서라면 그 자리에서 금융·세제 혜택을 주는 것과 더불어 각종 수출지원제도가 당장에 마련되었다.

이렇게 해서 6년 후인 1970년, 드디어 수출 10억 달러를 달성

---

13) 1987년부터 '각종 기념일 등에 관한 규정'에 따라 '무역의 날'로 명칭을 변경하였다. 2011년 12월 5일 우리나라가 세계에서 아홉 번째로 무역규모 1조 달러를 달성한 것을 기념하기 위하여 '무역의 날'을 12월 5일로 변경하였다.

하기에 이른다. 다시 '1980년 수출 100억 달러 달성'이라는 목표를 세우게 되는데, 이번에는 상황이 달랐다. 일본의 100억 달러 수출 기록을 분석한 결과, 우리 여건에서는 절대 불가능이라는 판정이 나왔기 때문이다. 하지만 박 대통령은 "안 되면 되게 하라"고 외치면서, '전 산업의 수출산업화, 전 제품의 수출상품화, 전 세계의 수출시장화'를 내걸고 수출 드라이브를 더욱 강력하게 밀어붙였다. 마침내, 3년 이른 1977년에 기적처럼 수출 100억 달러를 달성하게 되었다. 그간 중화학공업 육성정책을 펴오면서 우리나라 제조업 수출에서 중화학공업제품의 비중을 42.7%로 높였고, 수출대상국도 33개국에서 133개국으로 대폭 증가시켰다. 수출품목도 1,200여 개, 연간 신장률 42.4%라는 경이적인 기록을 세웠다.

지나고 보면 수출지향적 발전전략이 당연해 보이지만, 1960년대에는 반대도 많았다. 사실 개도국들이 모두 개방전략을 택한 것은 아니다. 박정희 정부가 다른 개도국이 택한 수입대체 전략(import substitution strategy)에서 수출지향적 전략(export-led growth strategy)으로 전환한 것은 매우 중요하다. 한 마디로 한 국가 내부에서 만들 수 있는 것은 국내생산으로 대치하는 것이다. 제2차 세계대전 이후 대부분의 개발도상국들이 농수산물과 같은 제1차 상품을 수출하는 것에서 시작하였지만 이후 많은 국가들이 수입대체 전략을 채용하고 관세 등 기타의 수입장벽을 설치하여 최종재의 국내생산을 실행하였다. 그러나 원재료, 부품, 기계설비 등을 수입하지 않을 수 없어 대부분의 국가들은 국제수지가 악화되어 성장이 둔화될 수밖에 없었다. 우리나라는 수입대체 전략에 결별을 고하고 노동집약형의 경공업을 비롯한 공업제품의 수출을 촉진하는 발전전략으로 전환하였다. 수많은 개도국, 특히 남미국가와 아프리카국가들이 수입대체 전략에서 빠져나오지 못하고 많은 것을 잃었다. 수입대체 전략을 계속하였던 국가들은 성장이 한참 정체된 뒤에야 비로소 수출지향형 전략을 채용했지만 이는 '소 잃고 외양간 고치는' 격이 되어 버리고 말았다.

우리의 수출촉진 전략이 성공할 수 있었던 데는 수출지향적 전략이 관료들에 의해 수행되었음에도 불구하고 수출기업의 성공과 실패가 관료들에 의해 평가되는 것이 아니라 세계시장에서 기업들이 거둔 실적에 의해 평가된다는 점에 있었다. 수출시장은 전 세계인이 지켜보는 그야말로 투명한 시장이다. 오직 열심히 뛴 자만이 살아남는 시장에서 결판이 난다는 이야기다. 수입대체 전략하에서는 독과점적 수입업자나 이를 허가해 주는 관료들이 떡고물을 챙길 여지를 갖게 된다. 하지만 수출촉진 전략을 쓰게 되면 수입 독과점업자에게 돌아갈 지대(rent)가 사라져 버리게 되는 것이다. 박정희 정부는 수출과 수입의 연계정책을 실시하여 수입도 수출의 인센티브로 활용하였다.

1962년부터 시작된 경제개발계획은 빈곤 문제를 해결하고 장기적인 안목에서 자립경제를 마련하기 위한 경제개발을 계획해 나가야 한다는 방향 설정에서 시작되었다. 천연자원도 빈곤하고 축적된 자본도 없는 상황에서 가장 손쉽게 경제를 일으키는 방법은 풍부한 노동력을 활용하는 것이다. 해외에서 원재료를 들여다 조립가공해 파는 조립가공업이 그 대표적인 예다.

한국은 빠른 자본축적을 위해 수출을 늘리기 위한 노력을 집중하였다. 지나고 보면 수출지향적 발전전략이 당연해 보이지만, 1960년대에 반대가 많았던 데는 그 이유가 있었다. 무엇보다 2차 세계대전 이전까지 개도국의 입장에서 볼 때 선진국과 개방적 관계를 가져간다는 것은 제국주의와의 접촉을 의미하는 것이었고 더욱이 제국주의로 식민지기간을 겪었던 우리 국민에게는 정서적으로도 맞지 않는 것이 사실이었다. 게다가 1960년 당시에는 공산체제에 있는 소련이 고도성장을 보이면서 대공황을 겪었던 선진자본주의 국가보다 나아보이는 측면도 있었다.

직접적인 동기는 외환보유고의 급감이다. 초기 2년간은 군사정권이 조급한 마음에 전시효과를 노린 비현실적이고 외화낭비적인 투자를 하는 우를 범했다. 제1차 경제개발 5개년계획 초기인 1961년과 1962년에는 계획사업의 집행을 위해 원리금 상환문제를 심각하게 생각하지 않고 단기 상업차관을 도입했다. 이로인해 외환보유고가 1961년 말 2억 500만 달러에서 급격히 감소해 1963년 9월 말에는 1억 700만 달러로 줄었다. 동기는 외환보유고를 늘려야겠다는 데서 시작했지만, 정부주도의 정책을 강력히 펴나가면서도 성공할 수 있었던 것은 기업이 움직이도록 유인체제를 마련하는 방법을 끊임없이 추구해 나갔다는 점이다.

외환보유고가 급감하자 정부는 1963년 1월 1일 수출링크제를 실시하였다. 이는 수출업자에게 수출대금 전액을 수입에 사용할 권리를 주는 것이다. 이러한 가운데 공정환율을 올려 평가절상된 원화가치를 현실화하였다. 수출을 장려하자면 원화가치의 하락이 필요하지만 국내적으로는 물가상승이 문제가 되고 외부적으로도 불균형환율에 대해 압력을 받았던 우리 정부는 수출환경은 수출업자에게 유리하게 가져가면서 국내경제의 안정을 위해 공정환율과 수출환율을 구별해 운용하는 이중환율제도를 활용한 것이다.

J. Sachs는 동아시아 나라들의 경제적 성공은 수출업자들에게 자유무역환경을 제공한 것에 일차적으로 기인한다고 주장한다. 국제무역이 한국경제 성장에 기여한 것은 여러 실증 결과들이 있다. 예를 들어 중화학공업을 육성하기 위해 승자를 사전에 선정하여 지원하고 패자를 사후적으로 구제한 정책은 수출에 과한 자유무역정책에 비하면 이차적인 것이라는 것이다. 2차 세계대

전 이후 세계시장이 빠르게 확대된 것이 동아시아경제에 성장을 확대시키는 결정적 요인을 제공했다는 것이다. 그럼에도 불구하고 다른 모든 개도국이 같은 환경에 있었는데 유독 한국의 개방전략은 다른 나라보다 더 빨리 한국경제를 일으키는 버팀목이 되었다는 데 이의를 달기는 어려울 것이다.

5) 외생적 요인

국제무역뿐 아니라 경제제도의 질도 생산성 향상 및 요소축적을 통하여 경제성장을 좌우하는 주요 요인이다. 경제성장에는 기존에 우리가 알던 기술, 청동 만드는 기술, 증기엔진, 마이크로칩 같은 것 등 물리적 기술만 필요한 것이 아니다. 무엇인가를 하도록 사람들을 조직하는 방법들 즉, 정착농업, 법규, 화폐, 공동출자 회사, 벤처자본 등 사회적 기술도 매우 중요하다. 한 국가의 발전에는 물리적 기술과 사회적 기술도 똑같이 중요하고, 이 두 가지는 서로 공진화(coevolusion)한다.[14] 한 국가를 끌어나가기 위한 제도(rule of game)는 사회에 적용되는 게임 규칙을 의미한다. 조직(player)은 그 제도를 집행하기 위해 만든 기구이며 제도와 조직을 활용하여 목표를 달성하는 능력인 운영능력(leadership or system)이 어떤 수준인가도 중요하다. 천연자원이 거의 없고 정부가 무능한 국가라 할지라도 강력하고 잘 개발된 사회적 기술이 있다면 상당한 성과를 거둘 수 있다.[15]

---

14) Nelson, Richard (2003), "Physical And Social Technologies and Their coevolusion", Columbia University working paper.
15) 에릭 바인하커, 『부의 기원』, 2006.

2030
한국경제론

Part 2

시대별 한국경제의
발전과정

제1장

해방 이전 자본주의
맹아기

한국경제에 대한 설명은 해방 이후로 한정할 것임에도 불구하고 해방 이후의 한국경제가 결코 그 이전의 경제와 단절된 것이 아니기 때문에 간략하게 설명하고자 한다.

1. 근대 자본주의의 시작

한국도 서양의 중세 봉건시기와 같은 봉건시대가 있었는가에 대해서는 의견이 분분하다. 어떤 의미로 보면 동양경제가 서양경제보다 인류의 복지라는 차원에서 경제를 바라볼 때 더 발전적이었다고 판단된다. 하지만 산업혁명 이후 한국경제를 비롯한 동양경제는 서구경제에 비해 물질적인 성장 면에서 정체 내지는 후퇴하는 모습을 보였다.

우리나라의 경우 조선시대에 후기에 이르러 한반도에서도 서구에서와 같은 자본주의가 자생적으로 일어났는지에 대한 논쟁이 있었다. 임진왜란 이후 특히 왕권이 약해지면서 궁정수공업은 상대적으로 쇠퇴하고 대외교역과 독립적인 자영수공업이 번성하기 시작한다. 금속화폐의 통용이 확대되면서 화폐경제가 일반화되고 난전권(亂廛權)을 가진 육의전(六矣廛)이 발달하게 되었다. 특히 보부상과 좌상 및 객주 등의 활동이 활발해짐에 따라 귀족이 아닌 서민층의 자본축적이 가능해지고 자본가가 생겨나게 되었다. 그러나 이러한 초기 자본가들은 봉건적 질서에 안주해서 스스로 자신들의 지위상승을 위해 노력하거나 쟁취하지 못했다. 이에 따라 자본주의가 생겨날 만큼의 자본축적은 이루지 못하였다. 이러한 정도의 변화로 자본주의가 조선시대에 자생적으로 생겨났다고 보기는 어렵다는 것이 경제사학계의 일반적 견해이다.

그동안 봉건국가제도하에서 토지국유제의 원칙이 지속되어 왔으나 임진왜란 및 병자호란 등 외세의 침범에 의한 경제·사회적 변화를 겪으면서 전통적인 신분제도가 와해되기 시작하고 심지어 몰락한 양반이 농민지주에게 소작을 하는 일까지 생겨나게 되었다. 점진적으로 일반 자영농민의 경제적 독립성이나 신분적 위상이 높아지게 되었으며 봉건시기의 국가적 농노제에서 벗어나게 되었다. 중앙정부 및 왕권이 상대적으로 약해짐에 따라 토지의 하급권이 지주계층으로 넘어가는 모습을 보여주게 된 것이다. 이러한 이유로 조선 말기를 자본주의의 맹아가 있었다고 보기도 한다.

이러한 변화의 와중에 1876년 외세에 의한 개항과 더불어 서구 여러 나라와 교역이 확대되면서 개화기가 급속히 진행되었다. 이 당시 수구파와 개화파의 치열한 대립 끝에 수구파 중심의 동도서기(東道西器) 원칙에 의한 개혁이 추진되었다. 서양의 발달된 문물과 기술은 받아들이되 동양적 봉건질서는 유지한다는 것이다. 서양의 자본이 들어오기 시작하면서 외국자본에 대항해 상인들이 형성하려고 했던 민족자본과 회사가 생겨나기 시작하였으나 러일전쟁과 일본의 한반도 식민지화로 거의 뿌리를 내리지 못하였다.

이로써 한국은 스스로에 의해서가 아니라 일본이라는 외세에 의해 봉건적인 전제국가체제가 붕괴되어 종말을 고하게 되었다. 일본은 근대적 의미의 화폐제도와 금융제도를 도입하고 철도·항만·전기 등의 사회간접자본을 투자하기 시작했다. 일제는 토지조사사업을 통해 토지국유제에 입각한 봉건적 기초를 파괴하고 식민지형 자본주의를 만들어 갔다. 전쟁수행을 위한 물자조달 차원에서 구지배계층이었던 지주들에게 토지의 배타적 소유권을 수여하는 토지개혁을 함에 따라 봉건적 소작제도와 현물로 소작료를 납부하는 전근대적인 토지경영 방식으로 되돌아가게 된 것이다.

허수열·김낙년 교수, 경제사학계 내부로
식민지 논쟁 옮겨와

식민지 근대화냐, 식민지 수탈이냐. 일제시대의 성격을 둘러싼 학계의 지루한 논쟁이 10여 년 이상 계속되고 있다. 경제사학계와 국사학계가 나누어 벌이는 논쟁의 수확은 아직 없다. 서로 관점이 다르기 때문이다. 경제사학계가 실증적인 수치를 들이대면 국사학계는 식민지를 바라보는 사관을 강조하면서 서로 평행선을 달릴 뿐이다.

다분히 저널리스틱한 제목이기는 하지만, 허수열 교수(충남대·경제학)가 쓴『개발 없는 개발』(은행나무)은 새로운 관점을 제시한 책이다. 허 교수는 일제 식민지 시대에 총칼 들고 쌀을 뺏어가던 수탈은 없었다는 데 동의한다. 그렇지만 식민지 기간에 근대적 경제성장이 지속되었다는 개발론자들의 주장에 대해 동의하지 않는다. 허 교수는 책에서 직접적으로 명시하지는 않았지만 다분히 낙성대경제연구소 소속 학자들을 겨냥한 것이었다. 이에 대해 낙성대연구소의 좌장 중 한 사람인 이영훈 교수의 '사제' 격인 김낙년 교수(동국대·경제학)는 차명수 교수(영남대·경제학)와 공동으로 전국역사학대회에서 발표한「한국의 경제성장과 소득분배: 1911~1940」라는 논문에서 반론을 펴고 있다.

허수열 교수와 김낙년 교수의 논쟁 주제는 크게 두 가지이다. 일제 식민지 시대의 개발을 과연 근대적 경제성장으로 볼 수 있느냐와, 당시의 경제 개발이 일본인만을 위한 것이었다고 볼 수 있느냐는 것이다.

허수열 교수는 경제발전은 있었지만 그것을 근대적 경제성장으로 보기는 어렵다고 주장하고 있다. 경제학자 쿠즈네츠(1901~ 1985)에 따르면, 근대적 경제성장은 인구 증가와 1인당 소득이 장기간 동시에 느는 것이다. 생산성이 뒷받침되지 않는 사회에서 인구 증가가 보통 1인당 소득 감소로 이어지는 것과 대비한 분석이다. 당시 통계를 보면 1932~1937년 5년 정도만 이런 성장에 해당할 수 있을 뿐이며 개발도 오로지 일본인을 위한 것이었고, 조선인은 극심한 소득 불평등을 겪었다.

김낙년 교수는 이에 대해 통계 데이터를 제시하며 식민지 시대 전반에 걸쳐 근대적 경제성장이 일어났다고 반박한다. 허 교수의 주장은 인구 통계 등을 잘못 해석했기 때문이며 일본인들의 자산 소유가 늘어나면서 소득 격차도 벌어지는데, 그것이 수탈을 입증하거나 근대적 경제성장을 부정하는 근거가 되기는 어렵다고 주장하고 있다.

두 교수의 논쟁을 이데올로기가 아닌 데이터베이스 해석을 둘러싼 논쟁으로 본다 하더라도 가치판단에 의한 해석이 불가피해 보인다. 허수열 교수는 낙성대경제연구소의 한국경제 데이터 베이스 작업이 식민지 근대화라는 일종의 선입견에 따라 진행되었을 가능성을 지적했다. 반면 김낙년 교수는 허수열 교수에 대해 실증적 결과에 근거한 연구성과를 인정하면서도 민족문제가 개입된 부분에 있어서는 객관성이 결여되어 있다고 지적하고 있다. 아무튼 식민지 근대화 논쟁이 과거와 같은 소모전에서 벗어나 어떤 지향점을 향하기 시작했다는 점에서 한 차원 성숙한 것만은 분명하다.

이영훈(2014)은 전국의, 주로 충청도, 경상도, 전라도의 36개 마을에 있는 양반가와 서원 등에서 발견한 추수기(秋收記)에서 뽑은 원자료를 바탕으로 논 1두락(斗落)에서 수취한 지대량을 추정하여 1685~1945년간의 장기추세를 설명하고 있다.[16] 동 추세에 의하면 17세기 말부터 두락당 지대량이 15~20두에서 19세기 말의 5~10두까지 감소하다가 1890년대를 전환점으로 하여 다시 상승추세로 전환하고 있다.[17] 국사학계의 반론에도 불구하고 지대량이 장기적으로 감소한 것은 생산량의 감소로 해석되고 있고 논농사가 산업의 상당부분을 차지하는 조선후기 경제 논농사에서 생산성이 감소한 것은 조선왕조 경제 전체가 18~19세기 전반적으로 침체하였다고 해석할 수밖에 없다. 그러다가 1890년대에 반등하기 시작하는 것은 청일전쟁(淸日戰爭) 이후 일본으로의 쌀 수출이 본격적으로 증가했기 때문이다.

---

16) 1두락은 대체로 200평 정도의 면적이고, 조(租)는 정미를 하기 전의 나락 상태의 벼이며, 두(斗)는 조선시대의 용기인데, 오늘날의 대략 5 l 에 해당한다.

17) 이러한 이영조 교수의 주장에 대한 국사학계의 반론은 논 주인이 부담하는 조제를 소작인이 대신 부담하게 되어 소작인으로부터 수취하는 지대량이 작아졌다는 것이다.

2. 개항과 자본주의 경제관의 확산

조선 후기부터 기존 중세 봉건사회의 기본구조가 서서히 무너지면서 근대 자본주의 사회로 나가려는 움직임이 여러 군데에서 나타나고 있었다. 한국의 대외무역은 빠르게 증가했고 이는 국내경제에 큰 영향을 주었다. 미곡수출 확대는 농촌 사회의 분화를 가속화하여 지주와 소작농, 부농과 빈농, 고용주와 농업노동자의 갈등을 심화시켰다. 또 외국상품의 수입 확대와 중국 및 일본 상인의 진출은 한국 상인의 상권을 크게 위축시켰으며, 새로운 운송체계의 구축과 그에 따른 상업 중심지의 변화는 한국 상인의 영업기반을 더욱 약화시켰다.

1876년 개항통상을 확대한 후 한국의 대외무역은 빠르게 증가했다. 무역의 확대에 따른 미곡 수출의 확대는 미곡 가격을 상승시켜 지주제와 지주층이 성장할 여건을 만들었고 이는 농촌 사회의 분화를 가속화했다. 또 외국 상품의 수입과 외국 상인의 진출에 의해 한국 상인의 상권이 크게 위축되었다. 개항통상의 확대는 자본과 상품만의 유입을 가져온 것이 아니라 서구 근대의 각종 제도와 문물, 제국주의 시대의 정치·경제·사회 사상까지 함께 들여와 한국인의 의식 구조에 영향을 미쳤다. 가장 큰 것으로 문명개화사상, 즉 자본주의 경제관의 급속한 확산을 들 수 있다. 신분의 고저나 권력의 유무보다 부와 재산으로 인간의 능력과 권리를 평가하는 사회를 만들자는 사상이 확산된 것이다. 이런 문명개화사상은 부와 권력을 소유한 집단의 계급의식이자 이데올로기였다.

하지만 문명개화를 통한 자본주의체제 구축에는 방대한 재원이 필요하였고 국가체제를 서구식으로 바꾸는 데는 엄청난 행정수요가 발생하였다. 식산흥업과 경제개발도 마찬가지였다. 토지를 개량하고 영농법을 개선하며 회사를 만들어 상공업을 일으키며 은행을 설립하여 근대식 금융제도를 만들고, 도로·철도·해운·통신망 등을 신식으로 정비하는 데는 막대한 자금이 필요했다. 따라서 이 시기에는 문명개화와 자본주의 근대화를 위해 돈이 중요하고 구학문보다는 신지식을 습득하는 것이 좋다는 인식이 확대되었다.

자본주의 경제관이 확산된 가운데 정부는 갑오개혁, 광무개혁, 을사조약 등을 실행하며 세계화를 국가정책으로 강력하게 추진했다. 우선적으로 근대적 토지제도의 수립을 위해 서구의 측량기술을 도입하여 모든 토지의 모양 면적 소유자 등 전국적인 토지조사 사업을 했다. 이를 바탕으로 소유권 증명서를 발급하고 토지소유자를 근대적 소유권자로 추인하였다. 지가를 조사하고 이를 근거로 근대적 지세제도를 설립하였다. 서울을 근대도시로 개조하는 사업도 계속 추진했다. 각종 회사 설립을 도우려 했으며, 유학생을 파견하는 등의 많은 노력을 기울였다. 정부의 이런 정책을 위해서는 많은 자본이 필요했다. 그래서 정부는 국내자본 동원, 외국자본의 도입, 통화발행 등의 많은 방법을 수행했다. 하지만 본위화 제도가 확립되지 않은 상황에서의 통화증발은 엄청난 인플레이션을 불렀다.

한편 일본은 한국에 더 많은 간섭을 하기 시작했고 1904년 2월에 한일의정서를 체결할 것을 강요하며 5월에는 한국 강점을 위한 기본계획인 '제국의 대한 방침'과 '대한 시설강령'을 결정하였다. 그해 10월에는 앞서 체결한 한일협약에 의해 일본 대장성 국장 출신으로 일본 외무성과 주한 일본공사의 지휘를 받게 되어 있는 메카다를 한국 정부의 재정고문으로 파견했다. 메카다는 전권을 휘두르며 1905년 6월 일본의 일개 민간은행의 서울지점을 중앙으로 정하고 1905년 7월에 화폐정리사업을 했는데 이로 인해 한국경제에 엄청난 충격이 되어 백동화 유통지역이던 서울과 평양에서는 유동성이 급격히 축소되며 금리가 폭등하는 등의 화폐공황, 즉 전황이 불어닥치게 되었다. 이 과정에서 헐값에 나온 매물을 사들이고, 부동산과 상품을 담보로 돈을 빌려준 후 원리금 미상환을 이유로 이를 취득하는 등의 행패로 많은 일본인들이 부를 축적했다. 연이어서 한국의 기업, 상인들이 파산했고 은행들도 그 뒤를 이었다. 황실에서는 황실자금으로 이를 막으려 했으나 메카다는 이것마저도 반대하였다.

3. 토지조사사업과 산미증식계획(産米增殖計劃)

조선을 강점한 1910년 이후의 10년간, 일본정부와 조선총독부는 이른바 헌병경찰제도를 실시해 한반도 전역을 전율(戰慄)의 상태에 두면서 한반도 경제의 제국주의적 재편작업을 강력히 추진하였다. 이 작업에는 두 가지 큰 시책이 있었다. 그중 하나인 토지조사사업은 농토의 약탈과 농민수탈의 농업정책을, 다른 하나인 이 '회사령'은 일제식민지 상공업정책을 집약하고 대표하였다.

　일본은 한일합방을 한 이후 바로 다음해인 1911년부터 약 8년간에 걸쳐 토지조사사업을 하게 되는데 이는 한국경제를 일본제국주의 식민지 경영으로 이행하기 위한 전제 작업이었다. 토지의 소유권과 가격 그리고 지형 및 지모를 조사하여 토지사정을 파악한 후에 근대적 의미의 토지소유권 제도를 마련하는 기반으로 삼았다. 그동안 관습적으로 인정되어 온 농민들의 토지에 대한 권리를 모두 배제하고 지주의 권리만을 보호하는 방향으로 토지의 사유권을 법제적으로 보장하였다. 이렇게 해서 식민지로 진출하는 일본인들의 투자가 용이하도록 제도적으로 보장하게 된 것이다.

유럽의 경우는 봉건제에서 자본주의로 이행되는 과정에서 토지에 대한 이중소유가 해체되고 토지에서 농민들이 분리되는 양상이 우리나라와는 다르다. 유럽은 농노라고 할 정도로 토지에 얽매여 있던 농민이 토지에서 분리되면서 노동자가 대량으로 창출되고 이들이 근대 임노동자 계급을 형성하게 된다. 그러나 우리나라는 식민지 과정에서 유럽처럼 산업화가 진행되면서 임금노동자 계급이 창출되지 않고 토지에 대한 관습적인 권리를 박탈당한 농민들이 소작농으로 전락하는 결과를 가져왔다.

일본은 토지조사사업을 끝내면서 근대적인 지대제도를 만들어 식민지 통치를 위한 재정수입원을 안정적으로 확보하는 데 총력을 기울였다. 조선왕조의 소유이던 역전, 둔전, 궁방전 등 다양한 형태로 광범위하게 존재하던 왕실 소유의 국유지를 모두 조선총독부 소유로 가져가면서 일본인 지주와 조선총독부는 당시 조선 전체 토지경작 면적의 10% 이상을 합법적으로 소유하게 되었다. 이 과정에서 사실상 농민의 토지가 소작농지로 전락했다.[18] 더욱이 이러한 토지조사사업의 조사위원으로 상당수의 지주들이 활동하면서 이 사업을 지지하게 되었고 일본은 조선침략에 협력한 친일 지주에게 소유권과 고율의 소작료를 보장해줌으로써 식민지 지배를 위한 인적기반 형성에 활용하였다. 특히 공동체 소유로 되어 있던 토지를 친일지주의 경우 자신의 것으로 탈취하는 일이 횡행하였다.

토지조사사업의 시행 결과 일본인 지주와 일본 회사들에 의한 조선의 토지 획득과 집중이 급속하게 진행되었다. 1901년 당시

---

18) 토지조사사업으로 인해 당시 발생한 소유건 분쟁의 3분의 2가 이러한 국유지에서 발생하였다.

일본인 소유의 토지는 모두 1만 1,035정보였으나 10년 후인 1920년은 7만 7,297정보로 무려 7배 이상 증가하였다. 특히 삼림의 경우는 이전까지 개인의 소유가 아니라 마을이나 문중의 소유로 되어 있는 경우가 많았는데 일본인들이 우월적 지위를 남용해서 1920년 당시 58%가 일본인 소유로 넘어가게 되었다. 토지조사사업 이후 기존의 봉건지주층이 근대적 토지소유자의 권리를 확보하였으며 반면에 세습적으로 그들의 농지를 경작해 오던 농민은 기존의 권리를 박탈당하고 계약 소작인으로 전락하였다. 이로 인해 지주에 대한 소작인의 경제적 예속관계가 심화되었고 소작료 인상 등을 통해 농민의 경영여건은 더욱 악화되어만 갔다.

당시 일본은 산업화 과정에서 인구는 폭발적으로 증가하고 협소한 농지로 인해서 규모의 경제가 작용하지 않아서 농업의 생산성이 매우 낮은 상태였다. 때문에 타이완 등지에서 곡물을 수입하여 식량부족 문제를 해결하고자 하였으나 근본적인 해결책이 되지 못했다. 이런 사정은 일본경제가 제1차 세계대전(1914~1918)을 계기로 독점자본주의로 이동하면서 더욱 복잡해졌다. 1918년에는 일본 각지에서 '쌀 소동'이 일어날 정도로 식량자급문제는 정치적·사회적으로 심각한 이슈였다. 일본의 군국주의 세력과 지주계급은 고곡가-고임금 구조를 기반으로 상호의존적 협력관계를 유지해왔지만 일본경제가 독점자본주의 단계로 이행되어가면서 공업부문의 발전을 추진하기 위해 저임금체제가 필요하게 되었고 자본가들은 곡가 인하를 요구하게 되었다. 일본은 식민지 조선의 토지조사사업이 끝나자 바로 한국을 식량공급기지로 만들기 위한 산미증식계획(産米增殖計劃)을 추진하게 된다.

산미증식계획은 한국으로부터 대량의 쌀을 반출해 일본의 식량부족문제를 해결하려는 1차적인 목적도 있었지만 당시 일본은 독점자본주의로 이행하면서 제1차 세계대전 이후 일본경제가 직면하고 있는 경제불황을 타개하려는 속셈도 있었다. 전쟁 후 자본가의 입장에서 고정자본투자가 많이 필요하지 않은 농업부문은 매우 적당한 투자처였던 것이다. 적정한 자본을 투입하여 대규모의 관개시설을 정비하고 경지를 정리하며 종자개량과 퇴비장려 및 경작방법의 개선 등을 통해 농업의 수익성을 높이려는 것이다. 목표는 구체적으로 1920년부터 30년간 논의 관개 개선으로 40만 정보, 밭을 논으로 만드는 지목변경을 통해 20만 정보, 황무지와 간척지 개간을 통해 20만 정보 등 총 80만 정보의 토지를 개량해 쌀을 증산하는 것이었다. 이를 위해 일본은 1차적으로 15년간 1억 6천만 원의 사업비를 들여 42만 정보의 토지사업을 시작해 900만 석의 쌀을 증산하고 이 중 절반인 460만 석을 일본으로 이출해 가려고 하였다. 그러나 계획대로 사업이 진행되지 못하고 1926년까지 예정되었던 12만 정보 중 9만 정보에 그치게 된 것은 무엇보다 자본의 투입이 원활하지 않았기 때문이다. 투자자의 입장에서 높은 이자율을 지불하는 자금을 투입해 토지개량을 하기보다는 토지를 구입해 고율의 소작료를 받는 것이 더 확실하고 편한 방법이었던 것이다.

실패로 돌아간 산미증식계획은 이후 여러 번의 변경을 거치면서 한국의 농업구조를 미곡단작형(單作型) 생산구조로 고착화시켰다. 농업생산액에서 미곡이 차지하는 비율이 1921년 45%에서 1934년에는 56%로 크게 증가하였던 반면에 농산 가공부문이나 기타 부문은 크게 축소되었다. 특히 주력인 쌀의 가공과정이 도시공업부문으로 이전되면서 농가소득을 올릴 수 있는 부문이 줄어들어 농가의 경영 불안정성을 높이고 자립성을 약화시키는 결과를 초래했다. 산미증식계획의 결과로 미곡의 토지생산성이 증가해 생산량도 늘었지만 미곡의 수출량은 더 급격히 증가하였다. 미곡의 생산량대비 수출량의 비율이 1920년 전반에는 27%였던

것이 1920년대 후반에는 40%로 급증했으며 1930년 42~54% 수준
으로 급격히 상승했다. 이 과정에서 한국인과 일본인 대지주는
크게 성장한 반면 중소지주들은 몰락하는 결과를 가져왔다. 결
국 토지조사사업과 산미증산계획은 조선에서 생산된 쌀을 일제
가 수탈하기 위해 만들어졌고 그런 결과를 초래하였다.

4. 조선회사령

공업정책 차원에서 일본은 1910년 조선회사령을 선포하여 제국
주의 정책을 펼쳤다. 식민지 한국에서 모든 회사의 설립과 지사
의 설치는 조선총독부의 허가를 얻도록 하였다. 이는 일본 국내
의 공업과 경쟁할 수 있는 한국의 공업에 대해서는 회사설립을
억제하여 식민지경제를 본국의 공업을 위한 원료와 식량증산에
국한하도록 하는 정책의 일환이었다. 조선회사령은 1910년 12월
29일자 제령 제13호로 제정·발효되어 다음 해인 1911년 1월 1일
부터 시행되었다. 전문 20조로 구성된 이 '회사령'은, "회사의 설
립은 조선총독의 허가를 받아야 한다(제1조).", "조선 외에 있어
서 설립한 회사가 조선에 본점 또는 지점을 설치하고자 할 때에
도 조선총독의 허가를 받아야 한다(제2조).", "회사가 본령(本令)
혹은 본령에 의거해 발표되는 명령이나 허가의 조건에 위반하거
나 또는 공공의 질서, 선량한 풍속에 반하는 행위를 하였을 때에
는 조선총독은 사업의 정지·금지, 지점의 폐쇄 또는 회사의 해산
을 명할 수 있다(제5조)."라고 규정하였다.

이로써 회사 설립과 지점의 설치에 허가주의를 채택하였으며,
한 걸음 더 나아가 회사의 행위가 공공의 질서, 선량한 풍속에
위반된다고 인정될 때에는 사업의 정지·금지에서 회사의 해산과

지점의 폐쇄까지를 강제할 수 있도록 하였다. '회사령'이 터무니 없는 악법이니 침탈법이니 차별법이니 하는 비난을 받는 것은 그것이 일본 본국에서 시행되고 있던 「상법」 회사편과 내용을 전혀 달리하기 때문이었다. 일본 「상법」에는 회사의 자유설립주의를 규정하고 있었다. 즉, 누구든지 뜻이 맞는 사람끼리 모여 정관을 작성하면 그것으로 회사는 설립되었으며, 재판소에 등기만 마치면 되도록 되어 있었다.

조선회사령은 1911년 1월 1일에 발효되어 1920년 3월 31일까지 만 9년 3개월간 실시되었다. 조선총독부는 그 전 기간을 통한 실시 상황을 요약해 다음과 같이 발표하고 있다.

조선 내에 있어서의 회사 설치 신청건수 676건, 허가건수 556 건(82.2%), 조선 외 회사의 조선 내 지점설치 신청건수 91건, 허가건수 85건(93.4%), 조선 외 회사의 조선 내 본점 설치 신청건수 11건, 허가건수 11건(100%), 기설회사(旣設會社)에 대한 해산명령 7건, 지점폐쇄명령 1건 등이다.

표면상 숫자만 보아서는 거의 문제될 것이 없다. 그러나 절차의 내용을 들여다보면 관권의 간섭과 횡포가 엄청나게 자행된 결과였음을 알 수 있다. 당시, 회사설립 허가를 받을 수 있던 자는 일본인이었거나 철저한 친일배가 아니면 처음부터 엄두도 내지 못하였다. 헌병경찰에 의한 간섭과 탄압이 이루어졌고, 총독정치에 대한 충성도, 재력과 신용도, 회사 설립 후의 수익성, 전망 등에 걸친 광범위한 조사가 헌병경찰의 정보망을 통해 이루어진 것이다.

이 제령이 실시된 1911년부터 1920년까지 한반도 내에 본점을 가지고 있던 회사를 민족별·자본금별로 고찰해 보면 다음 [표]와 같다. 이 [표]는 본사만을 조사한 것이다. 이 밖에도 많은 일본의 재벌회사들이 한반도 내에 지점을 설치해 놓고 강력한 경제활동을 전개하였다.

이 [표]는 실시 결과를 잘 나타내주고 있다. 몇 해도 되지 않아 한반도의 경제는 완전히 일본인의 수중에 들어갔으며, 일본인 자본에 의한 한반도 경제의 완전 장악이 이루어진 것이었다.

이 '회사령'의 실시 목적에 대해서는 두 가지 견해가 있다.[19]

한국 내에 본점을 둔 회사의 민족별 회사 수와 자본금 비교(1911~1920)

(단위: 개, 천 원)

연도\구분	한국인 설립			일본인 설립			일본·한국인, 일본·외국인 합동설립			합계		
	회사수	공칭자본금	불입자본금	회사수	공칭자본금	불입자본금	회사수	공칭자본금	불입자본금	회사수	공칭자본금	불입자본금
1911	27	7,395.0	2,742.3	109	10,510.6	5,063.0	16	21,860.9	8,104.5	152	39,766.5	5,908.8
(%)	(17.8)	(18.6)	(17.2)	(71.7)	(26.4)	(31.8)	(10.5)	(53.0)	(50.9)	(100)	(100)	(100)
1914	39	9,933.2	5,134.3	142	15,787.5	8,379.1	29	28,251.4	23,001.0	211	55,972.1	38,514.4
(%)	(18.5)	(17.7)	(13.3)	(67.3)	(28.2)	(21.8)	(13.7)	(50.5)	(59.7)	(100)	(100)	(100)
1916	36	9,795.3	4,776.0	147	32,743.2	23,105.1	29	19,682.0	16,039.1	212	62,230.5	43,920.2
(%)	(17.0)	(15.7)	(10.9)	(69.3)	(52.6)	(52.6)	(13.7)	(31.6)	(36.5)	(100)	(100)	(100)
1917	37	11,518.1	5,871.2	177	59,192.2	38,019.5	14	7,986.0	3,881.0	228	78,696.3	47,771.7
(%)	(16.2)	(14.6)	(12.3)	(77.6)	(75.2)	(79.6)	(6.1)	(10.1)	(8.1)	(100)	(100)	(100)
1918	39	12,103.5	7,315.9	208	98,133.2	54,662.5	19	15,386.0	7,891.2	266	125,622.7	69,869.6
(%)	(14.7)	(9.6)	(10.5)	(78.2)	(78.1)	(78.2)	(7.1)	(12.2)	(11.3)	(100)	(100)	(100)
1919	63	23,404.7	11,403.6	280	157,225.4	83,376.0	23	19,870.0	12,982.0	366	200,500.1	107,761.6
(%)	(17.2)	(11.7)	(10.6)	(76.5)	(78.4)	(77.4)	(6.3)	(9.9)	(12.0)	(100)	(100)	(100)
1920	99	15,276.2	19,203.8	414	330,763.0	151,893.3	31	43,595.0	11,734.4	544	419,634.2	182,830.4
(%)	(18.2)	(10.8)	(10.5)	(76.1)	(78.8)	(83.1)	(5.7)	(10.4)	(6.4)	(100)	(100)	(100)

자료: 손정목, 「회사령연구」, 『한국사연구』 45, 1984.
http://encykorea.aks.ac.kr/Contents/Index?contents_id=E0065503

---

19) 『한국자본주의성립사론(韓國資本主義成立史論)』(조기준, 대왕사, 1973). 「회사령연구(會社令研究)」(손정목, 『한국사연구(韓國史研究)』 45, 1984). 『法令叢集』(朝鮮總督府, 1914)

첫째는 한반도 내에 한민족 자본의 발생을 처음부터 억제해 버리는 것은 물론이고, 동시에 일본자본·외국자본의 진출도 막아 한반도를 원시적인 원료공급지이면서 일본의 상품시장으로 한다는 데 목적이 있었다는 견해이다. 이것은 고전적인 식민지 이론에 입각한 정책이었다는 견해인데, 오늘날 많은 국내학자들이 거의 무비판적으로 채택하고 있는 견해이다.

둘째는 아일랜드(Ireland)의 역사에서 유명한 형벌 법규와 취지를 같이해 형벌로 식민지인의 경제활동의 자유를 구속하는데 목적이 있었다는 견해이다. 즉 일본 정부가 기도한 것은 조선민족자본의 성장·발전을 억제한 것뿐이었지 결코 일본 자본의 조선 진출을 억제한 것은 아니었다는 견해인데, 아직까지는 소수의 학자가 주장할 뿐이다.

그런데 실시과정을 면밀히 고찰해 보면 소수설인 후자의 견해가 더 타당한 것으로 생각된다. 일본 정부와 총독부는 '회사령'을 실시한 직후인 1911년 초 조선피혁주식회사의 설립을 종용, 유치하였다. 나아가 미쓰비시제철(三菱製鐵), 오지제지(王子製紙), 다이니혼제당(大日本製糖), 오노다(小野田)시멘트 등 많은 재벌기업들을 적극적으로 유치·지원하였다

뿐만 아니라, 일본인이 출원한 회사 설립은 거의 다 허가해 준 반면에 조선인 기업의 설립·경영에는 엄격한 규제를 가하였다. 기존의 조선인 회사에 대해 해산 명령을 남발하는 등의 사례들로 미루어 '회사령'은 한민족 자본의 성장·억제를 주목적으로 실시되었지, 일본인 기업의 한반도 진출을 억제하려는 의도는 별로 강하지 않았다고 판단된다.

만약, 첫 번째의 견해에서 강조하는 것처럼 일본 자본의 한반도 진출도 강력히 억제하여 한반도를 일본 상품의 시장으로만 존속시킬 의도가 강하게 작용하였다면, 총독부 당국자가 굵직굵직한 일본의

재벌기업들을 적극적으로 유치한 사실을 설명할 수 없기 때문이다.

1910년데 공업은 주로 정미업, 연와업, 담배제조업, 식품업, 직물업, 인쇄업 등 전근대적인 경공업 부문이 대부분이었으며 회사 불입자본 중 한국인 회사의 민족자본 비중은 1913년 전체의 17.2%(274만 원)에 불과하였으며 1917년에는 이마저도 12.3% (587만 원)로 더욱 축소되었다. 1919년 3·1운동 이후 일본제국주의는 식민지 민중들의 저항을 의식하여 문화정치로 전환하면서 1920년 회사령을 폐지하게 된다. 이와 함께 한일합방 이후 실시되어 오던 식민지 관세제도를 폐지하고 일본 본토에서 시행되는 관세제도를 한국에까지 연장하여 한국경제를 일본 제국주의경제의 일부로 완전히 편입시키게 된다.

회사령이 철폐된 이후 한국 내의 공장 수와 공업생산액, 종업원 수 등 양적인 면에서는 1920년대에 두 배가량 성장을 하였지만 공업구조 면에서 식품업과 방적업이 50% 이상을 차지하고 있다. 경영규모 면에서도 종업원 수가 50명 미만의 영세한 공장이 90% 이상이었으며 종업원 규모 200명 이상의 공장은 1% 수준이었다. 회사령 철폐 이후에도 공업정책은 변하지 않았고 1931년 만주침략 이후 본격적으로 대륙진출을 하면서 일본제국주의의 식민지 공업정책이 근본적인 전환을 하게 된다. 1937년 중일전쟁에서 1945년 태평양전쟁이 끝날 때까지 한국의 공업은 일본의 전쟁 수행을 위한 군수산업기지의 역할을 하면서 발전하게 된다. 1931년에서 1943년 사이에 한국의 공장 수가 3.2배, 생산액은 7.5배나 증가하게 되는데 이로 인해 같은 기간 국민총생산에서 공업의 비중이 23%에서 37%로 증가하게 된다. 특히 중공업 대 경공업의 비중이 1931년 1:4에서 1943년에는 1:1로 변하게 된다.

5. 산업경제의 식민지 경제화

한국경제의 근대화는 식민지 종속과정에 의해 이루어지면서 산업경제도 식민지 경제화되어 갔다. 철광, 석탄 등의 1차 산업도 중국 침략을 위한 물자조달 차원에서 개발되었고 도로, 항만, 철도, 전기 등의 인프라도 전쟁을 치루기 위한 군사시설물 건설이라는 차원에서 이루어졌다. 따라서 근대적 의미의 공업발전이 아니라 오히려 한국 내의 근대적 공업발전을 억제하면서 일본 내에서의 산업을 보조하는 공업원료처로서 전락하게 되었다.

1919년 3·1운동으로 이러한 일본의 식민지정책이 변화를 맞게 된다. 외부적으로는 1920년 제1차 세계대전이 종식되어 전쟁특수가 사라지면서 일본 내의 공업 가동률이 떨어지면서 일본의 잉여자본이 한국에 진출하게 된다. 일본은 한국 내의 공업건설을 억제하기 위해 만들었던 조선회사령을 철폐하고 문화정치라는 명목으로 기능인력을 확보하기 위해 조선인에게 초등교육과 실업교육을 시키게 된다. 이 시기를 통해 말살되었던 민족자본이 근대기업으로 진출하는 기회를 마련하게 되었다. 이 당시 민족자본은 쌀을 일본으로 수출하면서 자본을 축적한 대지주와 거상들과 전통적으로 상공업 분야에 종사하면서 기술과 경영능력을 축척해 온 영세상공업자들이다. 이들은 애국심에 기반한 물산장려운동 등 경제적 민족주의에 의거해 자본을 축적해 나갈 수 있었다. 왕권에 의한 봉건주의가 철저히 붕괴되면서 농민과 노동자의 의식이 성숙해져 독립운동과 더불어 반제국주의·반봉건주의 운동도 활발하게 전개되었다. 그러나 1931년 일본이 만주침략을 시작으로 다시 전쟁을 시작하면서 식량을 수탈하고 노동력을 강제징병에 의해 동원하는 등 전 국토를 전쟁 수행을 위한 병참기지화하면서 민족자본의 형성은 다시 수난을 겪게 되었다. 결국 전쟁이 격화될수록 민족자본은 일본 독점자본에 예속되고 일본의 전쟁 수행에 활용가치가 있다고 판단되는 일부 대기업과 중소기업만 살아남게 되었다.

제2차 세계대전과 대동아공영권

일본은 진주만 공격과 함께 말레이반도 해역에서 영국의 신예 전함 2척을 격침하여 제해권을 잡았다. 또 개전과 동시에 육군은 말레이반도·필리핀에 상륙하여 1942년 2월 싱가포르를 점령하고 영국 극동군을 무조건 항복시켰다. 필리핀에서는 1942년 1~3월 마닐라를 위시하여 수마트라섬과 자바섬을 점령하고, 네덜란드군을 항복시켰다. 또한 원장(援蔣) 루트의 절단, 인도에 대한 대영(對英) 이간공작을 위해 미얀마에 침입하여 양곤을 함락시켰다. 이리하여 남방작전은 일단락을 보았다. 하지만 주전장(主戰場)인 중국전선은 교착상태가 계속되었고 중국의 항전체제는 강화되어 갔다.

1942년 1월에 일본 총리 도조 히데키(東條英機)는 '대동아공영권(大東亞共榮圈)'의 건설 방침을 제시하였으나, 원래 '남진'의 목적의 하나는 전략물자의 확보에 있었기 때문에 '대동아공영권'이란 유럽의 식민지 지배에 대체되는 새로운 일본의 식민지적 체제에 불과하였다. 일본의 침략과 가혹한 점령정책에 따라 동남아시아의 각지에서 반일저항운동이 일어나고 이 저항을 통하여 아시아의 민족해방운동은 비약적인 발전을 이루었다.

한편 히틀러는 1939~1942년에 정복한 유럽 제국을 그 인종론적 이데올로기에 따라 재편성하고자 하였다(신질서). 네덜란드와 노르웨이에는 독일 사정관(司政官)에 의한 민간정부가 설치되었지만, 언젠가는 대독일 제국으로 편입할 예정이었다. 룩셈부르크·알자스로렌·단치히 등은 대독일 제국에 합병되었다. 폴란드와 러시아에서는 '열등인종'으로 취급된 슬라브계 주민이나 유대인은 강제이주, 대량 멸절(滅絶)하고, 이에 대신하여 독일인을 식민시킬 계획이었다. 점령지역의 행정권은 히틀러의 친위대(SS)에게 위임되었다. 또한 히틀러의 국가 비밀경찰(게슈타포)은 유대인 문제의 '최종적 해결'을 명령받고, 독일의 지배가 미치는 모든 곳에서 유대인을 잡아들여 아우슈비츠·트레브링카 등의 가스실에서 420만 명 이상을 학살하였다.

군수생산 강화에 따라 심각화되는 노동력 부족을 해결하기 위하여, 1942년 3월 노동총감 자우케르는 독일 지배하의 유럽 전토에서 노동자의 강제징용을 시작하여 적어도 750만 명이 독일의 공장으로 송출되었다. 이상의 몇 가지 예에서 볼 수 있는 나치스의 점령지 지배에 대하여, 민중들은 지하투쟁을 포함한 갖가지 형태로 저항하였다. 연합군의 반공(反攻)은 동·서에서도 이러한 민중의 저항운동과 맞호응하면서 전개되었다.

쉬어가는 이야기

"역사는 제대로 아시고 독립운동을 하시는가요?"

장개석이 이시영 임시정부 전 부통령에게 한 질문이다.

중경(重慶)으로 후퇴한 장개석(蔣介石) 총통이 함께 피난 온 김구 주석 등 상해임시정부 일행을 위로한 초대만찬에서 자기 고향(양자강 남쪽 절강성)이 옛 백제 땅이었다는 사실을 밝히면서 우의를 다졌다는 일화이다. 우리나라 초대 문교부 장관을 역임한 안호상(1902~1999) 박사가 문교부 장관 재직 시에 중국의 저명한 문학자이며 평론가인 림어당(1895~1976) 선생을 만나 여담으로 "중국이 한자를 만들어 놓아서 한자를 사용하는 우리나라까지 문제가 많다"고 하자 림어당 선생은 "그게 무슨 말입니까? 한자는 당신네들 동이족(東夷族) 조상이 만든 문자인데 그것도 모르고 있소?"라고 핀잔을 들었다고 한다.

한글재단 이사장인 한갑수 박사가 미국 공군지휘참모대학에 입교했을 당시 같은 입학생인 중국 학자 서량지(徐亮之)가 한 박사를 찾아와 말하기를 "귀국 한민족은 우리 중국보다 더 오래된 역사를 가진 위대한 민족인데 우리 중국인이 한민족의 역사가 기록된 포박자(抱朴子)를 감추고 중국 역사를 조작하는 큰 잘못을 저질렀으므로 본인(서량지)이 학자적 양심으로 중국인으로서 사죄하는 의미로 절을 하겠으니 받아달라"며 큰 절을 올렸다.

장 총통은 일제의 침략에 대항하는 동지적 입장에서 이런 역사인식을 말했다고 할 수 있다. 그러나 이런 이야기를 들은 김구 주석은 충격과 함께 자괴심을 갖지 않을 수 없었다고 뒷날 술회한 바 있다. 그도 그럴 것이 백제가 중국 땅에 존재했다는 사실을 김구 주석은 전혀 알지 못했었다고 한다.

　장개석의 고향은 양자강(揚子江) 남쪽 절강성(浙江省)이므로 옛 백제는 양자강 이남지역까지 지배했다는 이야기가 된다. 서량지나 임혜상 같은 양심 있는 중국 사학자들은 중국 역사의 상고사는 한민족의 역사라 말한다. 그리하여 가시마 노보루 같은 일인학자는 한(漢)족은 기껏해야 한(韓)을 흉내 내어 이름 붙인 것이라 말하고 있는 것이다. 상고사는 밝혀져야 한다. 중국의 식자층은 양자강 유역이 전통적으로 동이 9족의 것임을 너무도 잘 안다.

　장개석은 이 사실을 너무 잘 알고 있어서 임정의 이시영 전 부통령에게 "역사는 제대로 알고 독립운동 하시는가"라고 물었던 것이다. 한데 오늘날의 우리나라 역사교과서에는 어느 한구석에도 이런 기록이 없다. 오늘날의 역사교과서뿐만 아니라 김구 주석이 듣고 배웠던 당시의 역사책에도 이런 기록이 없었던 것이다. 이것은 우리의 역사 기록이 제대로 되어 있지 않았을 뿐만 아니라 심하게 왜곡되었음을 반증해 주는 하나의 예증에 불과하다.

제2장

해방 이후의
경제혼란기

1. 혼란수습기

제2차 세계대전이 일본의 패망으로 끝나자 일본이 중심이 되어
조선, 만주, 중국, 대만, 남양주 등을 통합하여 구축한 거대한 경
제권이 붕괴되었고 한국은 남북으로 분단되면서 남한의 경제가
정치적·군사적 충격으로 급속하게 위축되었다. 인구적 요인도
컸는데 해방 당시 남한의 인구는 대략 1,600만이었는데 1948년
의 인구는 대략 1,900만으로 그 사이 무려 300만이나 늘게 되었
다. 일본·만주의 해외동포가 남한으로 몰려들고, 게다가 북한에
서 대략 100만의 인구가 공산주의세력을 피해 남으로 피난을 왔
다. 이러한 시장의 파국과 인구요인이 겹쳐 1인당 GDP가 1910
년대 이전 수준으로까지 하락하게 된 것이다. 물론 기업가, 엔지
니어, 숙련노동자 등의 인적자본은 그대로 존속하였고, 오히려
귀환하거나 월남한 실업가들 덕분에 증가하였고, 사유재산제도

와 회사·기업 등 온갖 시장경제체제의 기초는 그대로 보존되었다고는 하나 정상적 경제로 복구하는 데 많은 시간이 걸렸다.

김낙년 교수 팀이 추계한 1910년부터 1970년까지 1인당 GDP의 장기추세를 보면 2005년 가격으로, 단위는 10만 원인데, 해방 후에는 북한경제는 추계가 불가능하므로 추계의 동질성을 위해 남한만을 대상에 의하면 1910년의 1인당 GDP는 2005년 가격으로 877만 원에서 1970년 1,918만 원으로 대략 2.2배 증가했다. 해방 이전인 1941년에 1,657만 원으로 상승하나 제2차 세계대전을 거치면서 감소하였으며, 해방에 따른 파국으로 1947년에는 1911년보다 낮은 720만 원으로까지 하락했다. 연후에 조금 회복하다가 한국전쟁을 맞아 다시 하락하였으며, 1968년이 되어서야 1941년 수준을 회복하게 되었다.[20]

이러한 낙성대연구소 측의 주장에 대해 경제사학자인 허수열 교수는 1930년대 중반 이후 1940년대 초반까지 경제가 조금 성장한 것은 사실이지만 이는 전쟁 덕분이었다고 본다. 그런데 그것마저 해방과 한국전쟁으로 무로 돌아가고 말았다고 주장하고 있다. 낙성대연구소 김낙년 팀의 통계에서 1910년대에 경제성장이 있었던 것처럼 보이는 것은 그 시대의 통계가 불완전한 데서 생긴 착시효과에 불과하고 이런 점을 고려하면 1910년대부터 1950년대까지 경제에는 아무런 본질적 변화가 없었다고 주장하고 있다. 1930년대의 짧은 성장이 있었지만 이것은 매우 일시적인 것이고 한국경제의 근대적 경제성장은 1960년대부터라고 할 수 있다는 것이다.

---

[20] 이영훈, '한국경제사 연구의 동향과 과제.' 경제논집 제53권 제1호 학술동향, pp.101~120.

2. 적산처리와 농지개혁

해방 이후의 한국은 분단, 소요, 전쟁으로 휩싸인 재난의 시대였다. 1945년에서 1948년까지 미 군정 이후 이승만 정부가 들어섰지만 1945~1953년까지 경제를 체계적으로 설명해 줄 통계가 없다. 이 기간에 경제규모가 줄어들었을 가능성이 있다.

이 시기에 한국 경제사회는 큰 변혁을 겪었지만 정치경제의 기본틀이 만들어졌다. 이 시기에 만들어진 제도변혁의 큰 틀은 제2차 세계대전 이후 일본과 그 식민지였던 한국을 점령한 미국의 정책이라는 관점에서 이해해야 한다. 미국은 일본을 점령해 개혁하려 했는데 그중에는 물론 경제개혁도 들어있다. 경제개혁은 농지개혁, 기업체의 소유 및 지배구조의 개혁(특히 재벌개혁) 그리고 노동운동의 자유화이다. 미국은 전쟁 전의 일본 군국주의의 원인을 제거하고 건전한 민주사회를 이루는 데 있어 이 세 가지의 경제개혁이 중요하다고 판단했다.

일본의 개혁안은 기본적으로 한국에도 적용되었는데 미국은 일본과 달리 한국에 대해서는 점령을 위한 준비가 되어 있지 못했다. 점령 후에 반공이라는 목표에 집착해 친일파를 기용하여 한국민과 심한 갈등을 일으킨 것이 대표적인 예이다.

이승만 정부도 이 점에서는 비슷했는데 이로 인해 큰 윤리적 갈등과 정치적 혼선이 빚어졌다.

첫 번째는 농지개혁이다. 해방 직후 60%는 농지가 지주의 소유였다. 1960년 농지정리가 된 후 지주소유는 15%로 줄어들었다. 농지개혁은 그 시행과정에서 1950년 초 국가에 의한 재분배가 시행되기 전 5년 동안 재분배된 토지의 반이 직접 판매되는 상황이 일어나기도 했다.

농지개혁법은 농지를 농민에게 적절히 분배함으로써 농가경제

(農家經濟)의 자립과 농업생산력의 증진으로 농민생활의 향상과 국민경제의 균형·발전을 기하기 위해 실시되었다. 누대에 걸쳐 전통적으로 세습되어 온 소작제도(小作制度)가 일제침략 이후로 더욱 심화되어, 1945년 8·15광복 전후의 농지소유 실태를 보면 농지 총면적 222만 5751.6ha로 1호당 평균 1.078ha였으며, 자작농(自作農)이 전 농토의 37%인 85만 ha, 소작농이 63%인 147만 ha였다. 농가호수에서는 순자작 13.7%, 자작 겸 소작 34.6%, 순소작 48.9%, 피용자(被傭者)가 전체 호수의 2.7%였다. 또 소작료는 경작자 대 지주의 비가 5:5였다.

이와 같은 농지소유 상황 때문에 한국의 농촌사회는 신흥 일본지주의 출현, 부재지주 증가, 소작쟁의(小作爭議), 소작농의 급격한 증가, 소작농의 몰락과 이농 등의 현상이 두드러졌다. 이에 미군정은 전 일본인 소유농지의 한국 귀속을 위해 1945년 8월 9일 이후 동양척식회사(東洋拓殖會社)가 소유한 전 재산 및 조선 내 법인의 일본인 재산을 관리할 목적으로 동양척식회사의 후신인 신한공사(新韓公社)를 설립하였다. 그리고 해외에서 귀국한 동포와 월남동포에게 분배하였다.

1948년 3월 중앙토지행정처(中央土地行政處)의 설립과, 그해 8월 15일 신정부의 수립과 더불어 신헌법(새 한국헌법 제86조에 농지는 농민에게 분배하며 그 분배방법·소유한도, 소유권의 내용과 한도는 법률로서 정한다고 규정함)의 제정과 함께 본격적으로 농지개혁을 정책화하였다. 1949년 6월 21일 법률 제31호로 농지개혁법이 발효되었다. 그런데 일본인의 토지유산은 조선연보(朝鮮年報)의 1942년 통계로 보아 전국에 전답 40만 ha인 13%로 추산되고 있었다.

농지개혁의 방법은 신한공사가 관리하는 적산농지와 국유로 소유자가 분명하지 않은 토지는 흡수하고 비농가의 농지, 자경

(自耕)하지 않는 자의 농지, 3ha를 초과하는 농지는 국가에서 수매하여 이들 지주에게 해당농지 연수확량(年收穫量)의 150%로 5년간 연부상환 보상하도록 하는 지가증권을 발급하였다. 그리고 매수농지의 연수확량 측정은 소재지위원회(所在地委員會)의 의결을 거쳐 지목별 표준 중급농지를 선정하여 지번별로 보상액을 결정하였다.

한편, 정부가 수매한 농경지는 직접 경작하는 영세농민에게 3ha를 한도로 분배하되 그 대가를 5년 연부상환으로 해당토지 수확량의 30%씩을 곡물이나 금전으로 상환하였다. 농지개혁에 의해 영세농에 분배된 농지는 일반 수매농지가 75만 5,000ha, 적산농지 26만 9,000ha로, 총면적은 102만 4,000ha였다. 그런데 농지개혁이 있게 되자 이에 앞서 지주의 소작농에 대한 토지 강매운동이 전개되어 일부 선량한 소작인은 평시의 값보다도 비싼 값으로 농지개혁 전에 지주로부터 토지를 매입하게 되어 농지개혁 전에 이미 절반 이상의 농지분배가 이루어졌다. 한편, 농지개혁법에 의해 분배사업이 이루어진 1951년 4월 통계에 의하면 지가증권(地價證券)을 보상받은 지주는 24만 4,250명이었다.

이상의 농지개혁은 1950년 한국전쟁으로 시행 초부터 중단되어 당초의 5년 상환계획이 늦추어져서 1961년 5월 11일 농지개혁사업정리요강(農地改革事業整理要綱)을 제정하여 1964년까지 종결하도록 기간을 연장하였다.

농지개혁의 성격을 보면, ①농지개혁의 원만한 수행이 이루어지기 전에 지주계층의 소작인에 대한 3ha 이상의 자기토지 강매현상으로 그 실효를 충분히 거둘 수 없었다. ②농지개혁기간 동안 한국전쟁으로 혼란이 야기되어 기간의 연장이 불가피하였다. ③기생지주(寄生地主)를 배제하고 건전한 농가경제를 기대하였으나 지주계층의 사전 강매에 따른 경제적 부담과 유상분배(有

償分配)에 따른 빈농(貧農)의 곤란으로 자기소유 농지를 방매하고 부농(富農)이 이를 겸병(兼倂)하여 신흥지주계층(新興地主階層)과 소작제가 부활하는 현상이 나타났다. 이상과 같은 문제점은 오늘날에도 계속되어 경제발전에 맞춰 경영규모를 높이고 기계화(機械化)를 통한 생산성(生産性) 증대까지 가세되어 농지문제는 농지소유 상한선의 확대와 농지제도 개선 등 많은 논란이 되고 있다.

한국에서 농지개혁이 시행 가능했던 것은 일본의 강점시대 농지소유가 큰 사회적 갈등이었고 대부분의 대지주가 친일경력이 있어서 그 정당성을 정치적으로 의심받았기 때문이다. 한국은 해방 후 강력한 세력을 가진 좌파의 공세와 일본 및 북한, 중국에서의 농지개혁의 영향을 크게 받았다. 이는 근대경제사상 가장 큰 농지소유의 변화로 평가할 수 있다. 중국의 국민당이나 남베트남 정부가 스스로 농지개혁을 하지 않고 시기를 놓쳐 패망한 것에 비하면 성공적으로 평가받아야 한다. 곧 발발한 한국전쟁에서 북한군이 농민의 지지를 획득하는 데 결정적 한계로 작용하였다.

19세기 독일과 프랑스의 예를 생각해 보자. 프랑스는 대혁명으로 망명귀족의 토지 몰수를 통해 농지개혁이 이루어졌지만 19세기 내내 경제성장은 부진했다. 독일은 대농장주인 융커(Junker) 경영이 이루어졌으며 19세기 프랑스보다 더 역동적인 성장을 하였다.

농지개혁과 성장과의 관계는 불분명하지만 지주계급을 사회의 지배적 위치에서 제거한 것은 특정계급이나 이익에 얽매이지 않아 한국경제가 강한 경제로 되는 데 일조하였으며 정치적 안정을 주어 경제발전의 기반이 된 것은 분명하다.

일제 말기를 거치면서 민족자본은 더욱 쇠락해졌고 국토는 황폐해졌으며 남북이 분단되면서 그나마 열악했던 생산기반이 무너져 자생적으로 자본가가 생겨나기 어려운 상황에 봉착했다. 그토록 열망했던 독립이 자력에 의해 이루어지지 못하고 열강의 개입과 제2차 세계대전의 종말의 결과로 이루어짐에 따라 일제 치하에서 역할을 했던 민족자본가나 독립지도자들의 건국에서의 역할이 제한된 수순에 머무를 수밖에 없게 되었다. 심지어는 역할을 견제당하는 상황마저 생겨나게 되었다.

결국 중앙집권적인 경제주체가 나서서 독립에 간여했던 열강, 특히 미국의 도움을 받아 경제구조상 상부구조를 형성하게 될 수밖에 없었다. 초기 군정하에서 미군이 실시한 적산불하정책[21] 이 그 대표적인 예이다.

광복 이후부터 정부를 수립할 때까지 남한의 통치를 맡아 했던 미국 군정의 의지가 반영되지 않을 수 없었다. 미 군정은 근대적 시장질서를 확립하고 사유재산제도를 확고히 하려는 노력을 하였다. 특히 남한과 북한이 이념적으로 대립하는 상황에서 미국 군정의 목표는 자본주의를 신속하게 정착시켜서 공산주의 확산을 막으려고 하였다

일본은 패망과 함께 약 2,500개의 기업을 남기고 갔다. 이 기업은 처음에는 노동자들이 자주관리운동을 벌이기도 했으나 미군정에 접수되어 일부는 민간에 불하되고 대부분은 이승만 정부에 넘겨졌다. 처음엔 친일파와 모리배만 살찌운다는 비난이 고조되면서 민간 불하가 부진하다가 한국전쟁을 거치면서 진행이 되기 시작했는데 대단히 무질서하고 특혜와 부패시비를 불러왔으며 대규모 기업체의 소유를 분산하지 않고 개인에게 불하해

---

21) 적산(敵産)은 귀속재산(歸屬財産)이라고도 하며, 미 군정 법령에 의해 미 군정에 귀속된, 국·공유재산 및 일제 강점기 일본인들에 의해 축적된 재산을 말한다. 토지나 가옥 등의 부동산, 각종 기업체, 그와 관련된 차량 외 기계류 등이 있다.

그 후 재벌을 형성하는 바탕이 되었다. 반면에 일본은 이 시기에 재벌을 해체하는 작업이 착착 진행된 것과 대조적이다.

농가경제에 자주권을 부여하는 소작제도의 철폐, 경자유전의 원칙에 따른 농지개혁의 단행, 개인의 창의와 경제활동의 자유를 보장하는 자유주의 시장경제의 원칙을 확립하려는 시도가 이어졌다. 그러나 농지개혁은 구시대적 지배계층의 저항과 외세의 영향력, 그리고 한국전쟁의 발발로 철저하게 이행되지 못하였다.

남한에서의 농지개혁은 다음과 같은 의미를 지닌다. 첫째는 구시대적 지배체제의 교체 시도이며, 둘째는 고율의 소작과 신분적 보장이 없었던 체제의 붕괴를 통해 소농적 차지농(借地農) 체제를 만드는 것이었고, 셋째는 경자유전(耕者有田) 원칙을 세워 자작농을 만들고 토지를 사유화한다는 것이었다.

이러한 원칙은 근대 시민사회와 자본주의 기초를 만드는 데 기여하는 원칙이지만 해방 초기의 경제가 워낙 열악하고 제반 여건이 갖추어지지 않아서 경제에 기여하거나 성과가 나타나기는 어려웠다. 오히려 이 시기에 미군이 제공하는 원조 물품이 경제에 기여하는 바가 더 컸다.

미 군정의 적산불하정책도 의미하는 바가 큰데 농지의 경우는 소작료 상한제(3.1제)와 적산농지의 소유권 배분을 통해 농지개혁을 한 반면에 공업시설의 경우는 시가보다 낮게 장기 연부로 혈연과 지연에 근거하는 방식으로 불하를 함에 따라 철저한 개혁이 이루어지지 못했다. 미 군정은 같은 시기에 일본에서 실시한 공업시설 불하정책에서 재벌해체를 내세워 경제민주화를 이룬 것과는 대조적이다. 당시 미 군정은 토지개혁의 민주화는 반공체제 구축에 도움이 되지만 국토가 분단되고 소련이 북쪽에서 공산체제를 구축하는 상황에서 공업시설은 자본가에게 신속하게 넘겨주고 자본가를 키우는 것은 반공체제 구축에 더 도움이 된다고 판단한 것이다.

3. 전시체제 유지와 원조경제

1) 원조경제

1950년 6월 25일 발발한 한국전쟁은 건국 초기의 혼란을 수습하지도 못한 상태에서 경제에 충격적이었다. 전시체제하에서는 전쟁물자 조달을 위한 경제에 주력할 수밖에 없었고 전쟁이 끝난 후에는 폐허 속에서 복구작업이 진행됨에 따라 경제의 상당부분이 외국의 원조에 의존하게 되었다. 전쟁이 끝난 1953~1961년간 해외원조규모는 연평균 총 투자율의 64%를 차지했으며 원조로 인해 인플레이션율을 떨어뜨리고 성장률을 향상시키는 긍정적 효과를 가져왔다.

이종원(2002, 93쪽)에 의하면 1953~1961년 한국경제의 총 투자율은 연평균 12.4%였으며 이 중 국내투자율이 4% 정도인 데비해 원조의 형태로 유입된 해외저축률이 8%에 달했다고 한다. 또한 인플레이션도 1946~1953년에는 연평균 120%의 높은 인플레이션율을 나타냈지만 원조를 통해서 물자가 공급됨에 따라 1954~1961년간의 인플레이션율을 20% 이내로 안정화시켰다. 동기간 동안 GNP성장률도 3.5%에서 4.5%로 상승했다.

원조의 형태가 양곡 등 주로 소비재 위주이다 보니 국내 산업의 피해가 컸다는 학자들의 지적이 있다. 즉, 농산물가격이 하락하고 생산의욕이 저하되어 농가의 상대적 빈곤을 초래했다는 것이다. 특히 이 원조가 미국의 잉여농산물이어서 한국경제에 부정적 영향을 주었다는 지적이 있었지만 전쟁 등의 특수 상황을 고려한 연구가 좀 더 있어야 한다는 지적도 있다(이종원, 2002).

한국이 독립을 한 1945년은 시대적으로 독점자본주의가 일반화한 시대이다. 더욱이 국토가 이데올로기가 다른 국가에 의해 분단된 상황에서 건국 초기의 경제체제는 정부가 경제활동에 깊숙이 개입하는 수정자본주의의 요소를 가지게 되었다. 제헌헌법은 자본주의와 시장경제원리를 내세우면서도 국가통제의 원칙, 노동자와 이윤균점, 경자유전의 원칙 등 수정자본주의의 요소를 동시에 포함하고 있다.

식민지체제를 청산하고 시장경제의 기틀을 마련하기 위한 제도의 정립과 산업사회의 구축을 위한 기반조성, 전후복구와 경제안정 등을 이룩하기 위한 정책이 수립되었지만 대외원조가 절대적인 역할을 하였다. 사실 대외원조를 통한 산업화보다 폭등하는 물가를 잡고 절대빈곤 상태에서 국민을 벗어나게 하는 일이 무엇보다 더 중요했다. 일제 식민지 기간 동안 억눌렸던 수요를 감당해 내야 했으며 해외에서 고국을 찾아 귀국한 사람들과 북한에서 자유를 찾아오는 사람에 이르기까지 인구가 급격히 증가하여 생필품과 식량난이 가중될 수밖에 없었다.

1948년 건국 이후 나라살림을 추스르지도 못한 채 1950년 6월 25일 발발한 전쟁으로 100만 명에 가까운 민간인 사상자와 30억 달러에 이르는 산업기반 및 재산 피해로 생필품과 식량난은 더욱 극심해 갈 수밖에 없었다. 많은 학자들의 비판적인 시각에도 불구하고 대외원조에 의한 물가안정 및 전후 복구를 통한 산업재건은 불가피했다. 더욱이 전쟁 직후에는 경제안정과 응급구조적인 정책을 펼칠 수밖에 없었다. 시간이 흐르면서 1955년 이후에는 물가도 안정이 되고 시멘트, 비료, 판유리 등 기간산업을 빠르게 건설해 나갔으며 농업기반시설도 확충해 나갔다. 그럼에도 불구하고 1인당 GNP가 1953년 67달러에서 1961년에도 82달러밖에 안되었던 것은 낮은 소득과 낮은 저축, 이에 따른 '낮은 투자 → 낮은 생산 → 낮은 소득'으로 이어지는 빈곤의 악순환 과정이 1961년까지 이어지게 되었던 데 있다.

2) 공장건설

한국전쟁이 끝나고 나서 모든 노력은 전쟁으로 인한 피해의 복구와 경제재건에 집중할 수밖에 없었다. 한 마디로 먹고 살기 위한 몸부림이었다. 산업시설이 거의 다 파괴되었으니 원조에 의존해야 했다. 그나마 1950~1951년 미국의 원조금이 1억 달러 수준이었는데 전후 복구 차원에서 2억 달러로 늘었다. 우리는 미국으로부터 원조 받은 것을 팔아서 조성된 자금으로 국가 기간산업을 만들어 갔다. 이 대충자금(Counterpart Fund)[22]이 정부 투융자에서 차지하는 비중이 1954년에는 41.4%, 1957년에는 68.5%에 달할 정도였다.

전쟁으로 폐허가 된 나라를 원조해 주는 것은 고마운 일이었지만 미국 측 입장은 우리와 달랐다. 원조의 목적은 '기아와 질병의 해결'이었다. 장기적 안목에서 우리나라 산업을 건설해 일류국가를 만들어 주겠다는 거창한 생각을 할 상황은 아니었던

---

22) 제2차 세계대전 이후 미국에 의해 제공된 대외원조 도입액을 운용할 때 수원국 정부가 원조의 증여분에 상당하는 달러액을 같은 액수의 자국통화로 특별계정에 적립한 자금이다. 미국의 대유럽부흥계획인 마샬플랜(Marshall Plan)에서부터 주목받기 시작했다. 대체로 적립금 중 5%는 전략물자구입 또는 미국이 파견한 기관의 운영비용을 위해 사용되었으며, 나머지 95%는 미국의 동의하에 수원국의 통화안정과 경제안정을 위해 사용되었다. 한국의 경우 대충자금은 1950년대 경제를 지탱한 원동력이었다. 1965년까지 미국이 한국에 제공한 경제원조는 약 39억 달러였는데, 원조액 중 상당부분은 물자의 공매 후 대충자금으로 적립되었다. 1951년 4월 정부는 이 자금의 관리와 운용을 위해 '대충자금운용특별회계법'을 제정했다. 대개 경제개발비, 전후복구비, 군사비 등으로 지출되었으며, 그 규모는 정부와 재정투자 융자액의 재원 중 43.5~93%였다. 1957년을 기점으로 미국의 한국에 대한 경제원조가 감소되면서 대충자금의 규모도 현저히 줄어들었다.

것이다. 일본 식민지 시대에 있었던 비료공장은 다 북한에 있었고 남쪽에서는 비료가 전혀 생산되지 않았다. 주요 원조 당사자인 미국은 한국에서 필요한 비료는 "대한(對韓) 원조자금으로 완제품을 공급해 주겠다"는 것이었다.

우리 정부는 비료란 한 번 사용하면 없어지는 소비재인데 아까운 원조자금을 완제품인 비료를 사는 데 쓰지 말고 당장 허리띠를 졸라매더라도 비료공장을 건설하기를 원했다. 당시 이승만 대통령이 미국의 원조정책을 사사건건 물고 늘어지며 특히 '산업화만이 우리의 살길'이라고 강조하며 비료공장 건설을 주장한 것은 평가받을 만한 일이다.

비료공장 건설이 미국 측의 완강한 반대에 부딪치자 이승만 대통령이 UNKRA(The United Nations Korean Reconstruction Agency, 국제연합 한국재건단)의 원조계획을 활용하여 문경에 시멘트공장을 짓도록 한 것은 당시로서는 상상을 넘어서는 기발한 발상이었다. 그렇게 해서 문경 시멘트공장이 건설되었다.

당시 남한 내에는 하루 230t 생산능력의 삼척 시멘트공장 하나뿐이었다. 삼척 시멘트공장은 1942년 일본의 오노다사가 세운 것인데 해방이 되고 나니 일본인 기술자는 다 철수하고 잦은 기계고장과 원료난, 전기부족 등으로 생산량이 급감했다. 더구나 한국전쟁으로 파괴되어 한동안 가동이 중단되었다가 1953년 UNKRA 원조자금으로 보수를 해 하루 230t이라도 생산하게 된 것이다. 당시 우리나라는 시멘트 소비의 70% 이상을 수입해야 했다.

UNKRA와 협의하에 만들어진 첫 번째 프로젝트는 판유리공장이었다. 전후 복구를 위해서는 부서진 건물을 세우고 집을 짓는 것이 시급했는데, 건설을 위한 시멘트와 판유리와 같은 건설자재가 없었다. 기초적인 건축자재는 태부족이었고 나무나 벽돌은 어떻게 만든다지만 판유리는 복잡한 기술이 요구되었는데 국내 생산이 전무(全無)한 상황이었다.

우리 정부는 UNKRA의 대표인 콜트(John B Coulter) 장군을 설득해 판유리가 전후 복구사업에 절대적으로 필요한 건설기초 자재이며, 원료나 제반 조건이 유리하다고 설득해 우선 사업으로 정하도록 했다. 이렇게 해서 UNKRA 자금으로 첫 번째로 만들어 낸 공장이 인천 판유리공장이고, 두 번째 프로젝트로 문경에 시멘트공장이 건설된 것이다. 당장의 필요한 소비재를 공급해 주겠다는 미국의 원조계획에 맞서서 UNKRA 자금을 동원한 이 두 공장을 건설하면서 얻은 것은 단지 공장뿐만이 아니다. 이를 통해 우리는 기술발전의 근간이 될 일괄기술을 습득한 것이다. 이처럼 우리나라는 산업기술 분야에서 외국의 선진기술을 도입하고 공장을 건설, 가동하면서 생산과 운영에 따르는 기술력을 축척해 나가는 방식을 택했다.

해방 후에 우리에게 가장 시급한 것은 생활필수품인 제당, 제지, 합성섬유 등 소비재 공업이었다. 소비재공업을 일으켜 설탕, 밀가루, 합성섬유 등 소비재를 제대로 생산하려면 화학산업이 뒷받침되어야 한다. 화학산업 중에서도 염산, 황산, 질산, 가성소다, 암모니아와 같이 기초화학제품과 유지, 도료, 농약, 화약 같은 화학제품이 소량 생산되고 있었지만 시설과 규모 면에서 보면 영세하기 짝이 없었다. 그나마도 자체적으로 기초 화학산업을 갖추지도 못한 채 대부분이 원료를 수입해 소규모 작업장에서 단순 모방해 생산해 내는 방식이었을 뿐이다.

UNKRA 자금으로 시작한 문경 시멘트공장과 인천 판유리공장 이후 1959년에는 암모니아와 요소를 생산하는 충주 비료공장이 건설되어 화학산업이 발전하는 계기가 되었다. 당시 우리는 의식주의 해결이 제일 시급했다. 이를 위해서 먹는 산업인 농업의 생산성을 높이는 근간이 비료, 건물을 짓는 데 필수인 시멘트, 입는 산업의 기초가 되는 합성수지 등 주요 기간산업의 원자재와 중간재에 대한 수입대체를 위해 노력하였다.

주요 전략산업이었던 비료의 수입대체를 위한 공장을 지으면서 처음에는 미국에서 모든 것을 일괄적으로 들여오는 턴키방식을 선택했다. 공장을 지은 후에 몇 년 동안은 기술을 제공한 회사의 직원이 같이 먹고 자면서 지도해 주고 훈련시켜 주면서 공장을 돌리고 운영하는 기술을 가르치는 것이다. 이 과정에서 우리 기술자들은 열심히 기술을 배우고 축적해 나갔다. 배운 기술을 활용해 직접 공장을 짓겠다는 것을 염두에 두었던 것이다.

예를 들어 1959년에 충주 비료공장을 지었는데, 이때 배워 가면서 얻은 기술력을 바탕으로 외국의 기술자들과 몇 개의 비료공장을 더 지었다. 악착같이 기술을 배우고 축적하게 되면서 1960년대 후반에는 자체적으로 외국의 도움을 받지 않고도 비료공장을 건설하게끔 짧은 시간에 기술력을 발전시킨 것이다. 우리 식으로 지을 때는 외국 기술자에게 배운 것을 그대로 적용하는 데 그치지 않고 우리만의 스타일로 현장에 맞는 기술을 개발해 나갔다. 비슷한 방법으로 정유시설공장과 PVC공장도 건설, 운영해 나갔다. 비로소 1964년에는 대한석유공사 울산정유공장을 가동하기 시작했고, 1969년에는 호남정유의 여수공장을 우리손으로 가동하게 되었다. 즉, 1950년대에는 간단한 제품의 모방생산에 그쳤다면 1960년에는 일괄기술 도입에 의한 공장건설로 생산경험을 얻었으며, 선진국에서 시설재를 도입하여 체화된 기술을 학습해 나가면서 점차 기술력을 길러 나갔다. 또한 이렇게 키운 기술력을 바탕으로 독자적인 공장건설이 가능해졌다.

4. 환율 및 수출입 정책

1) 복수환율제의 시행

1950년대에 걸쳐 정부는 복잡한 복수환율제도(multiple rates of exchange system, 複數換率制度)를 운영해 나갔다.[23]

한국 정부가 채택할 수밖에 없었던 복수환율제도는 해방 직후인 1945년 10월부터 1964년 5월 3일 이전까지 이어졌다. 이 시기에 환율은 크게 공정(협정에 의한)환율과 시장환율로 구분되어 있었다. 협정환율이 한국 정부와 미국 정부 혹은 UN군 간의 외환거래에 적용되는 환율이라면, 시장환율은 민간이 보유한 외환을 거래할 때 적용되는 환율이다.

거래의 종류에 따라 공정환율, 대충자금환율, UN군환율이 있었으며, 시장환율에는 수출불, 기타 수입불, 미본토불 환율이 있었다. 공정환율은 정부의 공식환율로서 1945년 10월 최초로 1달러당 15원으로 결정하여 고시한 이후 1947년 7월 50원으로 인상하였다. 대충자금환율은 달러기준의 원조를 원화로 환산할 때의 환율을 의미하며, 공정환율과 차이를 보일 때도 있었지만 기본적으로 공정환율과 동일하였다. UN군환율은 UN군이 원화를 구하기 위하여 지불해야 하는 달러 교환비율이었으며 이 역시 공정환율과 같은 수준이었다.

이러한 공정환율은 정부거래, UN 한국부흥단, ICA(International

---

23) 외환거래는 일반거래와 특정거래로 분류하고 각각 상이한 기준환율을 적용하는 제도를 가리킨다. 이와 같은 제도를 채택하는 것도 인플레이션이 심한 국가에서 국제수지균형을 유지하기 위하여 불요불급한 수입을 억제하고 필수품의 수입에 특혜를 제공하고자 하는 데 있다. 전자의 경우에는 고율의 환율을 적용하고, 후자의 경우에는 저율의 환율을 적용한다. 1950년 당시 우리나라는 1964년 5월 3일 단일변동환율제를 채택하기 전에는 복수환율제도를 채택했는데 미국의 원조물자대금의 원화환산 시 적용할 대충자금환율을 별도로 정했었다.

Cooperation Administration, 국제원조처) 사업원조, 외국유학생에 대한 외환판매 등에만 적용되는 일종의 정책환율이었다. 공정환율이 비현실적인 수준으로 유지되면서 민간인 간의 외환거래 환율, 즉 시장환율은 공정환율보다 항상 높았다. 공정환율과 마찬가지로 시장환율도 복수로 존재했다. 대일수출 달러의 환율이 가장 높았는데, 이는 대일수입에는 대일수출 달러만을 사용할 수 있도록 한 외환예치제와 관계가 있었다.

공정환율과 시장환율 외에 정부가 원조자금이나 정부 소유 달러를 배분할 때 적용한 공매환율이 있었다. 정부는 원조물자를 민간에 배정할 때 공정환율(대충자금환율)로 배정하거나 공매하였으며, 원조물자 자금뿐 아니라 정부보유의 외환도 입찰 또는 추첨 등의 방식으로 민간에 공매하였다. 이때의 공매환율은 공정환율보다는 높고 시장환율보다는 낮았으며, 구매형식에 따라서도 달랐다. 이와 같이 외환의 원천별, 용도별로 환율이 다르고 복잡했던 이유는 공정환율이 원화를 지나치게 과대평가한 데 기인하였다.

이렇게 복잡한 복수환율을 유지하게 된 것은 원조와 밀접한 관련을 갖고 있었다. 환율은 UN군 대여금의 상환이나 원조에 의한 대충자금 규모와 관련하여 중요한 문제였으며, 한·미 간에 이해관계가 달랐다. 미국의 입장에서는 UN군의 원화 선대금을 미국 달러로 상환하기로 했기 때문에 환율이 낮으면 원화 조달비용이 그만큼 커진다. 또한 미국은 원조물자 판매를 통해 원화를 최대한 회수함으로써 인플레이션을 억제하고 재정원천으로 활용할 수 있도록 환율을 높이기를 원했다. 또한 환율이 실세를 반영해야 가격기구가 잘 작동하고 수출을 촉진하는 긍정적 효과를 기대할 수 있다는 입장에서도 환율을 높일 것을 요구하였다.

반면, 한국 정부는 평가절하가 인플레이션을 가속화하고 UN

군으로부터 상환받는 외환수입을 감소시키기 때문에 원화의 평가절하에 반대하였는데, 더 나아가서는 환율에 따라 원화 기준의 원조규모가 달라지기 때문이었다. 한국 정부는 원화 기준으로 예치되는 대충자금 규모가 작아야 원조협상에서 더 많은 것을 요구할 수 있기 때문에 가능한 한 낮은 수준의 환율을 원했다. 양국의 입장이 달랐기 때문에 공정환율의 결정은 원조협상에서 중요한 쟁점이었으며, 평가절하를 거부하는 한국 정부에 대해 미국은 원조자금 방출 지연 등으로 평가절하 압력을 행사하였다. 한국 정부는 원조와 선대금상환 중지라는 미국의 압력에 수동적으로 반응하였으며 결코 능동적으로 환율을 인상할 수는 없었다. 하지만 1950년 4월의 「외환관리규정」 이후에 한국 정부가 원화를 대폭적으로 평가절하하는 조치를 할 수밖에 없었고 이후에도 한·미 간의 합의에 의해 지속적으로 공정환율을 높여 나가게 되었다. 그럼에도 불구하고 물가상승률이 주요 교역상대국인 일본이나 미국과 비교할 수 없을 정도로 높았기 때문에 공정환율은 항상 지나치게 낮은 수준(과대평가)으로 유지되었다.

복수환율제도하에서는 원조물자 자금이나 정부보유 외환을 배정받는 것 자체가 큰 특혜였다. 당시 공정환율과 시장환율 간에 큰 차이가 있었기 때문에 공정환율이나 공매환율로 원조물자를 배정받은 자는 재처분을 통해 엄청난 차액을 누릴 수 있었다. 예를 들어 1959년의 경우 모든 정부 소비물자에 적용된 대충자금 환율을 100으로 할 때 실수요자 공매환율은 141원, 민수용 공매환율은 158원으로, 시장환율 254원보다 월등히 낮은 수준이었으며, 1950년대에는 이로 인해 발생되는 경제적 지대가 그 당시 GNP의 10%를 넘었다.

공정환율과 시장환율의 격차를 해소하기 위해 1961년 초에 2차에 걸친 공정환율의 대폭적인 인상이 있었다. 1월에 1달러당

65원에서 100원으로 인상된 후 2월에 다시 130원으로 재인상되었으며, 외환관리방식도 외환예치제에서 외환집중제로 변경되었다. 두 차례의 환율 인상은 복수환율제에서 단일환율제로의 전환을 시도한 것으로서, 원화의 과대평가폭을 완전히 해소하지는 못했지만 상당히 줄일 수 있었다. 군사정부도 비상경제조치를 발표하는 등 환율안정을 위해 노력하였다. 그러나 급격한 물가 상승과 외환보유고의 감소로 인하여 1962년부터 공정환율은 다시 실세를 반영하지 못하게 되었고, 게다가 1962년 6월의 통화개혁이 기대했던 성과를 달성하지 못하면서 공정환율과 시장환율의 격차는 다시 크게 벌어졌다. 그리하여 정부는 1963년부터 외환사용에 대한 양적 규제를 다시 강화하게 되었다.

2) 수출입 정책

정부는 복수환율제와 함께 수입제한정책을 통해 국내 수입업체를 보호하여 외화유출을 최소화하고 '수입대체 공업화'를 추진하였다. 상공부는 매 반기별로 '무역계획'을 발표하고 수입과 관련해 크게 '수입자동승인 품목', '수입제한 품목', '수입금지 품목'을 정해 발표하였다. '수입제한 품목'은 국내에서 생산은 되지만 국내 수요를 충분히 충족하지 못하는 품목으로 매번 수입할 때마다 주무부처의 사전 승인을 받아야 했다. '수입금지품목'은 국내에서 생산되고 국내수요를 국산품으로 충족이 가능한 것들이었다.

이러한 수입대체 공업화를 도모하기 위해서 관세정책도 동원되었다. 해방 이후 1949년까지 미군정하에서는 10%의 단일과세가 원조품을 제외한 모든 수입품에 대해 부과되었지만 1950년에는 새로운 '관세법'을 시행하며 국내산업 보호를 관세법의 목표로

대충자금(counterpart fund, 對充資金)

제2차 세계대전 후 미국의 대외원조 물자를 수원국정부(受援國政府)가 국내에서 팔아서 얻은 대금(代金)을 적립한 것을 말한다. 미국은 1948년 마셜 플랜에 의거하여 대외원조법(Foreign Assistance Act of 1948)을 성립시켰는데, 이에 의하면 미국의 원조물자를 받은 나라는 대여(貸與)에 의한 원조를 제외하고는 증여물자(贈與物資)에 상당하는 그 나라의 통화액(通貨額)을 중앙은행에 예치하되, 그 예치금의 환출은 미국이 승인하는 경우에 한하여 자국의 통화안정·생산증강 등에 충당하도록 규정되어 있었다. 이 예치금이 이른바 대충자금인데, 대충자금이라는 말은 처음 서유럽에 대한 경제원조에 사용하다가 한국에 대한 ECA(경제협조처) 원조, 한국·일본·류큐[琉球:지금의 오키나와(沖繩)]에 대한 GARIOA(미국의 점령지 구제기금) 및 EROA 원조, 기타 동남 아시아에 대한 군사경제원조에도 적용하게 되었다. ECA의 간행본 『Local Currency Counterpart Fund』(1950)에, 마셜원조계획에 참가하여 ECA로부터 증여에 의한 원조를 받고 있는 여러 나라는 수령한 증여원조의 달러 가격에 상당하는 금액을 자국 통화로 그 특별계정에 적립할 것에 동의하고 있다고 한 말은 대충자금의 성격을 잘 나타내고 있다.

대충자금 적립 시의 자국통화액은 국제통화기금(IMF)이 승인한 교환환율에 따라 산정되어야 하는데, 이러한 환율이 없는 경우에는 ECA와 참가국 사이의 협정(協定) 환율에 의한다. 한국에서 대충자금의 주종을 이룬 것은 미국의 농산물교역 발전 및 원조법(Agricultural Trade Development and Assistance Act,1954), 즉 PL 480에 의한 잉여농산물의 무상도입이었는데 1968년 이후 장기저리차관(長期低利借款)으로, 다시 1972년에는 유상원조(有償援助), 즉 현금구매로 양곡도입의 형태가 이행됨에 따라 대충자금의 의의는 실질적으로 종결되었다.

삼게 되었다. 국내산업의 보호수준을 높이고 관세수입을 증대시키기 위해서 관세율을 차등화하게 되었으며 수입품의 국산화 정도와 완제품 여부에 따라 관세율을 다르게 책정하였는데 그 결과 1950년대 하반기 중 총관세율은 27.5~66.5%에 달하였다.

1950년대 수출정책은 수출을 적극적으로 진흥하기보다 수출에 있어서 불리한 점을 막는 데 방점을 두고 시행되었다. 예를 들어 1948년 2월 채택한 '외환예치제'의 경우 과대평가된 공정환율을 수출업자에게까지 적용하게 되면 수출에 역효과가 올 것을 고려하여 수출업자의 수출대금을 한국은행의 외환예치계정에 예치하도록 하였다. 외환예치계정에 예치된 수출자금은 공정환율보다 높은 자유시장환율로 환산하여 수입에 사용하거나 다른 수입업자에게 양도가 가능하도록 하였다. 이는 1960년대 들어서 적극적인 수출진흥정책을 내세우며 수출업자에게 수출보조금을 지급하는 것과 비교하면 매우 수동적인 수출진흥책이라 할 수 있다.

5. 금융정책

분단과 전쟁으로 산업기반이 우리나라 금융산업은 광복 이후 지난 70년간 국가 경제에 주춧돌 역할을 한 것으로 나타났다. 우리 금융의 발자취는 경제발전과 성장의 역사라 해도 과언이 아닐 정도로 한국경제에 큰 기여를 했다. 1897년 한성은행(조흥은행, 현 신한은행)의 탄생으로 시작된 국내 은행 실질적인 역사는 1945년 광복과 함께 시작된다. 해방 당시 우리나라에는 조흥은행, 상업은행(1899년, 현 우리은행), 제일은행(1929년, 현 SC은행), 흥업은행(1932년, 1960년 한일은행으로 변경, 현 우리은행으로 통합) 4개의 은행이 있었다. 그리고 1950년 중앙은행인 한국은행이 설립되면서 금융의 기틀이 갖춰졌다. 한국은행은 화폐발행, 통화정책, 금융시스템 안정 등의 역할을 도맡았다. 그리고 1954년 산업발전을 위한 국책은행인 산업은행이 설립됐다.

은행들은 1960~1970년대 경제개발시기 자금줄 역할을 하며 한국의 경제성장 기틀을 닦는 데 중추적인 역할을 했다. 전 국민적인 저축운동에 힘입어 자금을 축적한 은행들은 경제개발에 필요한 자금들을 지원했다. 이러한 자금 지원을 바탕으로 현대·삼성·포스코·LG 등 한국경제의 기둥으로 자리 잡은 대기업들이 탄생했다.

1950년대와 1960년대는 개발금융의 시대였다. 1958년에 최초의 지방은행으로 설립된 서울은행이 1962년 시중은행으로 바뀌고 1968년에는 한국신탁은행이 신설되면서 6개 시중은행이 자리 잡았다. 1967~1969년에는 지방경제 발전을 위해 대구, 부산, 충청, 광주, 제주, 인천, 전북 등 지방은행 7곳이 설립됐다. 특히 1960년대 들어 6개의 특수은행이 설립됐다. 1961년 농협과 중소기업은행이 설립됐고, 1963년에는 서민금융을 위한 국민은행이 설립됐다. 1967년에는 외환업무를 주로 담당하는 외환은행이 한국은행에서 분리·신설됐다. 은행들은 초기 경제발전 개발자금을 지원하는 데 초점을 맞췄다.

1970년대는 정책금융이 본격화된 시기다. 한국경제가 급속한 발전을 이룩한 계기는 1970년 경부고속도로가 개통되면서부터다. 이후 1973년 중화학공업정책 추진을 발표하면서 본격화된 정책금융은 경제발전의 견인차 역할을 했다. 경제개발 5개년계획과 함께 은행들의 자금 지원도 본격화됐다. 1980년대는 3저(저유가-저금리-저환율) 호황 속에 경제가 급속도로 발전했고, 더불어 금융도 자율화·선진화되던 시기였다. 1980년 복수통화바스켓 변동환율제가 도입됐고, 1983년에는 일반은행 민영화 조치가 시행됐다. 투신사, 생명보험사는 물론 리스회사, 카드회사 등 새로운 형태의 금융업이 탄생하는 시기이기도 했다. 1990년대는 한국 금융산업이 개방되면서 크게 변화한 시기였다. 시장평균환율 제도가 1990년 도입됐고, 1991년부터 정부 통제에 묶여있던 금리가 단계적으로 자유화되면서 은행들은 현대적인 금융회사로 면모를 갖추기 시작했다.

하지만 1997년 외환위기가 발생하면서 은행들은 큰 타격을 입었고, 은행의 구조조정이 본격화됐다. 1998년 5개 부실은행이 퇴출되고, 상업·한일이 합병해 한빛은행으로 재탄생하고, 하나·보람은행이 합병해 하나은행이 됐다. 지방은행인 충북은행과 강원은행이 조흥은행으로 합병됐다. 외환위기 이후 3개의 외국계 은행[SC은행·한국씨티은행·외환은행(론스타 인수)]이 탄생했다.

2000년대 들어서는 은행 지주회사 체제가 탄생하는 등 은행이 고도성장기로 접어들었다. 그리고 저성장-저수익 구조가 고착화되면서 은행들은 살길을 찾기 위해 해외 진출의 기틀을 닦기 시작했다. 2008년 글로벌 금융위기가 닥쳤지만 금융당국의 슬기로운 대응으로 금융사들은 위기를 잘 넘겼다. 최근에는 인터넷전문은행이 설립을 앞두고 있는 등 핀테크를 비롯한 새로운 금융 기반도 새롭게 선보이고 있다.

총금융자산(개인·기업·정부·국외)으로 살펴본 우리나라의 성장도 흥미롭다. 1975년 27조 원에 불과했던 금융자산은 1980년 114조 원, 1990년 770조 원으로 급속히 불어나더니 2000년에는 3,592조 원을 기록했고, 2010년에는 1경 298조 원을 기록, 1경 원대를 돌파했다. 금융회사(은행·보험·증권)의 총자산 규모는 1975년 8조 원에서 1980년 41조 원을 기록한 후 1990년 224조 원을 달성했다. 그리고 2000년 893조 원, 2010년에는 2,376조 원을 기록하면서 경제성장과도 궤를 같이했다.

6. 경제정책의 성과

분단과 전쟁으로 산업기반이 철저히 파괴된 상황에서 1953~
1960년 사이 연평균 경제성장률이 3.8%를 기록한 것은 그렇게
형편없는 성적표는 아니다. 1950년대 경제정책에 대한 평가는
엇갈린다. 3.8%의 성장률을 경제정책의 실패로 보기 어렵다는
평가가 있는 반면에 당시의 성장잠재력에 비하면 성장이 부진하
다는 평가도 있다.[24]

　정부가 민간경제에 적극적으로 개입하면 필연적으로 경제적
지대가 생기기 마련이다. 1950년대처럼 복수환율제로 환율을 철
저하게 통제하고 수입쿼터제 등을 통해 수입대체정책을 펼치며
금리를 시장수준과 동떨어진 수준에 묶어두는 등 억압적인 금융
환경을 마련하는 경우에는 이런 경제적 지대가 적지 않은 규모
를 보이게 된다. 김낙년(1999)은 1955~1960년간 이러한 경제적
지대의 규모가 당시 GNP의 16~19%에 달했다고 추정하고 있
다.[25] 이 중 외환규제에 기인하는 지대가 11~15%, 자금통제에
기인하는 지대가 3~8%에 달하는 것으로 추정하고 있다.

　Jones and SaKong은 해방 후 재벌이 급속하게 성장하게 된 것
은 귀속재산을 불하하고 원조물자를 배정하며 수입쿼터와 외환
을 배정하는 과정에서 이익을 취득한 결과일 것이라고 보고 있
다. 일제 강점기에 민족자본의 기업을 영위하기 어려운 환경이
었고 기업가로 성공하기 위해서는 일제에 협력하지 않으면 안
되는 상황이었다. 이러한 정경유착 관행이 해방 이후에도 이어

---

24) jones, Leroy P. and Il SoKong, Goverment, Business, and Entrepreneurship in
　　Economic development: The Korean Case, Cambridge and London: Harvard
　　University press, 1980, pp.270.

25) 김낙년, "1960년도 한국의 경제성장과 정부의 역할." 경제사학. 제27호, 1999,
　　pp.115~150.

져 기업들이 정권에 유착해서 성장하였고 이렇게 해서 벌어들인
자금이 다시 정치권으로 흘러들어 가는 전형적인 정경유착의 현
상이 벌어졌다는 것이다.[26]

하지만 다른 한편으로는 1950년대의 경제정책을 통해 부득이
하게 발생할 수밖에 없었던 경제적 지대가 실수요자 중심으로
배분되어서 당시의 경제를 부흥시키는 생산적 역할을 했다는 것
이다.[27] 정부가 외국의 원조나 UN군의 대여금으로 확보한 달러
를 민간에 배당하는 경우에도 나름대로의 도덕성을 확보하고 일
관성을 유지했다는 점을 들어 당시의 경제정책을 실패작만으로
보기는 어렵다는 것이다. 이러한 배경에는 식민지시기에 일본에
서 대학교육을 받고 해방 후에는 미국 연수를 다녀와 나름대로
전문성을 갖추고 청렴한 관료의 공도 무시할 수 없다는 것이
다.[28]

1950년대 중반까지 미국 정부나 유엔평화유지군의 일차적 원
조의 목적은 전쟁으로 황폐화된 건물을 재건하고 한국민을 기아
에서 구해낸다는 것이 중요 목적이었으나 1950년대 후반기에 들
어서면서 단지 원조만 주는 것이 아니라 경제성장을 촉진시켜서
궁극적으로 경제가 바로 서게 하는 게 중요하다는 방향으로 정책
을 전환하게 되었다. 이는 미국 내의 대외 원조정책과도 같은 맥
락으로 공산권과의 체제 경쟁에서 승리하기 위해서는 군사원조와
경제원조를 분리하고 군사원조는 점차 축소하는 대신에 경제원조
를 더 강화하는 쪽으로 정책방향을 선회하는 것이다. 또한 무상원
조를 줄이고 대신 유상인 개발차관기금(Development Loan Fund)

---

26) Woo, Jung-en, Race to the Swift: State and Finance in Korean Industrialization,
   Columbia University press, 1991. pp.65~69.
27) 최상오, '외국원조와 수입대체공업화', 이대근편 "새로운 한국경제발전사:
   조선 후기서 20세기 고도성장까지," 나남출판, 2005. pp.370.
28) 이영훈, '대한민국 이야기: 해방전후사의 재인식 강의', 기파랑 2007, pp.306.

을 도입하게 되었다. 이와 더불어 미국 정부는 한국경제정책에 대한 요구성 조언을 하게 되었는데, 예를 들어 강력한 재정안정계획을 설정하고 재정적자를 줄여 재정적자의 화폐화를 억제할 것을 요구하기도 하였다.

마셜 플랜(Marshall Plan)

제2차 세계대전이 끝난 뒤, 미국이 서유럽 16개국에 행한 대외원조계획이다. 정식 명칭은 유럽부흥계획(ERP, European Recovery Program)이지만, 당시 미국의 국무장관이었던 조지 마셜(George Catlett Marshall, 1880~1959)이 처음으로 공식 제안하였기에 그의 이름을 따서 '마셜 플랜'이라고 한다.

1947년 6월 5일 미국의 하버드대학교 졸업식에 참가한 마셜 국무장관은 연설을 통해 "시장경제체제를 채택하는 나라들이 그들의 국내 경제를 부흥시키기 위해 집행하는 계획에 대하여 미국은 대규모 재정적 지원을 하겠다"며 대규모의 유럽경제원조계획을 밝혔다. 마셜 플랜은 유럽에 한정된 것이었지만, 미국의 정책 변화는 일본에도 적용되었다. 1947년 11월에 미국 정부는 일본에 빠른 시일 안에 경제 회복을 이룰 수 있는 경제부흥계획의 수립을 요청했다.

마셜 플랜의 핵심 내용은 다음의 3가지로 정의된다. 첫째, 유럽부흥계획을 수립하는 문제는 유럽인의 일이어야 한다는 것이다. 마셜은 연설에서 "경제적 자립을 목적으로 하는 유럽부흥계획을 미국 정부가 일방적으로 수립하려고 시도하는 것은 적절하지 않다. 이 계획은 공동의 계획안으로 되어야 하며, 유럽 국가의 전부는 아닐지라도 많은 국가에 의해서 동의되어야 한다"고 강조했다. 둘째, 유럽 국가들이 재정적인 자립 기반 위에서 원만한 생활 수준을 유지할 수 있는 정도까지 경제를 회복시키는 데 원조의 목적을 두었다. 셋째, 계획에 참가할 수 있는 대상은 기본적으로 유럽 전체로 설정되었다. 하지만 참가국들이 수용해야 할 일정한 조건을 단서로 붙여 소련과 동유럽 국가들을 실질적으로 배제하고 있었다.

미국 의회는 1948년 3월 상원에서 67표 대 17표, 하원에서 329표 대 74표로 경제협력법(Economic Cooperation Act)을 통과시켜 마셜 플랜을 승인했다. 경제협력법은 1948년 4월 3일 대통령의 서명을 거쳐 공식적인 법적 효력을 얻었다. 미국 정부는 이를 근거로 1948년 4월부터 1951년 말까지 서유럽에 120억 달러에 이르는 경제원조를 하였다. 그리고 1952년부터는 상호안전보장법(MSA, Mutual Security Act)에 근거한 원조로 계승되었다.

마셜은 이 계획이 "특정한 나라 또는 이념에 대항한 것이 아니라, 기아(飢餓), 빈곤(貧困), 절망(絶望)과 혼란(混亂)에 대항하는 것"이라고 밝히며, 소련을 포함하여 동부 유럽까지 원한다면 재정적 지원을 아끼지 않겠다고 했다. 하지만 연설의 내용과는 달리 마셜 플랜은 '트루먼 독트린(Truman Doctrine)의 실행 형태'라는 평가처럼 냉전(The Cold War)의 전개와 무관하지 않다.

이미 1947년 3월 12일 미국의 해리 트루먼(Harry Shippe Truman, 1884~1972) 대통령은 의회 연설에서 "극소수의 무장세력 또는 외부세력에 의한 전복행위에 저항하는 자유민들을 지원하는 것이 미국의 정책이어야 한다"는 '트루먼 독트린'을 발표하며 냉전의 개시를 공식적으로 선언했다. 그리고 미국은 그리스와 터키에 대해 경제와 군사 원조에 착수하며 소련에 대한 봉쇄정책(Containment Policy)을 추진하였다. 마셜 플랜도 서유럽 여러 나라의 경제재건을 지원함으로써 자본주의체제 내부의 사회적 혼란을 극복하여 소련과 공산주의의 확대를 봉쇄하는 데 일차적인 목적을 두고 있었다. 미국의 외교정책 고문으로서 '봉쇄정책의 설계자'로 평가받는 조지 케넌(George Frost Kennan, 1904~2005)은 마셜에게 제출한 보고서에서 정책의 배경에 대해 다음과 같이 밝히고 있다. "공산당은 유럽의 위기를 활용하고 있다. 미국 원조는 공산주의와 싸우는 것을 목표로 해야 할 것이 아니라, 경제적 불균형과 싸우는 것을 목표로 해야 한다. 왜냐하면 이러한 경제적 불균형으로 말미암아 유럽 사회가 전체주의적 운동에 취약해지고 있으며, 소련 공산주의가 지금 이 경제적 불균형을 활용하고 있기 때문이다."

미국의 경제적 필요도 이 계획의 실행에 영향을 끼쳤다. 전후(戰後) 미국의 서유럽 원조는 그들 나라의 경제재건이 아니라 당장의 긴급구호에 한정되어 있었다. 그러나 유럽의 경제적 혼란은 점차 미국 경제에도 심각한 부담으로 나타났다. 종전(終戰)으로 정부의 군비(軍費) 지출이 감소하고 생산의 축소가 불가피한 상황에서 미국으로서도 수출을 통해 안정적으로 생산 규모를 유지해야 할 필요가 컸다. 당시 미국의 대통령 경제자문위원회(Council of Economic Advisors)는 외국의 지불능력이 국내 경제의 취약성과 맞물려 기대하는 수출이 감소하면 미국의 생산과 물가, 고용에 미치는 영향이 매우 심각할 것이라고 경고하였고, 미국 정부 안에서는 안정적인 수출을 유지하기 위해 유럽과 일본의 경제 재건이 필요하다는 주장이 점차 확대되었다. 실제 마셜 원조는 미국 경제의 수출 분야에 큰 영향을 끼쳤으며, 그러한 수출 증가 덕분에 미국은 군비 지출의 감소로 인한 경기 후퇴의 피해를 최소화할 수 있었다.

마셜 플랜은 1952년까지 서유럽 경제의 부흥을 도모하여 서유럽 국가들의 무역 적자와 달러 부족을 해소하는 것을 목표로 하였다. 그러나 이 계획의 실시는 각 나라별 원조의 형식을 지니지 않고, 유럽 공동의 계획에 근거해서 이루어져야 한다고 제안되어 유럽의 경제적 통합을 촉진하였다.

마셜의 제안에 대응하기 위해 1947년 6월 말 영국, 프랑스, 소련의 외무장관 회의가 열렸다. 하지만 소련은 마셜 플랜에 대해 미국이 자신이 가지고 있는 자유시장체제의 가치를 유럽에까지 확대시킴으로써 대서양을 넘어 자본주의 지배를 강화하고자 하는 술책이라고 비난했고, 회의는 결렬되었다. 7월 12일 파리에서 오스트리아, 벨기에, 덴마크, 프랑스, 그리스, 아일랜드, 아이슬란드, 이탈리아, 룩셈부르크, 네덜란드, 노르웨이, 포르투갈, 스웨덴, 스위스, 터키, 영국 등 16개국이 참가하여 유럽부흥계획 회의가 열렸다. 이들 국가들은 부흥계획을 세우기 위해 유럽경제협력위원회(CEEC, Committee of European Economic Cooperation)를 결성하였다. 소련과 동유럽 국가들은 이에 참여하기를 거부했으며 '몰로토프 플랜(Molotov Plan)'으로 알려진, 식량원조와 물물 교환에 관한 특별무역협정을 체결하여 이에 대응했다.

1948년 4월 미국에서 경제협력법(Economic Cooperation Act)이 통과되어 마셜 원조가 본격화하자 서유럽 국가들은 기존의 CEEC를 유럽경제협력기구(OEEC, Organization for European Economic Cooperation)로 개편하였다. 미국은 경제의 재건을 체계화하고 원조 자금의 흐름을 감독하기 위해 수혜국들에게 4개년 경제재건계획을 입안할 것을 요구했으며, 유럽 전체의 계획은 각국이 OEEC에 제출한 독립적인 4개년 계획에 의존해야 한다는 주장을 받아들였다. OEEC를 통해 무역과 통화의 제한 완화 등 서유럽 국가들의 경제통합이 추진되었으며, 이를 계기로 하여 1950년 유럽지급동맹(EPU, European Payment Union), 1952년 유럽석탄철강공동체(ECSC, European Coal and Steel Community), 1958~1959년에는 유럽경제공동체(EEC, European Economic Community)와 유럽자유무역연합(EFTA, European Free Trade Association)이 탄생했다. 그리고 OEEC 자신은 1961년 9월에 가맹 18개 국가(기존 16개 국가에 서독과 유고슬라비아가 이후 참여함)에 미국, 캐나다를 추가로 참여시켜 경제협력개발기구(OECD, Organization for Economic Cooperation and Development)로 발전적으로 해소되었다.

그리고 마셜 플랜은 미국의 원조형태에도 큰 변화를 가져왔다. 1947년부터 이자와 함께 상환해야 하는 대부(貸付)는 급격히 감소했으며, 비군사적 증여(贈與)가 증가했다. 하지만 마셜 플랜은 미국 상품에 유럽시장을 보장하는 성격을 지니고 있으며, 근본적으로 미국의 경제적 지배력을 확대하기 위한 것이었다. 미국은 유럽이 국제무역기구(ITO, International Trade Organization)가 제안한 원칙에 무조건 동의할 것을 요구했으며, 미 의회는 '대충자금(counterpart)' 조항을 첨가해 원조수혜국이 원조액에 해당하는 자국 통화를 비축해 두었다가 미국이 동의하는 데에만 지출할 수 있도록 하였다. 그 밖에도 미국은 원조의 과정에서 미국 기업에 유리한 수많은 조건을 내세웠다. 원조로 식량을 수입할 때에는 반드시 미국에서 수입하도록 명시하였고, 원조에 의해 조달되는 재화의 50%는 반드시 미국의 선박을 이용해야 했다.

마셜 플랜은 기아와 빈곤이 만연하고 경제적 불안정이 심화되고 있는 유럽을 소련과 공산주의의 팽창으로부터 보호하려는 목적에서 수립되었다. 그리고 미국의 주도하에 자본주의체제를 유지, 확대해 가겠다는 의지가 반영되어 나타났다. 이러한 점에서 마셜 플랜은 실질적인 경제적 효과는 유럽 국가들에게 필수적인 수입품의 유입을 유지시켜 주는 역할에 제한되었지만, 전후(戰後) 자본주의체제가 사회·경제적 혼란에서 벗어나 안정을 되찾도록 하는 데 성공한 정책으로 평가를 받고 있다.

제3장

중앙집권적
관리자본주의 시기
(1960~1970년대)

1. 수출진흥책

분단과 전쟁으로 산업기반이 파괴되고 물자가 부족해 물가가 극도로 불안했던 건국 초기의 경제상황에서 벗어나야 한다는 것은 온 국민이 바라는 일이었다. 군사 쿠데타에 의하기는 하였으나 1962년부터 시작된 경제개발계획은, 빈곤문제를 해결하고 장기적인 안목에서 자립경제를 마련하기 위한 경제개발을 계획해나가야 한다는 방향이 설정된 것은 지극히 자연스러운 일이었다.[29] 천연자원도 빈곤하고 축적된 자본도 없는 상황에서 가장

---

[29] 제1차 경제개발 5개년계획(1962~1966년)은 자립경제 달성을 위한 기반 구축, 제2차 경제개발 5개년계획(1967~1971년)은 산업구조의 근대화, 자립경제 확립 촉진, 제3차 경제개발 5개년계획(1972~1976년)은 '성장, 안정, 균형'의 조화, 제4차 경제개발 5개년계획(1977~1981년)은 '성장·형평·능률' 제5차 경제개발 5개년계획(1982~1986년)은 '안정·능률·균형', 제6차 경제개발 5개년계획(1987~1991년)은 '능률과 형평을 토대로 한 경제선진화와 국민복지 증진 등을 목표로 삼았다.

손쉽게 경제를 일으키는 방법은 풍부한 노동력을 활용하는 것이다. 해외에서 원재료를 들여다 조립 가공해 파는 조립가공업이 대표적인 예이다. 빠른 자본 축적을 위해 수출을 늘리기 위한 노력을 한다.

현재 시각에서 보면 수출지향적 발전전략이 당연해 보이지만 과연 어떤 방법으로 경제를 성장시켜야 할 것인가에 대해서는 1960년대에는 반대도 많았다. 무엇보다 2차 세계대전 전까지 개도국의 입장에서 볼 때 선진국과 개방적 관계를 가져 간다는 것은 제국주의와의 접촉을 의미하는 것이었고 더욱이 제국주의로 식민지 기간을 겪은 한국 국민에게는 부정적으로 다가오는 것도 사실이었다. 1960년 당시는 공산체제에 있는 소련이 고도성장을 보이면서 대공황을 겪었던 선진자본주의 국가보다 나아보이기도 하였다.

그럼에도 불구하고 적극적인 수출지향정책을 쓰게 된 직접적인 동기는 외환보유고의 급감이다. 사실 처음에는 군사정권이 조급한 마음에 초기 2년간은 전시효과를 노린 비현실적이고 외화낭비적인 투자를 하는 우를 범했다. 제1차 경제개발 5개년계획 초기인 1961년과 1962년에는 계획사업의 집행을 위해 원리금 상환문제를 심각하게 생각하지 않고 단기 상업차관을 도입했다. 이로 인해 외환보유고가 1961년 말 2억 500만 달러에서 급격히 감소해 1963년 9월 말에는 1억 700만 달러로 줄었다.

한국 정부가 정부주도의 정책을 강력히 펴나가면서도 성공할 수 있었던 것은 기업이 움직이도록 유인체제를 마련하는 방법을 끊임없이 추구해 나갔다는 점이다. 외환보유고 급감에 대해 정부는 1963년 1월 1일 수출링크제를 실시하였다. 이는 수출업자에게 수출대금 전액을 수입에 사용할 권리를 주는 것이다. 이러한 가운데 공정환율을 올려 평가절상된 원화가치를 현실화하였다. 수출을 장려하자면 원화가치의 하락이 필요하지만 국내적으로는 물가상승이 문제가 되었으며 외부적으로도 불균형 환율에 대해 압력을 받았다. 수출환경은 수출업자에게 유리하게 가져가면서 국내경제의 안정을 위해 공정환율과 수출환율을 구별해 운용하는 이중환율제도를 활용하였다. 정부는 원화의 국내적 과대평가를 해소하기 위해 1960년 2월과 10월, 1961년 2월 공정환율을 대폭 절하하였다. 환율을 절하하면서 수출은 급격히 늘어나기 시작하였지만 무역역조현상은 해소되지 않았다.

환율이 절하되자 수출은 급증하는 추세를 보인다. 1960년 한 해 수출은 66% 증가하였으며 이후 1964년까지 매년 연평균 43%나 증가하였다. 이처럼 수출이 급증하자 정부는 더욱 본격적인 수출진흥책을 추진하였다. 먼저 환율을 다시 대폭 절하하였다. 기존의 복수환율제도에서 단일변동환율제도로 전환하면서 기본환율을 130원/달러에서 255원/달러로 거의 두 배나 올렸다.

환율제도의 개혁과 함께 임시방편적인 수출지원수단인 직접적인 수출보조금과 수출입링크제를 폐지하고 종합적이고 일관적인 수출유인체계를 만들어 갔다. 우선 자동적으로 작동된 수출우대금융과 수출생산용 중간재 수입에 대한 비관세 및 관세 감면을 해주었다. 수출신용장만 제시하면 은행을 통해 수출금융을 쉽게 얻어낼 수 있었다. 원자재나 부자재 역시 수출용 원자재 소요증명이나 수출상품의 선적 증명만 있으면 얼마든지 무관세로 즉시 반입이 가능하게 했다. 이렇게 수출금융이 늘어나자 예금은행의 총대출에서 무역금융이 차지하는 비중이 1961~1965년 4,5%에서 1966~1972년에는 7.6%, 1973~1981년에는 13.3%로 계속 증가하였다. 금리 면에서도 수출금융은 우대를 받았다. 금리인상조치 기간인 1966~1972년에는 무역금융금리가 일반대출 금리에 비해 무려 17%p나 낮게 적용되었다. 그 밖에도 수출을 늘리기 위한 다양한 지원책이 마련되었다.

정부의 행정체계도 매우 기민하게 움직였는데 수출목표제도를 도입해 개별 기업별 수출예상치를 집계하고 매년 총체적인 수출목표치를 달성하고자 노력하였다. 대통령이 주재하는 월례 수출확대회의를 개최하여 전 각료와 수출업체 대표가 모여 수출목표 달성을 점검하고 평가해서 수출실적이 부진할 경우 해결책을 그 자리에서 머리를 맞대고 찾아내었다. 체계적인 수출 지원을 위해서 대한무역진흥공사(KOTRA)를 만들어서 해외 네트워크 형성 수출 마케팅과 시장정보 수집을 담당해 수출기업을 도와주도록 하였다.

2. 정부주도의 공업화

1) 추진 배경

1962년부터 시행된 경제개발계획의 핵심적인 정책은 공업화였다. 제1차 경제개발 5개년계획에서는 원계획에 의하면 총투자의 34%가 광공업 부문에 대한 것일 정도로 공업화에 박차를 기했다. 이렇게 공업화를 경제개발의 핵심정책으로 채택하게 된 것은 국제수지를 개선하고 산업의 근대화 및 대외경쟁력을 강화해 나가기 위해서는 공업화 위주의 성장정책이 필요하다고 판단한 것이다. 1950년대의 수입대체정책을 이어갔지만 특히나 1960년대 들어서는 수출주도산업 위주의 발전전략을 가져갔다. 따라서 제1차 경제개발 5개년계획(1962~1966년)에서는 전력, 석탄 등 에너지원의 확보, 철도·항만·도로 등 사회간접자본을 확충하고, 시멘트·비료·정유 등의 기간산업 건설에 역점을 두는 등의 계획이 진행되었다.

제2차 5개년계획에서는 철강공업, 기계공업, 석유화학공업 등 중화학공업의 건설에 중점을 두었다. 중화학공업을 육성하기 위해서는 해당 공업 육성에 대한 기본법을 정하고 이 법의 테두리 내에서 지원과 육성방법을 적시하고 실행해 나갔다. 1967년에 기계공업진흥법·조선공업진흥법·섬유공업근대화촉진법 등을 제정하였고 1969년에는 철강공업육성법·전자공업육성법, 1970년에는 석유화학공업육성법, 1971년에는 비철금속사업법을 제정하고 이들 공업을 육성하기 위한 조세 및 금융지원체계를 설계해 나갔다. 특히 정부가 심혈을 기울인 것은 석유화학단지를 만들고 종합제철소를 건설하는 것이었다. 중화학공업은 대규모의 자본이 필요하고 자본의 회임기간도 길어 위험도가 높은 산업이어서 아직 자본축적이 적은 한국은 민간차원의 투자자를 찾기 어려운 수준이었지만 정부의 강력한 의지로 우여곡절을 겪으면서 석유화학콤플렉스와 종합제출소가 각각 1969년과 1970년에 착공되기에 이르렀다.

보다 본격적인 중화학공업화의 시작은 1973년 1월 12일 박정희대통령이 연두기자회견에서 '중화학공업육성 선언'을 한 이후부터이다.

정부가 중화학공업을 추진하게 된 배경에는 다양한 논리가 있다. 무엇보다 정치군사적으로 1968년 미국의 닉슨 대통령이 한반도에 주둔하는 미 지상군을 1971~1975년에 걸쳐 단계적으로 철수하는 소위 '닉슨 독트린'을 발표하였고 북한의 대남 도발이 더 빈번해진 데 따른 대비책이라는 것이다. 즉 이러한 안보환경 변화에 맞서서 자주국방을 하기 위해서는 방위산업을 서둘러 건설해 나가야겠다는 판단이 든 것이다. 또한 후발 저임국으로서 산업구조를 고도화하고 수출산업의 활로 모색 차원에서 중화학공업의 추진을 선택한 것이다.

이에 따라 제1차 경제개발 5개년계획 기간 중 7.8%의 성장을 시현하였고, 제2차 경제개발 5개년계획 기간에는 그보다 높은 9.6%의 성장률을 나타내었다.

2) 중화학공업 정책

한국경제사에서 중화학공업화정책을 어떻게 볼 것인가는 매우 중요한 일이다. 중화학공업화정책을 왜 시행하게 되었으며 적절한 시기에 시작을 하였는지, 결과적으로 한국경제에 영향을 미친 공과가 무엇인가에 대해 다양한 의견이 있다.

수출지향 공업화는 노동력이 풍부한 후진국에 적합한 공업화 전략이었지만 처음부터 계획된 것은 아니었다. 1962년에 시작된 제1차 경제개발 5개년계획은 자립경제를 위한 기반을 구축하겠다는 계획을 세웠을 뿐 수출에는 관심이 없었다. 중도에 '수출 제일주의'로 전환한 것은 외화 부족의 곤란을 수출을 통해 벗어나고자 한 것이었다. 1957년부터 무상원조가 급속히 감소하기 시작했지만 형편없는 국가신용으로는 차관도입도 거의 불가능한 상황이었는데 양철판, 합판, 면직물이 괄목할 만한 수출실적을 올리는 것을 보고 수출에 활로가 있다고 판단해 계획을 수정했던 것이다. 수출할 1차 산품이 많았거나 원조가 계속됐다면 수출지향 공업화로 방향을 전환하지 않았을 가능성이 컸다는 점에서 역경이 도리어 기회가 됐다고 할 수 있겠다.

물론 한국 공업화의 성공은 한강의 기적이라는 이름으로 성공적 사례로 손꼽히고 있지만 내부적 노력에 못지않게 외부적 환경요인도 큰 작용을 했다. 제2차 세계대전 이후 선진국의 공업기술이 고도화되고 임금이 급속히 상승하게 됨에 따라 노동집약적인 경공업은 채산이 맞지 않게 됐다. 공장을 후진국으로 옮기거나 로열티를 받고 기술을 이전하려는 움직임이 나타났다. 시간이 지남에 따라서 경공업 부문뿐만 아니라 전자, 조선, 철강, 자동차와 같은 중화학공업 부문에서도 같은 현상이 일어났다. 특히 동아시아 지역에서는 일본이 선두에서 한국과 대만 그리고 동남아시아 국가를 이끄는 '기러기가 날아가는 모양'의 공업화가 진행됐다.

일본에서는 노동집약적 경공업이 경쟁력을 상실해 가고 있었기 때문에 가까운 우리나라로 생산거점을 이전하는 길을 모색하고 있었다. 전경련도 1963년에 일본으로 산업조사단을 파견해 우리나라로 이전할 공업을 찾았다. 이러한 상황에서 1965년의 '한일협정'에 의한 국교 정상화는 일본의 자본과 기술이 우리나라로 이전될 수 있는 결정적인 계기가 됐다. 1961년에 1,900만 달러에 불과했던 대일 수출이 1965년에는 4,400만 달러로 늘어나고 1970년에는 2억 3,600만 달러로 급증했다.

우리나라의 공업화가 일반적인 다른 후진국과 다른 점은 노동집약적인 경공업에 머물지 않고 빠른 속도로 중화학공업으로 발전했다는 점이다. 1970년대에 이루어진 급속한 중화학공업화는 국내 수요 증가에 기인하는 점도 있었지만, 강력한 의지를 가진 국가의 산업정책에 의해 강행된 것이었다.

베트남 전쟁(1960~1975년), '닉슨 독트린'(1969년), 북한의 군사적 도발로 1960년대 말부터 심각해지는 안보상황과 정권교체의 위기를 벗어나기 위하여 박정희 대통령은 1972년 '유신체제'를 수립한 후에 1973년 1월에 중화학공업화를 선언하였다. 6월에는 철강, 비철금속, 기계, 조선, 전자, 화학 공업을 6대 전략업종으로 집중 육성함으로써 1981년까지 1인당 소득 1,000달러, 수출 100억 달러를 달성하겠다는 중화학공업화 계획을 발표했다.

중화학공업화는 급속도로 진행돼 1977년에 목표를 달성하고 산업구조와 생활수준을 크게 변모시켰다. 1970년과 1985년을 비교하면 1인당 GDP는 253달러에서 2,242달러로, 수출은 8억 3,500만 달러에서 302억 8,300만 달러로 크게 증가했다. 제조업에서 차지하는 중공업 비중이 46%에서 62%로, 수출에서 차지하는 중공업 비중은 13%에서 48%로 급증했다.

3) 과학기술의 발전

'중화학공업화'와 더불어 박정희 대통령이 연두기자회견에서 선언한 것은 '전 국민의 과학화'다. 정부는 산업구조를 고도화하기 위해 철강, 비철금속, 기계, 조선, 전자, 화학 등 6대 중화학공업 분야를 전략산업으로 선정해 집중적으로 자원을 투입하기 시작했는데 이를 뒷받침하기 위해선 보다 선진화된 과학기술 역량이 필수적이었다. 하지만, 당시 국공립연구소나 대학 등은 이런 수요에 대응할 수 있는 능력이나 여건을 갖추지 못했고 기업의 연구개발(R&D) 활동 역시 본격적인 산업기술을 개발하기엔 너무 열악했다. 정부는 시급히 요구되는 기술과 자본은 대기업을 중심으로 해외에서 확보하도록 하는 한편, 민간기업의 기술 확보를 지원하기 위한 전략으로 정부출연연구소(출연연) 설립을 추진해 중화학공업 육성의 기틀을 마련하기 시작했다.

한국과학기술연구소(KIST)를 비롯한 출연연은 산업 발전의 '싱크탱크' 역할을 맡아 철강, 조선, 자동차 등 중화학공업의 기반을 마련했고, 1973년 설립된 한국과학원(현 KAIST)은 산업 발전을 이끌 고급 과학기술 인력을 양성하기 시작했다. 이를 토대로 중화학공업 시대에 성공적으로 진입한 한국은 1977년 수출 100억 달러를 달성하며 세계 최빈국에서 수출강국으로 거듭나게 된다.

1971년 국가 경제개발의 목표가 '중화학공업화'로 정해지자 과학기술계획도 이에 맞춰 기획되기 시작했다. 같은 해 발표된 '제3차 과학기술개발 5개년계획'에서 정부는 기술혁신을 바탕으로 중화학공업화를 이끄는 것을 가장 중요한 목표로 설정했다.

중화학공업화를 위한 기술혁신 정책을 이끌 리더로 1971년 과학기술처 장관에 최형섭 KIST 초대 소장이 임명됐다. 최형섭 장관은 연구개발(R&D)체제를 효율적으로 운영하기 위해 여러 연구기관이 한 데 모인 연구단지를 구상했다. 같은 해 KIST를 중심으로 한국과학기술정보센터, 국방과학연구소, 한국개발연구원, 한국과학원, 원자력연구소 등으로 구성된 '서울연구개발단지(홍릉연구단지)'가 발족됐다. 이어 최 장관은 조선공업을 지원하기 위한 선박연구소와 해양개발을 위한 해양연구소 등 산업기술 분야별 '5대 전략기술연구소'를 설치하려 했지만, 서울에는 더 이상 연구소들이 들어설 공간의 여유가 없었다.

1973년 1월 17일. 최 장관은 대통령 연두순시에서 선박, 기계, 석유화학, 전자 등 전략산업의 기술개발을 담당할 연구기관을 단계적으로 설립하고, 이를 한데 모은 '제2 연구단지'를 건설하는 계획을 보고했다. 보고를 마치자 박 대통령은 제2 연구단지 건설 계획을 구체적으로 만들어 보라고 지시했다.

그로부터 4개월 후, 청와대에서 대통령과 국무총리, 각 부처 장관 등이 참석한 '제2 연구단지 건설계획안 보고 회의'가 열렸다. 연구단지 계획 수립과 건설은 과기처가 주관하고 관계부처 간 업무 조정은 총리가 담당키로 했다. 연구단지가 들어설 장소는 3개 후보지 중 충남 대덕으로 결정됐다. 경부고속도로와 호남고속도로, 철도가 교차하는 교통의 요충지로 우수한 두뇌가 집결하기에 좋은 위치이며, 전국 산업기지와 연결이 편리해 기술 지원이 쉽다는 이유였다. 1973년 5월 28일, 마침내 '대덕연구학원도시 기본계획'에 대한 대통령의 승인이 떨어졌다. 이어 새로 설

립할 출연연의 육성을 뒷받침하기 위한 '특정연구기관 육성법'이
제정됐다.

　이후 대덕연구단지는 KIST와 함께 우리나라 과학기술 활동의
거점이 됐다. 1976년 9월 한국표준연구소가 첫 삽을 뜬 뒤, 1970
년대 말까지 한국화학연구소, 한국선박연구소 등 5개 정부출연
연구소가 대덕연구단지에 자리를 잡았다. 이어 럭키중앙연구소
등 3개 민간연구소와 충남대학교가 입주해 공조체계를 갖췄다.
출연연은 정부 지원으로 설립·운영됐지만 법적으로는 재단법인
형태를 갖추고 자율적으로 운영되는 한국의 대표적인 연구체제
로 자리 잡았다. 출연연의 설립은 과학기술에 대한 대중의 인식
을 높였을 뿐만 아니라, 해외에 있던 한국인 과학기술자들이 국
내로 돌아오는 주된 통로가 돼 국내의 전반적인 연구 수준을 높
이는 기폭제 역할을 했다.

4) 고급인재 양성 위한 한국과학원 설립

　1967년 당시 미국에서 활동하던 젊은 물리학자 정근모 박사는
하버드대학을 졸업하며 「후진국에서의 두뇌유출을 막는 정책 수
단」이란 논문을 제출했다. 이 논문에서 정 박사는 개발도상국에
서 인재를 기르고 활용하려면 최고 수준의 교육과 연구환경을
제공할 수 있는 기관이 있어야 한다고 주장하며 특수 이공계 대
학원 설립 청사진을 제시했다. 2년 뒤 정 박사는 자신의 주장을
실현할 기회를 맞았다. 그가 미국에 넘어와 활동할 수 있도록 후
원해준 존 한나 미 미시건대 총장이 미국국제개발처(USAID) 처
장에 선임된 것. 한나 처장은 언론과의 인터뷰에서 앞으로 미국
은 해외 교육사업에 투자하는 대신 교육기관을 만들어서 인재를
육성하겠다는 방침을 밝힌다. 이를 본 정 박사는 그를 직접 만나

자신의 논문을 소개했고, 논문 내용에 크게 공감한 한나 처장은 박정희 대통령에게 직접 편지를 써 한국이 원한다면 특수 이공계 대학원 설립을 지원하겠다는 생각을 전했다.

1970년 3월 박정희 대통령은 경제동향 보고 회의에서 특수이공계 대학원 신설방안을 검토하도록 지시했고, 정 박사는 10년 만에 한국으로 돌아와 대통령 앞에서 직접 자신이 쓴 논문 내용을 브리핑했다. 같은 해 4월 8일 마침내 한국과학원 설립이 결정됐다. 새로운 이공계 대학원 설립과 자문을 위해 전 스탠퍼드대 부총장이었던 프래드릭 터만을 단장으로 하는 조사단이 국내에 파견됐다. 그 결과 1970년 12월에 나온 것이 과학원 설립의 청사진이 된 '터만 리포트'였다. 당시 뉴욕 브루클린공대 교수였던 정근모 박사는 터만 조사단의 일원으로 리포트 작성을 실질적으로 주도했다.

1971년 4월 한국과학원은 서울 홍릉의 서울연구개발단지 내에 건설되기 시작했다. 40여 명의 교수를 확보해 1973년 9월 정식 개강한 한국과학원은 국내 과학기술계는 물론 교육계에 커다란 충격을 줬다. 당시 교육계는 한국과학원에 '대학'이란 이름조차 붙이지 못하게 할 정도로 견제가 심했다. 문교부 대신 과학기술처 산하의 독립적인 기관으로 설립된 한국과학원은 기존의 교육법과 교육공무원법의 적용을 받지 않아 자율적인 학사 운영과 신축성 있는 교육체제를 구축할 수 있었다.

정부는 한국과학원에 출연금을 지원하되 운영에는 관여하지 않아 자율성을 보장했다. 학생들은 병역특례를 포함한 다양한 혜택 속에 영재교육을 할 수 있었다. 또 산업인력을 재교육하는 산학제를 통해 산학협동을 쉽게 만들었다. 교수들은 자동차 엔진 부품 개발, 반도체 설계와 제작, 맥주 발효법 연구 등 실용적인 내용의 연구를 수행했다. 학생들 역시 산업에 실제로 적용할 수 있는 교육과 연구에 집중했다.

1975년 한국과학원은 92명의 석사를 배출했다. 터만 보고서에서는 과학원의 석사과정 졸업생 규모가 1978년 100명 정도가 적정할 것으로 추정했다. 하지만 국내 고급인력 수요가 터만 보고서의 추정을 훨씬 앞지르기 시작했고, 한국과학원은 1978년 142명을 배출한 데 이어 1986년까지 4,038명의 석박사를 배출하며 국내 이공계 고급인력 양성의 큰 줄기를 형성했다.

5) 공업발전계획 수립

1966년 설립된 KIST가 맡은 중요한 역할 중 하나는 공업발전계획을 세우는 일이었다. 당시 정부의 경제개발계획을 성공적으로 추진하기 위해선 능력 있는 공업 관련 연구기관이 반드시 필요했다. 해외에서 활동하던 유능한 과학기술자들이 모인 KIST는 산업화 '싱크탱크' 역할을 맡아 경제개발계획 추진을 위한 기초자료 수집과 정책조사연구 등을 수행했다. 그 결과 장기에너지 수급대책에 관한 연구를 시작으로 기계공업, 조선공업, 자동차공업 등의 중기계공업 육성계획과 포항종합체철 건설계획 및 확장사업 등 1970년대 이뤄진 중화학공업 발전의 큰 틀이 KIST에서 나왔다. 2015년 '광복 70년 과학기술 대표성과 70선'에 꼽힌 국내 최초의 고유 모델 자동차 '포니'와 현대중공업이 국내 최초로 건조한 26t급 초대형 유조선 등이 KIST의 제안에서 시작된 대표적인 1970년대 과학기술의 성과다.

한국이 '보릿고개'로 표현되는 식량난을 극복하고 쌀 자급을 이룰 수 있었던 '통일벼' 개발도 1970년대의 대표적인 성과로 꼽힌다. 농촌진흥청이 1971년 개발한 통일벼는 한국인들이 주식으로 삼고 있는 '자포니카'와 동남아시아 지역에서 재배하는 '인디

카'의 잡종으로, 생산량을 획기적으로 높였다. 통일벼 재배면적
이 크게 확대된 1977년에는 쌀 생산량이 수요량을 앞질렀으며,
이후 다른 농작물의 품종개발과 재배기술 발전에 토대가 됐다.

6) 정부주도 공업화 정책의 공과

중화학공업 육성정책이 국가경제에 준 부정적 영향도 많다.
정책금융을 통해 저리의 자금을 대출해주다 보니 능력이 있는
기업에게 자금이 흘러가지 않았고 부실기업을 길러내고 부실채
권이 축적되어 국가경제의 짐으로 작용하였다. 또한 자본집약적
산업을 육성하느라 대기업 위주의 산업발전을 하여 중소기업의
경쟁력이 취약해졌다. 과다한 통화팽창으로 고물가가 고착화되
었다. 외국의 자본재와 중간재를 수입해 중화화공업을 건설하다
보니 만성적인 적자에 허덕이게 되었다. 무엇보다 중요한 것은
관치금융의 만연으로 금융시스템의 경쟁력을 기를 겨를이 없었
다는 것이다.

반면에, 20년간 지속된 공업화와 수출지향형 경제구조는 한국
에 잘 교육받은 저렴하면서도 애국심과 근로의식을 동일시하는
노동력을 만들게 되며 이들이 국가의 원동력으로 작용하게 된다.
공업화를 이끄는 과정에서 정부관료와 기업가들은 인적 자본을
형성해서 국제경쟁력을 가지게 된다. 또한 우리나라의 급속한
공업화와 수출 증대는 일본 제조업의 이전, 한·일 기업의 합작과
기술제휴, 그리고 일본의 부품과 기계를 수입해 제조한 공산품을
미국으로 수출하는 한·미·일 삼각무역에 힘입은 바 컸다.

3. 수입자유화

자립경제를 외치며 수입대체산업을 육성하다 보니 국내산업보호를 위해 수입을 철저히 규제할 수밖에 없었다. 한편으로는 수출을 장려하고 다른 한편으로는 경상수지 관리와 국내산업 보호를 위해 수입자유화를 최대한 지연시켰다.

한국은 1967년 GATT(General Agreement on Tariffs and Trade)에 가입하게 되었는데, 그해 7월 상공부가 반기별로 발표하는 무역계획을 통해 수입에 관한 규제를 포지티브 리스트 방식에서 네거티브 리스트 방식으로 바꾸었다. 그동안은 수입을 하려면 정부의 사전 승인을 구하지 않고 수입할 수 있는 품목을 수입하던가 정부의 사전승인을 받아야 했지만 네거티브 리스트 방식으로 수입관련 규제가 바뀌면서 정부가 수입을 금지하거나 제한하는 품목이 아닌 모든 수입품목은 자동으로 수입이 승인되게 되었다. 그럼에도 불구하고 우리나라는 1968년에서 1977년까지도 수량규제가 오히려 강화되는 모습을 보이면서 종합수입자유화율이 55% 수준을 유지하였다.

이러한 수준의 종합수입자유화율은 일본이 1960년대 중반에, 대만이 1970년대 중반에 이미 90% 이상의 자유화율을 보인 것과는 대조적이다. 수입관련 수량규제가 강화된 결과가 나타난 것은 1970~1975년 중화학공업을 육성해 나가면서 국내산업을 보호하기 위해서 때문인 것으로 보인다(유정호, 1991). 본격적인 수입자유화가 다시 시도된 것은 1978년으로 정부는 1978년 중에만도 세 번에 걸쳐 수입자유화를 단행하였다. 이러한 수입자유화 조치는 1979년에 시발된 제2차 석유파동으로 중단되었으며 극심한 수출입 불균형이 어느 정도 해소된 1984년 이후 본격적인 수입자유화가 시행되었다.

GATT(General Agreement on Tariffs and Trade)

GATT는 관세 및 무역에 관한 일반협정을 말한다. 1995년 1월 세계무역기구(WTO)가 출범함에 따라 가트체제는 종말을 고했다. 제2차세계대전 종결 후 세계경제의 재편성 움직임은 1930년대의 쓰라린 경험을 되풀이하지 않도록 세계무역 규준을 제정하여 이를 실시하기 위한 국제적인 무역기구를 설치하자는 논의로부터 시작되었다. 브레튼우즈 협정(Brettonwoods agreements) 발족 당시에는 국제통화기금(IMF) 및 국제부흥개발은행(IBRD)과 더불어 국제무역기구(ITO, International Trade Organization)의 설립을 규정하였다. ITO를 통해서 국제무역상의 관세인하와 양적제한 등의 장벽을 철폐하는 한편 최혜국대우 원칙을 부활시킴으로써 무역상의 차별을 제거하여 국제무역의 평형원칙을 확립하려 하였다. 이 무역규정은 1948년 아바나 회의에서 23개국에 의하여 조인되었다. 이것을 통칭 ITO 헌장 또는 아바나 헌장이라고도 한다. 그러나 이것은 조인국 과반수의 비준을 얻지 못하여 발효를 보지 못하였다.

원래 GATT는 ITO 헌장 가운데 통상정책에 관한 부분을 조속히 발동시키기 위하여 만들어졌으며, 그 조문도 ITO의 무역에 관한 부분을 계승한 35개조로 구성된 간략한 것이었다. ITO는 국제구조의 설립이 규정되어 있으나 GATT는 무역상의 규약을 규정한 일반협정에 불과하다. 그러나 GATT는 오늘날 하나의 국제기구로 간주되고 있으며 ITO 헌장에 규정되었던 중요한 기능을 수행하고 있다. GATT는 1947년 제네바에서 23개국의 서명을 얻어 1948년 1월부터 그 활동을 시작하였으며 한국은 1967년 정회원국으로 가입했다.

GATT 규정의 본문은 4부 38조(당초 3부 35조)로 구성되어 있다. 제1부(제1~2조)는 GATT의 목적, 최혜국대우 및 관세에 관한 규정, 제2부(제3~23조)는 수입제한의 철폐와 자유무역의 원칙에 관한 규정, 제3부(제24~35조)는 가입과 탈퇴에 관한 절차규정, 제4부(제36~38조)는 개발도상국의 무역확대에 관한 규정으로, 이 제4부는 1965년에 추가된 것이다.

4. 자본조달: 차관도입의 급증

경제개발을 적극적으로 추진하는 과정에서 낮은 저축률로는 필요한 자본을 국내에서 충당할 수가 없었다. 부족한 자본을 조달하기 위해 외국자본의 유입을 촉진하기 위한 정책이 취해졌다. 1960년 1월 외자도입촉진법을 제정하였으나 외국자본의 도입을 촉진하기에는 미흡하였다. 1962년 7월에는 부족한 자본을 조달하기 위한 파격적인 조치로 외국차관지급보증법을 제정하여 공공차관은 물론 민간차관에 대해서까지 정부가 지급보증을 하겠다고 선언하게 되었다. 1966년 외자도입촉진법과 외국차관지급보증법을 합쳐서 외자도입법으로 통일하고 외국자본 도입규정을 정비하고 외국인 직접투자 유인을 강화하고 외국차관에 대한 정부의 지급보증절차를 개선해 나갔다.

1) 대일청구권 자금

박정희 정부는 1965년 원수로 여겼던 일본과의 국교를 정상화하고 식민지 통치에 대한 대가로 무상자금 3억 달러와 유상자금 2억 달러의 청구권자금, 3억 달러 이상의 상업차관을 받게 되었다. 한국은 이 자금 대부분을 포항제철 건설(3,080만 달러), 원자재 공급(1억 3,282만 달러), 경부고속도로(689만 달러), 영동화력발전소(178만 달러) 등 기간산업 육성과 사회기반 시설 구축에 사용했다.[30] '한일협약'으로 일본으로부터 제공된 '대일청구권' 자금(무상원조 3억 달러, 공공차관 2억 달러, 그리고 3억 달러의

---

30) 경제기획원이 펴낸 『청구자금백서(1976)』와 대외경제정책연구원에서 발표한 '대일청구권 자금의 활용사례 연구(2000)'에 의하면 ▶포스코 ▶농업협동조합 ▶한국농촌공사 ▶대한광업진흥공사 ▶한국수자원공사 ▶한국도로공사 ▶한국철도공사 ▶한국전력공사 ▶KT&G ▶KT Corporation ▶외환은행 ▶한국과학기술연구원(KIST) ▶서울대병원 ▶기상청 등이 수혜기업들이었다.

상업차관)은 1950년대 후반기에 들어서 감소하는 원조를 대체하는 역할을 하였다. 자금 일부가 포항제철 건설에 사용된 것은 잘 알려진 사실이다.

일본의 보상금이 1970년대의 한국경제 규모를 감안할 때 많은 액수는 아니었지만 제2차 경제개발 5개년계획의 주요 재원으로 긴요하게 활용됐고 국민경제 발전에 기여했다는 긍정적인 평가가 많다.[31)]

이러한 적극적인 외자도입시책과 한일 국교정상화, 적극적인 공업화정책과 더불어 1965년 금리현실화 조치를 시행하면서 국내외 금리차가 확대되자 상업차관이 급속히 증가하였다. 그러나 급격한 상업차관의 증가는 원리금 상환부담 증대와 차관도입 업체의 부실화라는 문제를 초래하게 되었다. 정부는 차관에 대한 질적·양적 규제를 늘려감과 동시에 외자도입의 정책방향을 외국인 투자로 전환하였다. 이런 정책의 일환으로 '외국인 투자의 유치 증진과 외국인 투자기업 육성을 위한 시책'을 마련하였다. 마산수출자유지역을 1970년에 지정하였으며 외자기업에 대해서는 노조활동을 규제하는 임시특별법을 제정하기도 하였다. 1960년 하반기 들어서는 상업 및 공공차관이 늘어나면서 전후의 무상원조가 줄어드는 부분을 대신하게 되었다. 그러나 우리나라의

---

31) 대외경제정책연구원에서 발표한 '대일청구권 자금의 활용사례 연구(2000)'에서 보면 인도네시아의 경우에는 대일 청구권 자금을 댐·호텔·백화점 건설 등에 사용했지만 수도인 자카르타에서 멀리 떨어져 방문객이 거의 없고 당시 인도네시아 대통령의 개인별장이 있는 곳에 호텔을 짓는 등 비효율적인 투자가 많았다고 지적했다. 필리핀의 경우에도 배상금이 항만 및 도로건설 등에 지원되면서 필리핀의 경제발전에 크게 기여한 측면이 있기는 하나, 다목적댐 건설, 철도 연장 등에 대한 지원은 당초 일정대로 진행되지 않아 일정 부분 계획에 차질을 빚었다고 평가되고 있다. 미얀마는 배상금을 파괴됐던 철도 및 도로 복구 등에 주로 사용하면서도 당시 총리의 '복지국가계획'을 성공시키기 위해 사회복지 부문에도 상당액의 자금을 투입했으며 베트남은 전체 자금의 50% 이상을 발전소와 송전시설에 투자했다고 보고서는 밝히고 있다.

외국인 직접투자는 정부의 노력에도 불구하고 1997년 외환위기 전까지는 매우 낮은 수준이었다. 이는 우리나라의 자본시장이 차관을 제외하고는 외국자본에 대해 매우 폐쇄적인 시장구조를 가지고 있었기 때문이다.

2) 자본의 유출입 통제

정부는 자본의 유입뿐 아니라 자본의 유출도 통제하였다. 대외자산은 1990년 초까지도 GDP의 15% 이하 수준에 머물렀다. 이렇게 자본의 유출입이 폐쇄된 자본시장에서 정부는 차관에 대해서는 지급보증을 제공함에 따라 차관 중심으로 대외부채가 급증하였다. 대외부채의 잔고는 1962년 GDP의 4%에서 1970년에는 40% 수준으로 급증하였고 1980년대 전반에는 50% 이상으로 증가하였다. 이 비율은 1980년대 후반 3저 호황으로 무역수지가 개선된 후에야 1990년을 전후해 20% 수준으로 낮아졌다.

문제는 정부가 보증해주는 차관은 특혜로 인식되었고 기업들이 수익성을 무시한 채 마구 차관을 도입한 나머지 기업부실을 초래하였다는 점이다. 이를 보여주는 지표가 제조업의 부채비율인데 1960년대 중반 100%대에 불과하던 부채비율이 급상승하여 1970년대에는 300~400%로 급증했다. 높은 제조업의 부채비율은 외환위기가 올 때까지 계속되었고 외환위기의 원인으로 지목되기도 하였다. 부실한 기업의 부채문제는 지급보증을 해준 금융기관까지 부실하게 만들어 주기적으로 사회문제를 일으켰고 정부가 나서서 기업부실 문제를 정리하게 되었다.

또한 이 과정에서 정부는 국가가 소유한 은행을 통해서 중화학분야 수출기업에 집중적으로 자금을 지원하였는데, 이 과정에서 '재벌'이라고 불리는 대기업 집단이 성장했다. 1970년대 말 외채 누적과 과잉투자로 문제가 드러났지만 1980년대에 들어와 '3 저 호황'을 맞아 수출의 주역이 됐으며 한국경제는 중진국으로 진입해 선진국으로 도약할 수 있는 발판을 마련할 수 있었다.

1960~1970년대에 이루어진 급속한 공업화와 경제성장은 사회 주의 계획경제와 같이 국가가 시장과 기업의 역할을 대신한 것 도 아니었으며, 시장과 기업에 맡겨둔 결과도 아니었다. 공업화 를 통해 빈곤에서 벗어나고 북한과의 체제경쟁에서 승리하겠다 는 강력한 의지를 가진 국가와 리더십, 그리고 국내시장에 머물 지 않고 해외시장을 개척했던 능동적인 기업가가 긴밀하게 협력 했기 때문에 얻을 수 있었던 성과였다.

수출실적이라는 해외시장의 평가에 따라서 자원을 배분했던 것도 산업정책이 가지기 쉬운 비효율을 줄이는 데 기여했다. 공 업화에 필요한 원료, 부품, 기계, 자본을 수입하고 기술과 지식을 배우는 것을 허용했던 국제환경도 결코 잊어서는 안 될 것이다.

한일 국교정상화 협상

제2차 세계대전이 끝나고 36년간에 이르는 일본의 식민지 지배에 종지부 를 찍은 후의 한반도에는 미국·소련 양국의 진주(進駐)를 거쳐 1948년에 대한민국(한국)과 조선민주주의인민공화국(북한) 2개의 국가가 탄생하였 다. 한편, 일본은 미국의 점령하에 있었지만 1951년 9월에 조인하고 1952 년 4월에 발효한 대일(對日) 평화조약에 의해 국제사회로 복귀하였다.

이와 같은 상황 하에 한일 양국의 여러 현안 해결을 바라는 미국의 알 선으로 1951년 10월에 국교정상화를 목적으로 하는 한일예비회담이 시 작되어 1952년 2월부터 본 회담으로 바뀌었다. 그러나 한일 양국은 관계 정상화를 위해 1910년의 한일합병조약[조약 합의서에는 국새(國璽)가 찍 히지 않은 '사기에 의한 조약'으로 확인됨]의 취급, 보상금문제, 어업권문제, 재일 한국인의 처우문제, 북한의 위치부여 등을 둘러싸고 악화되었다. 그리고 한국의 초대 대통령인 이승만은 당초부터 철저한 반일정책을 수행하여 1952년 1월에는 '해양주권선언'을 발표하여 한반도 주변의 광범위한 공해상에 한국의 주권을 주장하고 그 수역으로 일본어선의 출입을 일방적으로 금지한다는 조치를 취하였다. 이것이 이른바 '이승만 라인'이다. 1953년에 들어서자 일본어선이 '이승만 라인'을 침범하여 빈번하게 나포되었다. 이리하여 '이승만 라인 문제'와 '한국의 대일 청구권 문제' 등 많은 점에서 한일 양방의 주장이 예리하게 대립하여 회담은 거듭 결렬되었다. 게다가 과거의 식민지 지배를 정당화하는 일본 측 대표의 망발(妄發) 때문에 한국 측의 태도는 현저하게 강경해져 협상이 중단될 뻔한 경우도 여러 번 있었다.

1961년 5월에 군사 쿠데타에 의해 박정희 정권이 탄생하자 한국은 한일관계의 개선에 적극적으로 노력하였다. 동년 10월 12일에 도쿄에서 김종필 중앙정보부장과 오히라 마사요시(大平正芳) 외무장관의 회담에서 이른바 '김종필·大平正芳 메모'가 교환되어 최대의 현안이었던 '한국의 대일청구권 문제'에 대해서도 '무상·유상을 포함하여 5억 달러의 대한민국경제협력'을 일본이 실행하는 선에서 양방이 타협하여 협상이 크게 진전되었다. 그러나 그 후의 한일협상에 대한 반대운동의 격화 등 양측의 국내정세에 의해 협상이 지체되어 1965년에 들어서 간신히 한일 양국은 국교를 수립하기에 이르렀다.

1965년 6월, 도쿄에서 한일기본관계조약 외에 '어업협정', '청구권·경제협력협정', '재일 한국인의 법적 지위·대우협정' 등 관계문서의 조인이 이루어져 동년 12월 서울에서 비준서의 교환식이 이루어졌다. 한일합병조약에 대해서는 그 실효의 시기를 둘러싸고 최후까지 양국이 견해를 달리하였기 때문에 타협이 어려워져 결국 '이미 무효'라는 표현이 이용되었으며, 한일 양국이 유연하게 해석할 수 있는 여지를 남기고 간신히 합의에 달하였다. 이리하여 한일관계는 전후 20년에 이르는 '비정상'적인 시대에 종지부를 찍고 새로운 시작을 하게 되었지만 조인 직후 한국에서 대규모의 반대운동이 일어나는 등 결코 평탄한 것은 아니었다.

5. 관치금융

1) 예금은행의 통제권

1945년 광복 후 한국전쟁 등 혼란의 시기를 거치면서 주로 은행으로 대표되는 한국의 금융은 국가경제의 부침과 더불어 운명을 같이했다. 경제가 급성장할 때는 원활한 자금공급의 역할을 맡았지만 1990년대 후반 경제가 곤두박질 칠 때는 대마불사였던 은행들마저도 문을 닫아야 했다.

1957년 다섯 차례의 유찰 끝에 민영화가 결정되었던 일반은행의 주식은 1961년 부정축재처리법에 의거하여 다시 정부에 귀속되었다. 이는 본격적으로 경제개발 5개년계획을 정부주도로 처리하기 위해서는 금융을 정부의 관리하에 두는 것이 필요하다고 보았기 때문이다. 이와 더불어 은행법과 한국은행법도 개정하여 은행에 대한 정부의 영향력은 더욱 커지게 되었다. 결국 금융은 정부가 주도하는 경제개발에서 자금동원을 원활하게 하는 파이프라인의 역할을 하게 된 것이다. 1961년에는 농업협동조합과 중소기업은행이, 1963년에는 서민금융 지원을 위한 국민은행이 설립됐다. 이어 1967년에는 수출입금융 지원을 위한 외환은행과 주택자금 공급을 위한 주택은행이 세워졌다. 지방은행도 1967년 대구은행과 부산은행을 시작으로 설립되기 시작했다. 기업이 은행으로부터 보다 쉽게 자금을 지원받을 수 있도록 하기 위해 은행들은 주거래은행제도를 도입해 경제성장효과가 크고 고용을 많이 창출하는 기업들에게 우대금리로 대출을 해줬다. 결과적으로 기업은 은행의 자금지원을 바탕으로 과감한 투자를 할 수 있었다. 즉, 은행이 경제발전에 있어 선도적인 역할을 담당했던 것이다.

정부는 수출지향적 경제를 가져가기 위해 금융시장을 철저한 통제하에 두었다. 금융을 실물경제를 뒷받침하는 보조 역할을 하게 하기 위해 부정축재법을 1961년 6월 20일 제정하고 1957년 불하되었던 은행주식을 정부에 귀속 조치하였다. 이로써 정부는 특수은행은 물론 일반은행마저도 정부의 통제권 아래 두게 된다. 정부주도의 성장정책을 밀고 나가기 위해서 금융을 정부 관리 하에 두는 소위 관치금융의 골격을 마련하게 된 정부가 산업은행, 수출입은행, 장기신용은행 등 기간산업을 안정적으로 육성하기 위한 특수은행을 만드는 것은 물론 일반은행에 대해서도 대주주로서 강력한 통제권을 행사하게 된 것이다.

국유화된 일반은행에 대해서도 1962년 5월과 1969년 1월 두 차례에 걸쳐 은행법을 개정하여 한국은행과 한은 산하의 은행감독원의 일반은행에 대한 통제권한을 강화하였다. 더욱이 법령을 넘어서 정부는 각종 암묵적인 지시, 통첩 등의 방법을 통해 은행의 인사, 조직, 예산, 자산운영 등 은행 내부의 경영에 깊숙이 간여하였다. 중앙은행의 역할 중 하나인 재할인율이나 지급준비율의 조정을 통한 통화정책은 만성적인 대출 초과수요가 존재하고 시장금리와 제도권 금리의 괴리가 심한 상황에서는 무용지물인 상황이었다. 정부는 은행에 대한 직접적인 창구지도를 통해 산업정책을 뒷받침하는 방법으로 은행을 통제하였다. 특수한 목적을 위한 금융기관도 필요에 따라 신설하거나 개편하였다. 한국산업은행(1945년), 중소기업은행(1961년), 농협협동조합 및 중앙회(1962년), 수산업협동조합 및 중앙회(1962년), 국민은행(1963년), 한국외환은행(1963년), 한국개발금융(1967년), 한국신탁은행(1968년), 한국주택은행(1969년), 한국수출입은행(1976년) 등이 그 예이다.

특히 1970년대 중화학공업을 적극 육성하면서 설비투자 등으로 많은 자금이 투입돼야 하고 회수기간은 길어 철저한 계획이 필요했기 때문에 정부는 이를 위해 국민투자기금을 조성하였고

주요 재원으로 국민투자채권이 발행됐다. 또 1974년 한국산업은
행법, 한국외환은행법 등을 개정해 기존 특수은행의 설비자금 공
급을 확대했다. 또 1976년에는 한국수출입은행을 정식 발족해
중화학공업 제품 위주로 재편된 수출자금 지원 업무를 전담하도
록 했다.

2) 중앙은행 통제

정부는 중앙은행 통제권도 강화해서 한국은행법을 개정하여
금융정책 수입에 있어서 정부가 주도권을 가질 수 있도록 금융
통화위원회를 금융통화운영위원회로 개칭하여 기능면에서 정책
수립이 아닌 정책을 운영하는 위원회로 격하시켰다. 재무부 장
관이 금융통화운영위원회의 결정사항에 대해 재의를 요구할 수
있고 재의된 사항이 재직 위원 3분의 2 이상의 의결로 부결된 것
을 각의에서 최종 결정하도록 함으로써 통화정책의 책임을 정부
에 귀속시켰다. 한국은행에 대해 재무부 장관이 업무 감사와 감
사원 회계감사를 매년 의무적으로 받도록 하였고 경비 예산의
결정권도 정부로 이관하였다.

3) 금리현실화 조치

1960~1970년대 정부와 은행들이 중점적으로 추진했던 것 중
하나는 '저축장려'였다. 성장을 위해서는 투자를 뒷받침할 수 있
는 재원이 필요했지만 당시 저축은 저조한 수준이었기 때문이다.
또한 정부는 정책적 목표를 이루기 위해 금융시장에 대한 직접
적인 개입을 정당화하며 관치금융을 해 나갔지만 전 세계적인
금융자유화의 흐름에 역행하기는 쉽지 않았다. 이에 따라 정부
는 1965년 9월 30일 금리현실화 조치를 주내용으로 하는 금융개

혁을 단행하게 되는데 그동안 금리의 상한을 연 20%로 묶어두었던 '이자제한법'을 개정하여 연 40%로 상향조정하였다.

개발 위주 경제정책 등에 따른 물가급등으로 실질 예금금리가 마이너스로 돌아서고 시중자금이 실물투자와 사채시장으로 몰리자 이 돈을 다시 은행으로 끌어오기 위한 정부의 결정이었다. 당시 1년 만기 정기예금 금리는 연 15%에서 연 30%로 대폭 인상됐고 은행들도 적극적으로 신종 예금상품을 내놓으면서 저축장려에 동참했다. 여신금리인 일반어음대출 금리도 연 15%에서 26%로 대폭 인상되었다. 시장금리라고 할 수 있는 사채금리가 50%를 넘는 상황에서 30%로 상향조정한 정기예금금리는 시중자금을 제도권으로 흡수하는 데 큰 역할을 하였다. 은행의 저축성예금의 잔고가 1965년 9월 30일 금리현실화 조치를 단행한 후 3개월 후인 12월 말까지 약 50%가 늘었다. 이후에도 1969년 말까지 매년 두 배씩 증가하였다.

4) 금융제도의 개편

우리나라의 금융제도는 1960년대 말까지만 해도 예금은행 중심 체제로 유지되었다. 1970년대에 들어서 중화학공업화를 중심으로 한 경제개발정책을 효율적으로 뒷받침하기 위하여 금융제도가 개편되었다. 통화금융기관들은 공신력의 확대와 국제경쟁력의 강화를 위하여 증자 등을 통한 대형화와 자기자본의 충실을 기하였고, 경제체질 강화와 기업의 국제경쟁력 제고를 목적으로 공포된 '8·3조치'로 사금융의 양성화와 중화학공업화에 필요한 자금동원력을 제고시키기 위한 비통화금융기관의 신설이 증대되었다.

1972년에는 '단기금융업법', '상호신용금고법', '신용협동조합법'

이 제정되었고, 이어서 1975년의 '종합금융회사에 관한 법률' 제정으로 투자금융회사, 상호신용금고, 신용협동조합, 종합금융회사 등 비통화금융기관이 신설 또는 확충되었다. 1970년대 초부터 추진된 비통화금융기관 및 자본시장 육성시책으로 우리나라의 금융체제는 은행 일변도의 금융제도에서 벗어나 다양화되는 양상을 띠게 되었다.

1960년대까지는 예금은행들이 금융산업 전체를 의미할 만큼 중요한 위치를 차지하고 있었으나, 1970년대에 들어서면서 경제의 양적팽창과 구조 변화에 따른 금융수요의 다양화에 부응하여 제2금융권과 자본시장이 개발되었고 예금은행의 비중은 상대적으로 저하되었다. 그리하여 1970년대 말에는 우리나라 금융제도가 경제성장에 부응하는 다양한 체제를 갖추게 되었다. 1972년에는 기업의 보증사채발행이 제도화되고 '기업공개촉진법'이 제정되어 기업공개 및 주식의 분산소유가 촉진되었으며, 금융의 국제화에 따라 1970년대 중반 이래 외국은행의 국내진출이 활발히 이루어졌다.

'1·14긴급경제조치'와 경제안정정책

제1차 석유파동으로 인한 국내외 경제여건의 변동에 대처하여 정부는 경제정책의 역점을 지속적인 안정성장에 두고 물가, 국제수지, 생산, 고용 등에 걸쳐 우리나라 경제가 당면한 제반 애로요인을 극복하기 위하여 다각적인 재정금융 시책을 실시하였다. 우선 정부는 1973년 말의 세계적인 자원파동 및 인플레이션이 국민경제에 대하여 물가등귀·국제수지 악화·경기하강 등의 제반 영향을 미치고 있음에 비추어 이에 효율적으로 대처하고자 1974년 1월 14일 '국민생활의 안정을 위한 대통령 긴급조치(이하 1·14긴급조치)'를 선포하였다.

'1·14긴급조치'는 저소득층의 세부담 경감, 사치성 소비 억제 및 자원절약적 노사협조의 강화, 국제수지 악화의 방지 등이 핵심을 이루고 있다. 이 조치의 주요 내용은 다음과 같다. ①해외 인플레이션의 압력을 받는 물자의 가격상승이 불가피하다는 전제하에 저소득층에 대한 소득세 감면, 국민복지 연금제 실시 연기, 주요 생활필수품과 대중요금의 안정 도모, 추곡수매가 인상, 근로사업비 방출 및 중소상공업자에 대한 특별 저리자금 지원 등을 통한 국민생활의 안정 ②사치성 물품에 대한 간접세율 인상을 통한 고소득층에 대한 중과세 및 사치성 소비 억제 ③수입자원의 절약을 위한 주요 품목별 소비규제 계획의 수립과 생산유통과정에서 가격조작에 의한 부당이득을 방지하기 위한 부당이득세의 신설 ④부동산투기 억제세제의 강화 ⑤노사협력의 강화를 통한 노동조건의 개선 ⑥탄력관세제의 확대와 관세감면제도의 개선을 통한 국제수지의 개선 ⑦탄력적 재정운용을 위한 1974년도 정부예산의 조정 및 원가절감을 위한 경영합리화 운동 등이 핵심을 이루었다.

　이 조치가 기대하였던 것은 고소득층의 소비절약과 조세부담의 증대를 통하여 국민 간에 인플레이션의 공평분담을 실현하고, 저소득층의 생활안정을 도모하는 것이었다. 또한 상대적으로 취약부문이며 수입자원의 소비절약적인 중소기업의 지원 강화, 긴축정책을 통한 총수요 억제의 강화, 국제수지의 악화방지를 위한 수입절약, 전반적인 물가안정을 도모하는 것 등이었다.

　정부는 유가인상 등 해외요인에 의한 국내 가격구조의 개편을 조기에 완료하고 새로이 정착된 가격체계를 기초로 안정을 도모하기 위해 '종합물가안정대책'을 실시하였으며, 재정금융 면에서는 총수요의 억제를 위한 긴축정책을 실시하게 되었다. 총수요 억제를 위한 재정정책을 보면 1974년 회계년도 세출예산 중 일반재정에서 430억 원, 특별회계에서 70억 원, 합계 500억 원의 집행을 유보하는 등으로 재정투융자를 비롯한 모든 정부지출계획을 감축 운용토록 하였다.

　총수요 억제를 위한 통화정책의 내용은 ①선별금융 지원의 강화 및 자금유용 방지를 위한 제도적 장치의 수립과 생필품 생산업체에 대한 외화

대출 증대 ②예금금리의 탄력적인 운용을 위한 저축성예금금리 및 소액 신종예금에 대한 우대책 수립과 단자시장 금리인상 등이다.

아울러 정부는 1974년 초부터 불요불급한 부문에 대한 은행 여신을 가급적 억제함으로써 긴요도와 생산성이 높은 부문에 중점적으로 자금을 지원하기 위한 금융기관 선별융자 준칙을 마련, 실시하였다. 이에 따라 설비자금의 지원은 계속사업 기존시설의 대체 또는 보수에 우선하고 신규사업은 가급적 억제하는 방향으로 운용되었다. 그 밖의 금융자금 지원에 있어서도 우선지원 부문, 대출억제 부문 및 대출금지 부문으로 구분하여 중소기업 등 생필품 산업을 우선 지원하도록 하였다.

5·29조치와 자본시장 육성

1960년대부터 시작된 정부주도적 경제개발 전략으로 고도의 경제성장을 이룩하였으나, 기업의 운영형태는 가족주의적이고 폐쇄주의적이었다. 1974년 5월 29일 대통령은 기업공개 촉진을 위한 특별지시를 내렸다. '5·29조치'는 대통령의 특별지시를 바탕으로 하여 같은 해 5월 31일에 마련한 '금융기관여신과 기업소유집중에 대한 대책' 및 '계열기업군에 대한 여신관리협정' 그리고 6월 7일에 발표된 '자본시장 수용태세 확립대책' 및 1975년 8월 8일에 발표된 '8·8기업공개 보완대책' 등으로 구성되었다.

'금융기관여신과 기업소유집중에 대한 대책'은 계열기업군의 보유주식 분산을 유도하여 기업공개를 촉진하며 재무구조와 경영체제를 개선하는 것을 목적으로 은행감독원장이 계열기업군의 금융기관 차입현황, 주식소유현황, 자산 및 외자도입현황 등을 종합관리하고 재무구조 개선상황에 따라 여신운용을 조절하는 것이다.

'자본시장 수용태세 확립대책'은 '금융여신과 기업소유 집중에 대한 대책' 및 '계열기업군에 대한 여신관리협정'의 시행과 함께 기업공개 촉진에 따라 주식이 대량공급될 것에 대비하여 증권수요를 개발하여 자본시

장의 안정기반을 확립하려는 것이었다. 그 주요 내용은 첫째, 한국투자
공사와 금융기관 등을 중심으로 증권인수기구를 결성하여 증권인수체제
를 확립 둘째, 증권수요의 개발을 위해 증권저축, 종업원 우리사주제, 기
관투자 육성 등의 정책 실시 셋째, 위장공개의 방지 및 기타 보완대책수
립 등이다. 아울러 '8·8기업공개 보완대책'은 장기적인 성장전망과 관련
하여 국민적 대기업의 공개를 촉진하기 위한 대책이었다. 이 같은 조치
들을 통하여 자본시장이 획기적으로 발전하였고 기업경영방식의 근대화
가 가속화되었다.

경제성장세의 회복과 '12·7특별조치'

1974년 하반기에 접어들면서 석유파동에 따른 유가인상이 안정세로 변
화되었고, 총수요 억제정책의 실시로 국내수요압력은 상당히 완화되었
다. 정부는 당면한 불황국면을 타개하고 국제수지를 개선시키기 위한
'12·7특별조치'를 실시하였다. '12·7조치'의 기본방향은 ①수출부진의 타
개를 통한 국제수지 개선 ②생산활동의 촉진과 고용수준의 유지 ③가격
구조의 재편을 통한 조속한 물가안정의 회복 등이었다.
　'12·7조치'의 주요 내용은 다음과 같다.
　첫째, 정부는 국제수지의 개선을 위하여 금융과 세제상의 지원을 강화
하였다. 우선 원화 환율은 한국은행 집중기준율 중심으로 399원에서
484원으로 21.3% 인상함으로써 수출산업의 국제경쟁력을 강화하는 동
시에 수입억제를 유도하도록 하였다. 그리고 수출업자에 대한 금융지원
을 강화하고자 달러당 수출금융 융자비율을 종래의 380원에서 420원으
로 인상하는 동시에, 국산원자재 사용촉진 및 외화가득률의 제고를 위해
국산원자재 구매자금에 대한 융자비율을 종래의 400원에서 480원으로
인상하였다.
　적용금리 면에서도 국산원자재구매금융(연 9%)과 수입원자재금융(연

12%)에 차등을 두었으며, 해외영업기금한도를 50만 달러로 증액하고 용도도 확대하였다. 그밖에 환율인상에 따른 부대조치로서 3년 이내의 단기무역신용에 대한 추가적 상환부담을 덜어주기 위하여 1년거치 2년분할 상환조건의 일반 대출로 510억 원을 지원하기로 하였다. 국내산업의 발전 및 원자재의 국산 대체를 촉진하기 위하여 수출용 수입원자재에 대한 관세환급제도를 1975년 4월 1일부터 실시키로 하였다.

둘째, 재정 면에서 유효수요 창출 및 고용효과를 극대화시키기 위하여 1975년도 정부투융자 사업비의 58%를 상반기에 조기방출하기로 하였다. 식량 증산을 위한 농업용수개발, 경지정리, 농경지 확대, 치수 및 도로정비, 서민주택, 도시상하수도 등의 새마을사업과 근로사업에 재정투자를 집중적으로 투입키로 하였다. 그리고 1975년도 정부조달물자 총액의 94%를 상반기에 조기구매하는 한편, 조달기금을 활용하여 섬유류, 합판 등 불황이 심한 업종의 과잉재고를 정부가 구매비축하도록 하였고, 정부강매 제약분에 대해서는 30% 범위 내에서 선결금을 지급하도록 하였다.

셋째, 물가구조의 개편을 위하여 석유류제품가격(평균 31.3%), 전기요금(42.4%), 철도요금(39%) 등을 인상조정하였다. 이에 따른 물가상승압력을 최소화하기 위한 보완조치로 1975년 말까지 전기·가스 세율, 석유류 세율을 잠정적으로 인하하였다. 생활필수품을 비롯한 공산품 58개 품목에 대해서는 당분간 가격조정의 사전승인제를 실시하였다.

넷째, 중소기업 지원과 민간투자 촉진을 위하여 각각 500억 원에 달하는 중소기업 특별자금과 특별설비자금을 연리 12%, 3년 분할 상환조건의 장기 저리로 지원하기로 하였다. 또한 중소기업의 전문화 촉진과 중소기업제품의 판매증대를 위해 중소기업전문화촉진법을 시행하고, 중소기업제품의 정부구매를 증대하도록 하였다.

다섯째, 금융면에서는 '12·7조치'에 따른 통화유창을 억제하기 위하여 1975년 상반기 중에는 재정확대 금융긴축의 패턴을 견지하고 하반기 중에는 확대정책을 실시하기로 정책운용방향을 설정하였다. 과잉통화와 부동자금의 흡수를 위해 3개월 이상 정기예금에 대하여 일률적으로 연

15%의 금리를 적용케 하여 단기저축성 예금금리를 잠정적으로 인상 조정하는 동시에 예금지급준비율을 2%p 인상하였으며, 연간 총통화증가율을 35% 이내로 억제하기로 하였다. 아울러 새마을사업비 8억 원을 서민 주택건설 등에 우선 지원하였다. 안정과 성장을 동시 추구하는 '12·7조치'의 기본방향은 1970년대 중반 경제운영의 골격을 이루었다.

6. 물가안정책

정부주도의 경제개발을 끌고 나가기 위해서는 자금이 필요하였고 이를 위해 관치금융을 강화해 성장에 필요한 자금을 공급해 나갈 수밖에 없었다. 그럼에도 불구하고 성장에 필요한 충분한 통화를 공급해 기업의 자금요구를 충족하기는 어려웠고 부족한 부분은 한국은행의 대출창구를 통해 공급받아야 했다. 한국은행의 대(對)예금은행 대출 가운데 가장 큰 비중을 차지한 것은 거의 자동적으로 공급되는 저리의 정책자금대출이었다.[32]

1950년대에는 전쟁 수행에 따른 악성인플레의 수습과 과잉유동성 흡수를 위하여 재할인총액한도제[33]를 도입하였으며 국민경제상 긴요한 부문에 자금이 우선적으로 공급될 수 있도록 융자순위제, 우대어음제 등 선별금융제도[34]를 실시하였다.

---

32) 김준경, '정책금융의 재원조달 개선방안', 송대희·문형표 편, 『국가예산과 정책목표』, 한국개발연구원, 2003, pp.114~176.

33) 1951년 9월에 도입하여 무역금융 등 일부 정책자금을 제외한 재할인 증가액을 금융기관의 대 한국은행 예금증가액 범위내로 규제하였는데 1952년 4월부터는 금융통화위원회가 시중자금사정에 따라 재할인 증가한도를 책정하도록 운용방식이 변경되었다. 동 제도는 당시의 금융경제상황에 따라 재할인총액한도를 일정기간 동안 동결하거나 한도 외 대상자금을 조정하는 등 그 내용이 부분적으로 변경되면서 운용되어 오다가 1960년 6월 폐지되었다.

34) 융자순위제는 국민경제상의 중요도와 긴급성을 기준으로 설정한 융자의

1960년대 들어서야 경제개발계획의 원활한 추진을 뒷받침하기 위하여 상업어음 재할인제도 및 무역금융을 활성화하는 등 재할인제도가 산업정책 차원의 핵심수단으로 활용되었다. 상업어음 재할인제도는 한국은행 창립 이후 상당기간 동안 일반자금으로 분류되어 유동성 조절 목적으로 운용되어 왔으나 1968년 2월 「상업어음할인 취급규정」의 제정으로 동일인에 대한 상업어음 할인한도 및 할인기간이 완화됨으로써 자동재할인적 성격을 갖는 선별 금융지원 수단으로 변모하기 시작하였다. 이는 당시 만성적인 초과자금수요와 이에 따른 지준부족 현상이 지속됨으로써 금융기관들의 중앙은행 차입 의존도가 높았던 상황을 반영한 것이다. 이에 따라 정부는 재할인총액한도제를 폐지하고 유동성 조절자금을 제외한 모든 정책자금에 대해 일정비율로 자동재할인해주는 방식으로 전환하였다. 그 결과 예금은행 대출금에서 한은 대출이 차지하는 비중이 1965~1972년 11.3%, 1973~1981년 20.2%나 되었다. 예금은행 정책금융에서 한은 대출이 차지하는 비중도 1973~1981년 32.5, 1982~86년 40.1%에 달하였다. 무역금융의 경우는 수출신용장만 제출하면 자동적으로 대출이 진행되도록 한 수출진흥정책의 결과로 한은 대출의 비중이 더 높았는데, 1973~1981년 사이 예금은행 무역금융의 89.1%가 한국은행으로부터의 대출에 의한 것이었다.

1951~1964년은 정부의 재정적자(한국은행의 대정부 순대출 증가)를 한국은행의 발권력을 이용하여 메웠다. 1965~1977년은 이런 재정적자는 줄어든 대신에 정부는 정책금융을 통해 한국

우선순위에 따라 한국은행의 재할인 취급에 차등을 두는 제도로서 1953년 10월~1960년 6월 중 실시되었다. 우대어음제는 석탄, 수산 및 방직업 관련어음 등에 대해서는 다른 어음에 비해 낮은 금리를 적용하고 금융기관의 지급준비금이 부족한 경우에도 할인 및 재할인이 가능하도록 한 제도로서 1953년 4월~1956년 6월 중 실시되었다.

은행의 대(對)예금은행 대출을 늘림으로써 여전히 화폐공급을 늘려 나갔고 이는 인플레이션으로 이어졌다. 그러다 보니 물가 안정은 쉽지 않았다. 무엇보다 정부의 정책목표 중에서 물가안 정정책은 후순위로 밀려날 수밖에 없었다.

정부는 1972년 8·3 사채동결조치를 취하면서 이와 동시에 이 조치의 일환으로 인플레이션의 단절을 위한 5개항의 경제정책도 추진하였다. 그 주요 내용은 ①금융기관의 1년 이상 정기예금금 리를 연 16.8%에서 12.0%, 상업어음 대출금리를 연 19.0%에서 15.5%로 인하하고 ②환율을 1달러당 400원 선에서 유지하며 ③ 공공요금의 인상을 억제하고 ④물가상승률을 연율 3% 내로 억 제하며 ⑤1973년도 예산규모의 증대를 최대한 억제한다는 것이 었다. 이처럼 정부는 물가안정을 위한 다양한 정책목표를 설정 하고 노력하였지만 기본적으로 각종 성장위주의 정책을 추진하 면서 발생하게 된 과도한 화폐공급을 막지는 못하였고 물가안정 정책은 성공하기 어려웠다.

1970년대의 중화학공업화 계획을 추진하기 위해서는 막대한 자금동원이 필요하였다. 정부는 부족한 자금을 외자도입과 인플 레이션적 통화증발에 의해 조달하였다. 특히 경기변동에 관계 없이 공급된 정책금융은 경제개발계획의 수행에 필요한 자금을 우선적으로 배분해 준다는 의미에서 통화공급을 증대시켜 주었 으나, 타 부문의 통화공급량을 위축시키고 통화증발로 인한 인플 레이션을 야기시키는 문제점을 가져왔다.

물가안정위원회

물가안정위원회는 물가를 안정시켜 국민 생활을 돕겠다는 목적으로 세워진 정부 산하의 위원회였다. 물가안정위원회가 처음 조직된 것은 1976년이다. 1970년대 높은 경제성장의 반대급부로 인플레이션이 함께 진행되자 정부는 물가를 안정시키기 위한 상설기구로 경제기획원 산하에 물가안정위원회를 세웠다. 물가안정위원회는 같은 해 제정된 물가안정에 관한 법률을 기초로 설립됐다. 위원회는 위원장 1명과 당연직 위원 8명, 민간위원 9명 등 모두 17명으로 구성됐다. 위원장은 경제부처의 수장(재정경제부 장관 등)이 맡았고 경제 관련 부처인 농림부, 산업자원부, 정보통신부, 보건복지부, 건설교통부, 해양수산부, 보건복지부, 기획예산처 장관이 당연직으로 참여했다. 주요 업무는 최고가격제 등을 도입해 특정 분야의 물가를 정부가 인위적으로 조절하는 것과 국민생활에 밀접한 관련이 있는 공공요금을 결정하는 일 등이었다.

그러나 물가안정위원회는 정부가 물가를 인위적으로 조절하는 것이 시장경제에 적합한가 등 많은 논란을 불렀다. 또 위원회는 독점 및 불공정 거래를 제재하는 역할도 담당했으나 1981년 공정거래위원회가 독자적으로 출범하면서 관련 업무가 중복된다는 지적이 나왔다. 물가안정을 최우선 목표로 하는 한국은행이 1997년 말 정부로부터 독립하면서 막강한 권한을 갖게 되자 물가안정위원회가 존속할 필요가 있느냐는 의문이 제기됐다. 2000년대 들어 물가안정위원회는 매년 연탄의 최고가격을 정하기 위해 한 번씩만 열리는 등 사실상 유명무실한 기구가 됐다. 2009년 기획재정부는 정부의 위원회를 정비하는 과정에서 공공요금자문위원회와 함께 물가안정위원회를 폐지하고 관련 업무를 위기관리대책회의와 재정정책자문회의로 넘겼다.

1972년 8월 2일 밤 11시 40분 정부는 기습적으로 '경제안정과 성장에 관한 긴급명령 제15호'를 발동하게 된다. 1960년대의 외자도입에 의한 고도성장정책이 한계에 도달하면서 1960년대 말부터 차관기업의 부실화가 속출하였다. 정부는 사채동결과 금리인하로 기업의 재무구조를 개선하기 위해 8·3조치를 발표했는데, 그 내용은 다음과 같다.

첫째, 기업의 부담경감과 재무구조 개선을 위한 기업보유사채의 조정이다. 모든 기업은 1972년 8월 2일 현재 보유하고 있는 사채를 모두 정부에 신고하여야 하며, 신고된 사채는 1972년 8월 3일자로 월리 1.35%, 3년 거치 후 5년 분할상환의 새로운 채권채무관계로 법에 따라 조정되거나 차주기업(借主企業)에 대한 출자로 바꾸도록 하였다.

둘째, 금융기관은 2,000억 원의 특별금융채권을 발행하여 한국은행에 인수시키고, 여기서 조달된 기금으로 기업에 대한 대출금 중 대통령령으로 정하는 일정한 대출금을 연리 8%, 3년 거치 후 5년 분할상환의 장기저리대출금으로 대환(貸換)하도록 하였다.

셋째, 담보능력이 약한 기업에 대한 금융기관의 대출을 원활히 하기 위하여 정부는 중소기업신용보증기금 및 농림수산업자 신용보증기금에 각각 10억 원씩 출연하고, 여타 금융기관은 신용보증기금을 설치, 앞으로 5년간 대출금 중 0.5%에 해당하는 금액을 기금에 출연하여 기금의 10배 한도 안에서 신용보증을 할 수 있도록 하였다.

넷째, 정부는 산업합리화자금을 설치하여 합리화기준에 순응하는 기업에 대하여는 장기저리자금을 대여하고 세제상의 특전을 준다.

다섯째, 중요산업의 고정설비투자에 관한 감가상각률의 할증률을 현행 30%에서 40% 내지 80%까지 인상한다.

여섯째, 국내자원을 이용하는 투자에 대하여는 법인세 또는 소득세의 투자공제율을 현행 6%에서 10%로 인상하고 그 적용의 대상을 대폭 확대한다.

일곱째, 재정의 신축성을 회복하기 위하여 지방교부세, 지방교육 재정교부금 및 도로정비사업의 법정교부금을 폐지하고 매년 예산에서 이를 정한다.

이러한 내용의 이 조치는 민간투자와 고용증가 둔화현상에 따른 당면한 경기부진의 타개를 병행하겠다는 장단기목표를 함께 가지고 있었다.

이 조치는 자본주의 경제질서하에서는 파격적인 긴급조치로, 기업에게는 막대한 경제적 특혜를 준 것이었다. 특히 사채의 신고와 동결조치는 사채를 쓰고 있는 기업과 사채권자에게는 직접적인 영향을 미치는 조치였기 때문에 그 충격은 매우 컸다. 그리고 사채신고로 드러난 사채규모가 엄청나게 큰 것이어서 다시금 일반 국민에게 큰 충격을 주었다.

신고된 사채신고실적은 채권자 신고액이 3,570억 원, 채무기업 신고액이 3,456억 원으로, 채무자가 없는 신고는 뒤처리에서 제외되었으므로 이 조치에 따라 동결된 사채총액은 3,456억 원이었다. 이는 1971년 말 총 통화의 31.9%와 국내신용의 30.1%에 상당하는 규모였다. 한편 정부는 1972년 8월 10일 30만 원 미만의 사채를 즉시 해제하는 등 소액사채에 대하여 특별구제조처를 마련하였다. 이 조치의 결과 기업은 임시적으로 채무의 압박을 벗어날 수 있었다.

그러나 장기적인 안목에서 보면 기업이 아무리 많은 부채를 지더라도 우선 사업을 확장하는 것이 유리하다는 불건전한 인식을 심어 주었다. 이 조치로 사채의 중압에서 벗어난 기업은 1973년 이후 전개된 인플레이션으로 더욱 그 채무의 실질적인 부담을 덜게 되었다. 결국 이 조치는 그 목적의 타당성이나 달성여부를 불문하고 불건전한 경영방식이 오히려 유리하다는 우리나라 특유의 기업풍토를 초래하였다는 평가를 면할 수는 없을 것이다.

중동전쟁과
석유위기(1973년)

1973년 10월 중동 산유국들의 석유 수출 가격 인상과 수출 금지 조치로 인해 미국과 전 세계는 심각한 에너지 위기를 겪게 된다.

1973년 10월 6일, 시리아와 이집트가 이스라엘을 기습 공격하면서 제4차 중동전쟁(욤 키프르 전쟁)이 터졌다. 시리아와 이집트를 지원하는 중동 산유국들의 강력한 경고에도 불구하고 미국은 즉각 이스라엘에 무기를 공급하며 지원에 나섰고, 그러자 산유국들은 원유 수출가 70% 인상, 생산 감축, 이스라엘 지원 국가들에 대한 석유 수출 금지(엠바고) 조치를 전격 발표했다. 이로써 미국뿐 아니라 전 세계에 제2차 세계대전 후 처음으로 심각한 에너지 위기 사태가 벌어지게 된 것이다.

1갤런에 30센트 남짓 하던 기름값이 하루아침에 두 배로 올랐다. 그런데도 공급이 부족해서 주요소가 문을 닫고 문을 연 주유소마다 기름을 넣으려는 사람들이 장사진을 치는 현상이 생겨났다. 이후 기름값이 연일 치솟으면서 정부가 나서 기름값을 통제하고 주유소에 배급제를 실시하는 상황이 벌어졌다. 비싼 건 그렇다 하더라도 아예 기름을 구하기가 어려워지자 자동차 없이는 출근은 물론 일상생활조차 하기 어려웠던 미국 사람들이 겪은 불편은 이만저만이 아니었다. 겨울이 깊어지자 심지어 난방용 기름을 구하지 못한 노인들이 얼어 죽고 손님이 줄어든 쇼핑몰들이 줄줄이 문을 닫았다. 정부가 크리스마스 트리에 불을 밝히지 말도록 권고하는 바람에 그해 크리스마스는 깜깜하고 우울한 명절이 되고 말았다. 기름 배급제에 항의하는 트럭

운전사들이 전국적으로 파업을 하고, 펜실베이니아와 오하이오에서는 이를 거부하는 운전사들과 파업 참여 노조원들 사이에 총격전이 벌어지기도 했다. 이런 혼란이 거의 반년이나 계속되다가 이듬해 4월이 되어서야 겨우 진정 국면에 들어섰다. 그래도 공급 부족이 조금 풀렸을 뿐 한 번 오른 기름값은 다시 내려가지 않았다.

이러한 위기의 뒤편에는 좀 더 심각한 근본적 문제가 있었다. 바로 미국의 힘 약화였다. 이전까지 세계 석유시장은 소위 '칠공주(Seven Sisters)'라는 메이저 석유회사들이 장악하고 있었다. 이들은 최대 산유지역인 중동 유전의 85%를 소유하고 카르텔을 맺어 석유의 생산, 유통, 정제, 판매를 독점했다. 물론 이들의 뒤에는 미국과 서방의 강력한 힘이 있었다. 미국은 중동 각국에 친미 정권을 세우고 주변에 강력한 군사력을 배치하여 만일의 사태에 언제든지 무력으로 개입할 준비를 하고 있었다. 상황이 이렇다 보니 중동 산유국들은 말만 산유국이지 자신의 유전에서 나온 석유에 손가락 하나 대지 못하는 처지였다.

그러던 상황이 베트남 전쟁을 거치면서 급변했다. 미국은 막대한 전비를 조달하느라 달러를 마구 찍어내기 시작했고 그 여파로 심각한 인플레, 경기침체, 재정위기가 찾아왔다. 부담을 견디지 못한 미국 정부는 마침내 1971년 8월 일방적으로 브레튼우즈 협정의 근간인 달러화의 금 태환 정책을 포기했고 이로써 달러화는 '표류(float)'하기 시작했다. 산유국들은 석유 수출대금으로 받아오던 달러화의 가치가 급락하자 석유 수출가격을 올려 손실을 보전하고자 했다.

더욱 심각한 것은 미국이 그토록 막대한 자원과 군사력을 동원하고도 실질적으로 전쟁에서 패하고 말았다는 사실이다. 그것도 베트남이라는 아시아의 한 후진국을 상대로. 이는 동맹국뿐 아니라 변방의 제3세계 국가들에게도 미국의 힘에 대한 의구심을 불러일으키기에 충분했다. 지금까지 미국의 위세에 눌려 지내던 변방의 야심만만한 정치 지도자들은 호시탐탐 미국에 한 번 도전해 볼 기회를 노렸다. 때마침 터진 중동전쟁이 그 기회를 제공한 것이다.

어떻게 보면 미국은 전혀 예상치 못하게 기습을 받은 꼴이었다. 그러나 방법은 없었다. 석유 금수조치가 다른 동맹국들에까지 확대되고 일부 동맹국들이 산유국들과 개별 협상을 벌이면서 전열에서 이탈할 조짐을 보이자 미국은 서둘러 협상을 시작했다. 산유국들과 석유 수출가격 현실화 방안을 놓고 협의하는 한편, 골란 고원과 시나이 반도에서 철수하도록 이스라엘에 압력을 가했다. 이 땅은 1967년 제3차 중동전쟁(6일전쟁) 이후 이스라엘이 점령하고 있었고, 4차 중동전쟁의 직접적 원인이었다. 결국 이스라엘은 미국의 압력에 굴복하여 1974년 3월 점령지에서 철수했다. 이에 맞추어 아랍 산유국들은 석유 금수조치를 해제했고 이로써 6개월 동안 전 세계를 뒤흔든 석유위기가 가까스로 수습될 수 있었다.

미국이 받은 충격은 엄청났다. 사실을 말하자면 이 석유위기가 반드시 안 좋은 결과만을 낳은 것은 아니었다. 사람들의 에너지에 대한 경각심이 높아지고 에너지 절약을 위한 각종 정책들이 시행되었다. 대체연료에 대한 관심이 높아지고 연구도 본격화되었다. '기름 잡아먹는 귀신'이라 불리던 대형 승용차들이 점차 도로에서 사라졌다. 잠시 미국과의 협조체제에서 이탈하는 듯했던 동맹국들도 다시 돌아왔다. 위기가 사라지면서 산유국들의 기세도 함께 사라졌다. 이들의 대외창구였던 석유수출국기구 (OPEC)는 거의 해체위기를 맞기도 했다.

그러나 석유위기는 제2차 세계대전 이후 공고하게 유지되던 미국의 세계적 패권 체제에 치유할 수 없는 균열을 남겼다. 일단 위기는 넘겼지만 미국의 힘이 약화될 조짐이 보이거나 중동에 급변의 사태가 발생하면 비슷한 위기는 언제든지 다시 찾아올 수 있었다. 실제로 1979년에 또 한 번의 석유위기가 찾아왔고, 이후로도 미국이나 중동에 중대한 사태가 벌어질 때마다 석유 가격은 춤을 추었다. 석유위기는 1970년 이후 본격화된 미국 쇠퇴의 서막을 알리는 소식이었다.

베트남 전쟁
(Vietnam War)

공산주의와 민족주의를 내세운 북베트남이 독립 쟁취를 위해 프
랑스와 치른 제1차 전쟁, 미국의 비호를 받는 남베트남과 치른
제2차 전쟁으로 구분되며 제2차 전쟁부터 라오스와 캄보디아까
지 전장이 되어 인도차이나 전쟁이라고도 불린다.

베트남 전쟁은 '30년 전쟁'이라고도 부르며 2차 전쟁으로 구분
한다. 1차 전쟁은 제1차 인도차이나 전쟁이라고 부르며 1946~
1956년까지 베트남, 캄보디아, 라오스와 프랑스 간에 일어난 전쟁
을 말하며, 2차 전쟁은 제2차 인도차이나 전쟁이라고 부르며 1970
~1975년까지 베트남, 캄보디아, 라오스와 미국 간에 일어난 전쟁
을 말한다. 1,2차에 일어난 전쟁을 통틀어 베트남 전쟁 또는 30
년전쟁이라고 부른다.

19세기에 들어와 베트남은 프랑스의 식민지 지배를 받았으며
캄보디아, 라오스와 함께 인도차이나(Indochina)라는 이름으로 묶
여서 불리게 되었다. 제1차 세계대전이 끝나자 베트남 내 민족주
의운동이 전개되었으며 프랑스세력을 몰아내고 공산국가를 건설
하기 위한 인도차이나공산당(Communist Party of Indochina)이
1930년에 결성되었다. 1945년 8월 일본이 패망하면서 일본의 지
배에서 벗어나자 베트남 독립연맹인 베트민(Viet Minh)을 결정하
여 전국적인 봉기가 일어나게 되었다. 이를 '8월혁명'이라고 부른
다. 8월혁명은 인도차이나공산당이 중심이 되어 전개된 운동이
지만 정치적 입장을 달리하는 다양한 구성원이 결집하여 일어난
베트남 민족해방운동이라는 점에서 큰 의미가 있다. 이후 베트

남은 '민족'이라는 이름으로 자각하였고 하노이, 후에, 사이공 등에서 성공적인 해방운동으로 전개되었다. 그해 9월 2일 호치민 (Ho Chi Minh, 胡志明)이 베트남민주공화국(Democratic Republic of Vietnam)을 선포하였다. 베트민은 맑스 사상을 공유한 공산주의자이지만 동시에 프랑스 식민지배에 저항한 민족주의자였기 때문에 대중의 지지를 얻을 수 있었다. 하지만 프랑스는 이를 인정하지 않았고 베트남에 대한 지배권을 유지하고자 했다.

1946년 말 하이퐁 항구에서 베트민과 프랑스와의 직접적 무력충돌이 일어났다. 이 무력 충돌을 제1차 베트남 전쟁(또는 제1차 인도차이나 전쟁)이라고 부르는데, 전쟁은 1954년 프랑스가 디엔비엔푸(Dien Bien Phu) 전투에서 패배할 때까지 9년간 지속됐다. 1950년대부터 베트남은 중국으로부터, 프랑스는 미국으로부터 군수물자를 지원받아 치열한 전투를 벌였으나 프랑스는 베트민을 압도하지 못했다. 토지개혁을 통해 지주제를 폐지하고 실질적인 자신의 토지를 받은 농민들의 절대적인 호응을 받았고 그로 인해 병력을 동원하는 막강한 원동력이 되었다. 또한 이런 토지라는 구체적인 성과물을 기반으로 전개되는 전쟁참여와 게릴라전을 프랑스군은 감당하지 못했다. 프랑스군은 군사작전에서도 실패를 하였는데 라오스 국경 부근 디엔비엔푸에 집결하여 이곳으로 베트남군을 유인해 한번에 괴멸시키려는 계획은 오히려 프랑스군이 한곳에 집결된 좋은 목표물이 되고 말았다. 뿐만 아니라 한국전쟁 이후 제네바에서 한국과 인도차이나 문제에 관한 국제회담(제네바극동평화회의)이 성사됨에 따라 프랑스는 심리적으로 위축되었다. 결국 1954년 5월 7일 베트민의 승리로 전쟁은 끝나게 된다.

전쟁 이후 중국과 소련은 공산세력의 확대를 희망하며 베트민에게 1956년에 실시될 베트남 남북총선 이전까지 위도 17도선을 기점으로 국경을 분할할 것을 요구했고, 미국과의 전면적인 확전을 우려하는 소련과 중국의 압력으로 이를 받아 들였다. 이에 베트남은 북베트남과 남베트남으로 구분되어 통치되기에 이르렀다.

한편 남베트남에서는 미국의 후원을 받아 1955년 응오 딘 디엠(Ngo Dinh Diem)을 대통령으로 하는 베트남공화국(Republic of Vietnam)이 건국되었다. 디엠 정권은 베트민의 토지개혁으로 토지를 할당받은 농민에게서 다시 토지를 회수하고 이에 반발하는 세력들을 억압했다. 표면적인 안정을 이루었지만 미국의 원조에 의존한 것이며 점차 정권의 취약성이 드러나게 되었다. 디엠 정권은 제네바 협정에서 합의된 베트남 남과 북의 총선 실시 조항을 거부하고 미국의 후원을 받아 남베트남 내 노동당 운동원과 그 지부에 대한 군사적 공세를 시작했다. 1958년 12월 1일 대학살이 자행되었고 반공법이 시행되었다.

베트남 전쟁의 제2막은 노동당을 중심으로 응오 딘 디엠 정권에 대항하고, 베트남민족의 통일을 위해서 제네바협정에서 약속한 통일선거를 요구하면서 시작되었다. 하지만 탄압이 점점 심해지고 노동당 조직이 축소되는 어려움에 처하게 되자 무장투쟁의 필요성이 제기되었다. 이에 남베트남에서는 메콩강 하류 델타지역에서 봉기가 일어나 점차 확산되었고 1960년 12월 남베트남민족자유전선(National Liberation Front of South Vietnam: NLF)이 결성되었다. 디엠 정권(사이공 정부군)에 대항하여 게릴라 활동을 전개하였으며 이때까지 베트남 북부에서는 본격 개입하지 않았다.

1963년 사이공에서는 불교도들의 시위와 분신자살이 발생했고, 미국도 디엠 정권에 대한 지지를 철회할 것인가를 고려하기 시작했다. 11월 군사 쿠데타가 일어나 디엠 대통령이 암살되고 인해 남베트남 정국은 더욱 혼란스러운 국면으로 치닫게 되었다. 새로 집권한 군사 정권이 NLF(남베트남민족자유전선)에 대해 중립적인 정책을 취하자 미국은 남베트남의 혁명세력을 심각하게 우려하였다. 남베트남 혁명세력의 공세가 점점 강해지자 미국은 베트남을 잃을 수 있다고 판단하고 라오스와 캄보디아를 관통하는 이른바 호치민 트레일(Ho Chi Minh Trail)을 공격하기 시작했다.

1964년 8월 마침내 통킹만 사건이 일어나고 미국은 베트남 전쟁에 참전하게 되었다. 미국은 1961년 케네디(John F. Kennedy) 대통령의 결정으로 1963년 말까지 남베트남에 1만 6,000명의 군대를 최초로 파견하게 된다. 미국은 베트남전을 공산주의를 바탕으로 한 민족해방주의자들이 일으킨 전쟁이자 인도차이나 반도에서 공산주의 확대를 저지하기 위한 전쟁이라고 간주했다. 미국은 북베트남에 100만 톤이 넘는 폭탄을 투하하여 전투력을 상실시키고자 했지만 오히려 북베트남에서 본격적으로 개입하는 계기가 되었다. 전쟁이 진행되면서 미국은 남베트남군이 더 이상 남베트남을 위해 싸우지 않고 오히려 북부의 공산주의자들이 민족주의를 내세워 통일에 대한 염원이 더 강하다는 것을 알게 되었다.

1964년 9월 11일 대한민국은 비전투요원 이동외과병원 130명과 태권도 교관 10명을 파견하였으며 1965년 3월 10일 공병대가 중심이 된 비둘기부대가 파월되었다. 1965년 10월 맹호부대와 해군 청룡부대가 파견되었으며 1966년 백마부대 등 약 30만 명의 병력을 베트남 전쟁에 파견하였다. 한국의 베트남 파병은 군사 및 경제개발과 관련한 조치였으며 한국군의 현대화와 경제발전에 큰 영향을 가져왔다.

1968년 NLF 무장 게릴라는 새해 테트(Tet: 구정) 축제를 기점으로 사이공 등 전국의 주요 도시에서 동시에 미국의 주요 시설을 공격하는 작전을 감행했다. 베트남 노동당은 오히려 큰 피해를 입었지만 미국 내에는 전쟁이 패배할 것이라는 심리적 위축감이 팽배하게 되었다.

미군 사령관 웨스트멀랜드(William C. Westmoreland)는 미군의 추가 파병을 요구하였지만 여력이 없는 미국은 이를 거절하였다. 여기에 반전을 요구하는 미국 내 여론이 높아지고 존슨(Lyndon Johnson) 대통령이 1968년 11월에 치러진 대선에서 연임에 실패하자 새로 당선된 닉슨(Richard Nixon) 대통령은 이듬해 닉슨독트린을 발표하며 미국이 베트남전에서 철수할 가능성을 내비치기도 했다. 그러나 미국은 17도 이남지역을 사수하겠다는 의지를 재확인하고 북베트남과 대치 국면을 유지해 나갔다.

한편, 1968년 5월부터 평화교섭을 위한 파리회담이 계속되었으나, 전황은 캄보디아(1970)·라오스(1971)로 확대되어 제2차 인도차이나 전쟁의 양상을 띠기에 이르렀다. 1972년 3월 북베트남의 대대적인 공세가 시작되자 미국은 B-29폭격기를 동원하여 대대적인 폭격을 감행했다. 1972년 여름이 되어서야 본격적인 평화교섭이 이루어지기 시작했다.

1973년 1월에 있은 파리평화협정에서 미국은 정전협정에 합의하고, 미군 전쟁 포로를 석방해 줄 것을 북베트남에 요구했다. 워터게이트 사건으로 인해 닉슨 체제의 정통성이 심각한 도전을 받았고, 이에 따라 사이공 정부에 대한 미국의 지원은 약화될 수밖에 없었다. 1975년 초 북베트남은 남베트남에 대한 총공세를 벌였고, 마침내 4월 30일 사이공이 함락되면서 동 반 민(Dong Van Minh) 대통령이 항복했다.

베트남 전쟁에 미국은 55만 3,000명의 군 병력을 파견했고, 그 중 5만 8,000명이 사망했다. 남베트남 군은 25만 명 이상 사망했고 NLF 군도 정확한 통계는 없지만 100만 가량이 전사한 것으로 추정된다. 전투병력을 파견한 대한민국은 약 5,000명이 전사하였고 1만 6,000명의 부상자가 발생하였다. 베트남 전체의 민간인도 200만 이상이 사망하거나 상처를 입은 것으로 집계됐다. 베트남 전쟁으로 인해 라오스에는 파텟 라오(Pathet Lao)라는 공산집단이 생겨났고, 캄보디아도 1960년대 공산주의자들이 확대되는 현상이 발생하여 인도차이나 지역에는 공산주의가 확산되었다.

7. 노동정책

일제 식민지 시대에는 노동운동이 반제국 민족해방운동이었다. 근로자들이 일본인이 대부분이었던 사용자들을 교섭과 협조의 대상이 아닌 투쟁의 대상으로 생각했고 노동조합활동도 정치적 성격이 더 강하게 발달해 왔다. 해방 후에도 계급투쟁적인 성격을 지닌 노동운동가들이 노동조합을 정치세력화하였고 좌익과 우익의 이념대립이 첨예하게 맞선 가운데 제헌헌법에서는 노동 3권을 명시적으로 보호하게 되었다. 노동자 권리를 보장하는 노동 관련 법안을 마련하기 위해 노동법 초안을 마련하였으나 6·25 전쟁으로 인해 추진이 중단되다가 전쟁이 잠잠해진 후에 다시 추진되어 정전협상이 마무리되기 전에 노동4법(노동조합법, 노동쟁의조정법, 근로기준법, 노동위원회법)이 국회를 통과하였다.

이 노동4법의 내용은 근로자의 권리를 강화하는 것으로 당시로서는 매우 진보적인 내용이었다. 이는 북한과 체제경쟁을 하면서 노동자의 환심을 사려는 데도 목적이 있었다. 그러나 이는 법상으로만 존재하는 권리였고 아직 산업화도 이루어지지 않고 노동자를 고용해 제대로 노동의 댓가를 지불할 수 있는 기업이 형성되지도 못한 상황이었다. 따라서 법은 형식논리에 의해 만들어졌고 실질적으로 노동현장에서는 현실논리가 따로 놀면서 탈법과 편법이 판치는 전근대적인 노사관계가 만들어지게 되었다. 경제적 실리를 추구하는 대상기업이 없는 가운데 노동운동이 정치권력에 휘말려 분열을 거듭하는 형국이 만들어졌다. 1960년 한국노동조합총연맹(한노총)이 만들어졌지만 뿌리 깊은 파벌싸움으로 노동운동은 제대로 해보지도 못하고 분열하는 모습만 보였다. 5·16군사정변으로 집권한 박정희 정부는 포고령을 내리고 노동관계법의 효력을 중지시키고 한국노총도 해산하였다. 그리고 5·16군사정변이 일어난 해인 1961년 8월 20일 '근로자 단체활동에 관한 임시조치법'을 발효시키고 종전의 기업별노조를 15개의 산별노조로 개편하였다. 1962년 12월에는 국민투표를 실시하고 그동안 명목상으로만 존재하던 근로자의 이익균점권 조항을 삭제하고 공무원의 단결권, 단체교섭권, 단체행동권을 제한하였다.

박정희 정부는 정부주도의 고속성장을 이루기 위해서 경제개발 5개년계획을 추진하면서 근로자의 집단적 행동은 제약하면서 한편으로는 근로자에 대한 보호를 직접 담당하고자 하였다. 1961년 12월과 1963년 4월 및 12월 주차유급휴일(週次有給休日), 퇴직금제도, 노동시간, 연차유급휴가 등을 규정하고 복수노조를 금지하는 법안을 개정하였다. 또한 노동조합의 정치활동관련 규정을 강화하고 사용자가 부당한 노동행위를 하는 경우 처벌을 원칙으로 하는 방향에서 후퇴하여 구제주의로 전환하였으며 쟁의행위를 하는 경우에도 사전에 적법여부 심사를 의무화하는 등의 노동조합의 영향력을 약화시키는 방향으로 법을 개정하게 되었다.

1970년대 들어와서는 노동조합에 대한 탄압이 더욱 강화되어 1971년 12월에는 비상사태를 선포하고 '국가보위에관한특별조치법'을 공포하여 단체행동권뿐만 아니라 단체교섭권까지도 제한하여 주무관청의 조정을 받도록 하였다. 1973년에는 '유신헌법'을 공포하고 법률이 정하는 바에 따라 노동3권을 제한 또는 불인정하도록 하였다. 이런 가운데 한국경제는 고속성장을 거듭하여 기업은 날로 규모가 확대되어 고용창출기회가 늘어나서 국민은 절대빈곤에서 벗어나게 되었지만 노동자는 상대적으로 열악한 환경에서 지내게 되었다. 1970년 11월 청계피복노조의 인정을 요구하며 분신자살한 전태일사건을 필두로 노동운동은 노동자의 근로조건 개선을 요구하며 점점 더 과격하게 되었다.

1979년 10·26사태를 겪으며 유신체제가 막을 내리고 1981년 제5공화국이 시작되었지만 노동운동에 대한 탄압은 계속되었다. 전두환 정부에서의 헌법은 노동조합의 활동에 대해 유신헌법을 그대로 이어가면서 방위산업체에 소속된 근로자의 단체활동을 제한하는 등 노동운동에 대한 제한은 더 강화되었다. 특히 노동조합법을 개정하여 유니온숍(union shop) 제도를 폐지하고 종전의 산별노조를 폐지하고 기업별노조로 전환하였다. 노조의 설립조건도 산업장 내의 근로자 30인 이상 혹은 근로자의 5분의 1 이상의 찬성이 있어야 노조를 설립할 수 있도록 하는 등 단결권을 무리하게 제한하였다. 또한 '노동쟁의조정법'을 개정하여 노동자들이 쟁의행위를 당해사업장 이외의 장소에서 할 수 없도록 규정하였다.

1987년 6·27 민주화선언 이후 그동안 억압받았던 민주화 욕구가 일시에 폭발하면서 노동쟁의가 봇물 터지듯 분출하게 되었다. 연간 노사분규건수가 1986년 289건에서 1987년에는 3,749건으로 폭발적으로 증가했다. 1987년 11월 노동쟁의조정법을 개정하면서 산별노조 설립을 허용하고 유니온숍 제도를 복원하였으며 노동법을 대부분 1980년대 이전으로 환원하였다. 또한 노조설립을 자유화함에 따라 1988년에는 노사분규건수가 1,878건으로 반감되었으며 1989년에는 1,616건, 1990년에는 322건으로 급감하였다.

결국 1960년대에서 1980년대까지의 고속성장과정에서 성장을 위해 노조활동을 억압하는 정부의 정책이 고용창출을 늘려서 고용은 확대시켰지만 노동의 희생으로 경제성장을 하면서 정치불안을 야기하고 사회통합을 저해하는 댓가를 치루게 되었다. 장기적으로 보아 어떤 경로가 더 한국경제에 적합한 것이었는지는 지속적으로 논란이 될 것으로 보이며 정답이 없는 듯하다.

휴일과 휴가,
연차휴가에 대하여

얼마 전 상담 중 1일을 결근했는데 3일치 급여가 삭감되었다는 말을 듣고 순간적으로 불합리하다는 생각을 한 적이 있다. 하지만 근로기준법상의 휴일이나 휴가에 대한 체계와 규정을 돌아보면 있을 수 있는 일이다. 휴일과 휴무, 휴가와 연차휴가, 유급과 무급 등에 대한 이해가 없다면 위 사례가 부당하다고 생각되는 것이 당연하다.

휴일이란 '취업규칙이나 근로계약'을 통해 근로의무제공을 면제하는 날이다. 이것을 유급으로 하는 것이 유급휴일이다. 근로기준법의 주휴일(주차)이 대표적인 유급휴일이다.

휴일에는 법정휴일과 약정휴일이 있다. 법정휴일은 주휴일과 5월 1일(근로자의 날)이고 약정휴일은 소위 빨간 날, 쉬기로 회사와 취업규칙이나 근로계약서에 약정을 하고 쉬는 날이다. 근로기준법에서 말하는 법정휴일과 일반적으로 알고 있는 국경일이나 일요일이 일치하지 않기에 오해가 있는 것이다.

주휴일은 1주 동안 소정의 근로일을 개근하였을 때 1주일에 평균 1회 이상 유급휴일을 주어야 하는 것(근로기준법 제55조, 동법 시행령 제30조)이다. 사업의 특성에 따라 일요일과 주휴일이 일치하지 않는 사업장도 있다. 따라서 1일을 결근했을 경우에 주휴일과 만근 시 주어지는 월차개념까지 합쳐 3일분의 급여가 삭감될 수도 있다.

휴가란 소정근로일에 근로제공의무를 면제하는 제도이다. 여기에도 무급과 유급이 있는데 주 40시간제에서의 무급생리휴가와 유급연차휴가제도가 대표적인 것이다. 여름휴가나 각종 경조사 시의 휴가는 약정에 따라 연차휴가로 대체할 수도, 약정유급휴가로 할 수도 있다.

연차휴가는 1년간 소정근로일수의 8할 이상을 출근한 근로자에게 15일간 부여하는 유급휴가(근로기준법 제 60조 제1항)이다. 이때 계속근로기간이 1년 미만인 근로자에게 1개월 개근 시에 1일의 유급휴가(근로기준법 제60조 제2항)를 주어야 한다.

연차휴가는 휴가발생 시기와 사용 시기 그리고 휴가 미사용 시 발생하는 연차휴가 미사용수당 청수권 행사 시기가 다르기 때문에 이에 대해 바르게 인식하는 것이 중요하다. 계속근로 1년 미만자나 회계연도 단위로 계산할 때 1년 미만 근로자의 휴가일수 계산이 어렵기 때문에 퇴직 시에 발생한 연차휴가의 처리와 관련해서 주의가 요구된다.

제4장

민간경제로의 전환기
(1980년대~외환위기 이전)

1980년대 들어오면서 정부위주의 중앙집권 관리형 자본주의가 더 이상 작용하기 어려운 환경임을 감안, 정부정책 방향이 급선회하게 된다. 성장우선주의에서 벗어나 안정 위에서 성장기반을 다지는 정책으로 전환하게 되는 것이다. 물가안정을 정책의 최우선 과제로 두는 한편, 은행의 민영화 및 정부정책을 경쟁정책으로 전환하는 작업을 하게 된다. 이 과정에서 정부의 역할과 민간의 역할을 분명히 구분하고 민간이 담당하는 분야에 자율과 책임을 동시에 지웠어야 하는데 이 부분이 실패하면서 1997년 말 외환위기를 맞게 된다.

1. 거시경제의 안정화 위한 종합시책의 필요성

경제개발 5개년 계획을 1차에서 4차까지 진행시켜 나가던 20년 간의 경제성장기는 고성장 시기였다. 특히 1970년 연평균 경제 성장률이 9.7%에 달할 정도였다. 그러나 이러한 고성장의 그늘은 불균형의 심화였다. 더욱이 1970년대는 두 차례의 석유파동이 있었으며 고물가에 시달렸다. 고물가에도 불구하고 환율을 고정시킴에 따라 원화가치가 절상되어 수출경쟁력이 약화되어 1979년에는 상품수출이 1960년 후 처음으로 마이너스를 기록하기도 하였다. 1980년에는 10·26사태가 발발하면서 정치적 혼란과 농산물 흉작 등이 겹치면서 경제성장률마저 1956년 이후 처음으로 마이너스성장을 하게 되었다.

1970년대 후반으로 가면서 정부주도형 고도성장에 따른 부작용과 후유증으로 정책방향을 안정과 자율로 선회해야 한다는 주장이 거세게 대두되었고 이미 정부 내부에서도 공감대를 넓혀가고 있었다. 1979년 4월 경제기획원 주도로 정부는 '경제안정화 종합시책'을 내놓고 당시로서는 매우 파격적인 정책이었던 수출지원 축소, 중화학공업 투자조정, 농촌주택개량사업 축소 등의 정책을 제시하였다. 이 과정에서 그동안 고도성장정책 실행의 주무 부서였던 상공부와 재무부 관료들이 강하게 반발하면서 수출지원금융 축소방침이 철회되기도 하였다. 그럼에도 불구하고 경제전반적으로 안정화정책에 대한 동조가 확산되었고 이는 경제정책의 본류를 형성하게 되었다.

1) 긴축적 통화정책 시행

1980년 이후 최규하 정부와 전두환 정부는 안정·자율·개방 정책기조를 지속해 나갔다. 특히 전두환 정부는 안정적인 거시경제 환경을 마련해가기 위해 통화와 재정의 긴축기조를 유지해가는 원칙론을 고수했다. M2(말잔) 증가율이 1975~1982년 중 연평균 35%였으나 통화긴축정책을 시행한 1983~1985년에는 20%로 억제되었다. 그러나 실질증가율은 같은 기간 중 13%에서 14%로 오히려 소폭 상승하였다. 통화긴축으로 물가를 안정시킨 것이 아니라 오히려 1981년 시행한 추곡수매가 인상억제정책과 재정 긴축정책이 물가하락을 가져왔으며 이에 따라 M2 증가율의 하락을 가져왔다.

이런 긴축 재정정책은 1981년까지 두 자리 수를 보였던 소비자물가상승률을 한자리 수로 내릴 만큼 강력하였다. 1980년과 1981년 각각 28.7%, 21.4%에 달하던 소비자물가상승률이 1982년에는 7.2%, 1983년에는 3.4%로 급락하였다. 재정긴축정책도 정부의 채무증가를 억제하여 장기적으로 안정적인 거시경제 환경을 마련하는 데 기여하게 된다. 한국경제가 1997년 아시아 외환위기를 빨리 극복할 수 있었던 것은 건전한 재정환경 덕분이다.

그러나 물가안정에 대한 비용도 적지 않았다. 지속적으로 하락하여 왔던 실업률이 1979년 3.8%에서 1980년 5.2%로 상승했으며 이후 4.0~4.5%의 높은 수준을 유지했다. 이후 1986~1988년 3저 호황기에 이르러서야 원래의 안정적인 추세로 회귀하였다.

2) 긴축적 재정정책의 시행

전두환 정부의 한국경제에 대한 가장 큰 공헌 중 하나는 1970년대 말의 안정화정책기조를 이어받아 물가안정과 재정긴축을 정책기조로 삼아 노력하였다는 점이다. 1982년에는 처음으로 영점기준예산방식을 도입하였다. 국가예산을 책정함에 있어 전년에 비해 얼마씩 늘리는 소위 점증주의 방식에서 과감히 벗어나서 모든 예산항목을 영점에서 놓고 근본적으로 재검토해서 편성하는 방식을 채택하였다. 이러한 재정긴축기조는 1986년까지 이어져 통합재정수지 개선에 결정적인 기여를 하였을 뿐 아니라 물가안정에도 큰 기여를 하였다. 이로 인해 소비자물가상승률이 1980년 28.7%, 1981년에는 21.4%에서 1982년에는 7.2%, 1983년에는 3.4%로 기록적으로 하락하게 된다. 재정긴축은 정부의 채무증가를 억제하여 재정의 지속가능성을 늘릴 뿐 아니라 거시경제의 장기적 안정성을 확보하는 데 크게 기여했다는 점에서 큰 의의가 있다. 이 때문에 정부는 1980년 후반까지 재정의 수지균형을 이루었고 GDP 대비 정부채무는 외환위기를 맞을 때까지 지속적으로 하락하게 되었다.

3) 플라자 합의와 민주화 선언

1980년대 중반 한국경제에 커다란 영향을 준 두 가지 사건을 생각해보자. 하나는 플라자 합의이고 다른 하나는 6.29 민주화선언이다.

1980년대 중반 독일과 미국의 경상수지흑자 규모가 지나치게 커서 세계경제의 불균형 현상이 심화되자 미국은 경상수지 및 재정수지 적자에 시달리게 된다. 이에 1986년 9월 22일 미국, 영국, 일본, 독일 등 5개국의 재무장관들이 뉴욕의 플라자호텔에서 모여 소위 '플라자 합의'라는 것을 하게 된다. 이후 각국은 달러를 내다 팔게 되고 이로 인해 엔달러 환율은 급격히 하락하게 되어 1986년 엔달러 환율은 1985년의 70% 수준에 이르게 되고 1987년에는 50% 수준으로 하락하게 된다. 환율의 하락은 일본 수출상품의 가격을 상승시켜 일본의 경상수지흑자를 줄이고 세계경제의 균형에 기여할 것으로 기대되었으나 실제로는 일본 기업은 경쟁력을 향상시키기 위해 생산기지를 밖으로 가져가게 된다. 결국 국내산업의 공동화를 가져와서 실업률의 상승을 가져오고 미국은 재정정책을 써서 일본에 대해 경기부양을 종용하게 된다. 이는 결국 소위 '잃어버린 20년'의 단초가 되었고 일본은 확장적 통화정책과 재정정책을 시행하면서 경제가 저성장 모드로 진입하게 된다.

한국은 어떠한가? 일본과 대만은 1985년 9월 플라자 합의 이후 3저 현상이 나타난 1986년까지 적극적으로 환율을 절상한 반면, 우리나라는 1988년에 이르러서야 환율을 대폭적으로 절상하였다. 이로 인해 엔달러 환율이 급락하는 동안 원달러 환율은 상대적으로 덜 하락하면서 엔고의 혜택을 입어 수출이 크게 늘어나고 경상수지는 흑자로 전환되었으며 실업률과 고용률이 향상되는 모습을 보이게 되었다. 그러나 다른 한편으로는 기업들이 일본의 기업처럼 환율로 인한 수출의 가격경쟁력 저하를 만회하기 위해 비가격경쟁력을 높이기 위한 노력을 게을리하게 되는 결과를 낳았다. 이로 인해 국내산업의 구조조정이 지연되었고 경상수지흑자로 인한 국내통화증발로 통안증권 잔고가 급증하였고 넘치는 유동성 때문에 부동산투기가 만연하는 부작용을 경험하게 되었다.

제2차 세계대전 이후 각 국가들은 케인주의적인 경제철학에 입각하여 적극적으로 경기변동에 개입해 왔다. 국제적 공조도 잘 일어나서 경기변동을 줄이는 데는 기여하였지만 결국 과잉생산이라는 문제를 일으키게 된다. 1980년대에는 남미제국들이 희생양이 되었고, 1990년대에는 동남아시아가 이로 인한 문제를 겪게 된다.

4) 간접자본 확충을 위한 확대 재정정책

1988년 집권한 노태우 정부는 물가안정보다 그동안 재정긴축으로 부족해진 간접자본을 확충하는 방향으로 정책을 선회하였다. 더욱이 1987년 6·29 민주화선언 이후 폭발한 국민들의 복지욕구를 충족하기기 위해 재정지출을 늘리게 된다.

2. 중화학공업 투자조정 및 산업 합리화

1) 중화학공업 투자조정

한국경제의 발전과정은 산업의 발전과 궤를 같이한다. 해방 직후부터 1950년대 말까지만 해도 농림어업, 1차 산업이 전체 국가경제의 40% 전후를 차지했다. 당시만 해도 제조업은 10%를 겨우 넘는 수준이었으며 수출에서도 제조업 비중은 4분의 1 수준에 불과했다. 막 태동하기 시작했던 제조업 역시 외국 원조자금에 의존한 일부 소비재 위주의 경공업에 집중됐다. 1960년대로 넘어오면서 제조업이 국가경제에서 차지하는 비중이 점차 커졌다. 1970년대 이르러서는 제조업이 전체 수출에서 90% 가까운 비중을 차지하게 됐다.

당시 다른 개발도상국과는 다르게 한국의 제조업이 획기적으로 발전한 건 일찍 국제무역에 눈을 뜬 초기 한국의 기업인들이 기업가 정신이 발휘되어 국제무대에서 수출에 최선의 노력을 한 덕이다. 또한 이러한 수출주도의 제조업을 뒷받침하며 초기에 농업이 흡수하지 못한 잉여인력이 거의 무한대로 제조업에 공급되었다. 정부 역시 노동시장구조를 수출형 노동집약적 제조업으로 가져가기 위한 정책적 노력을 기울였다. 박정희 정부는 1962

년 수출진흥위원회를 설치하고 대통령이 직접 위원회에 참석해 수출을 진작시키기 위한 각종 정책적 뒷받침을 하였다. 1964년 11월 당시 수출 1억 달러 달성을 기념해 수출의 날이 제정됐고 현재까지 무역의 날로 이어지고 있는 등 수출을 통한 부국건설은 국가적·국민적 관심사였다.

노동집약적 수출산업으로 막 일어선 한국경제를 한 차원 끌어올리기 위해서 정부가 선택한 정책은 중화학공업 육성이었다. 1973년 당시 박정희 대통령은 연두 기자회견을 열고 중화학공업 시대를 선언했다. 일자리가 늘고 공장은 바쁘게 돌아갔지만 노동집약적 수출산업 위주의 성장은 한계를 드러냈기 때문이다. 원부자재를 수입해야 하는 탓에 해외 의존도가 심화되고 이로 인해 만성적인 무역적자에 시달릴 수밖에 없기 때문이다. 박 대통령은 '전 국민의 과학화', '1980년대 초까지 제철능력 1,000만t, 조선능력 500만t, 전력 1,000만kW', '제2 종합제철공장' 등 구체적인 목표를 제시했다. 당시 정부 주도의 중화학공업 육성책의 공과에 대해서는 비판적인 시각이 있으나 오늘날 한국경제와 주력산업의 큰 틀이 형성되는 데 결정적으로 기여했다는 점에 대해서는 이의를 제기하기 어렵다.

앞만 보고 달려온 국내 산업계는 1980년대로 넘어오면서 1960~1970년대 특정산업 위주의 육성정책이 가져온 부작용이 드러나면서 정부는 1979년 경영안정화 시책을 발표하고 전체 산업에 대한 구조조정을 진행하였다. 이듬해까지 이어진 중화학공업 투자조정시책이 그것이다. 당시 합리화 정책이라는 명목 아래 비료공업을 비롯해 해운·자동차·발전설비·석탄산업·조선산업 등 산업 전분야에 걸쳐 대대적인 구조조정이 단행됐다. 1970년대 들어 두 차례의 오일쇼크와 더불어 중화학공업 부문에 대한 과잉투자로 국가전체의 투자 효율성이 저하되었고 기업의 채산성도 악화되어 기업이 부실화되기 시작하였다. 국가경제 구조 면에서도 상대적으로 투자를 소홀히 하게 된 경공업 부문과 서비스 부문의 낙후성이 지적되면서 경공업과 중공업, 제조업과 서비스업, 대기업과 중소기업 간의 경제 불균형 문제가 대두되기 시작하였다. 특히 투자에 있어서의 불균형 문제가 명시적으로나 암묵적으로 심각한 수준에 이르자 정부차원에서 1975년 5월부터 1980년 10월까지 세 차례의 투자조정을 단행하여 1983년에 투자 구조조정을 마무리하였다.

1980년대 산업계의 구조조정은 집약적인 성장에 따른 후유증을 극복하고 경쟁력을 끌어올리기 위한 방편이었으나 부작용도 만만치 않았다. 중화학공업 투자조정은 흡수합병에 따른 기업의 대형화를 촉진해 재벌의 경제력 집중을 가속화했고 특정기업에 독점적 지위를 줘 독과점적 시장구조를 심화시켰다. 정부는 1979년 4월 경제안정화시책을 시행하면서 투자조정에 박차를 가하였으나 10·26사태로 지연되다가 다음해인 1980년 8월 '국가보위비상대책위원회'에 의하여 투자조정을 다시 시작하게 되었다. 국보위는 처음에는 중복투자가 심각하다고 판단되는 발전설비, 자동차, 건설중장비 등 중복 과잉투자가 이루어진 3개 핵심부문의 9개 업체에 대해서 투자조정을 시작하였으며 2차로 10월에는 직권조정에 나서서 중전기기, 전자교환기, 동제련 분야에 대한 조정을 마무리하였다. 이렇듯 중화학공업에 대한 투자조정을 정부 주도로 하게 되면서 문제가 되는 기업에 대하여 구제금융을 하지 않을 수 없었다.

2) 산업합리화

이러한 정부의 적극적인 투자조정에도 불구하고 1980년 중반까지 세계경제 부진과 더불어 중화학공업의 생산활동은 여전히 부진하였으며 이 과정에서 대형화 및 독점화에 따른 경제력 집중 문제를 더욱 가속화시키는 부작용마저 발생시켰다. 물론 투자조정과정에서 경영합리화가 이루어졌으며 기술개발에 노력하게 되는 긍정적인 효과도 무시할 수는 없다. 그러나 정부가 주도한 중화학공업 육성정책으로 인해 진입과 투자의 지나친 규제로 중화학공업 분야의 독과점 시장구조가 심화되고 과잉 및 폐기설비 처리가 원활하게 이루어지지 못했고 일부기업은 투자조정 이후에도 재무구조가 개선되지 못했다. 이에 따라 1980년 중반에는 산업합리화라는 명목으로 다시 투자조정을 하는 결과를 초래했다.

정부는 보다 체계적으로 산업합리화를 지원하기 위해 1985년 조세감면법을 개정하였다. 산업합리화 지정 업종이나 기업은 기업통폐합에 따르는 양도세와 취득세, 등록세 등을 면제해 주었다. 또한 종래의 개별적인 공업육성법을 폐지하고 단일 법률체계인 『공업발전법』을 제정하여 산업합리화 업종으로 지정된 경우 민간으로 이루어진 '공업발전심의회'에서 동 업종의 시장 진입과 투자에 규제를 하도록 하였다. 민간의 의견을 수렴하고 정부의 일방적인 간섭을 방지한다는 차원에서 공업발전심의회를 마련하였지만 이런 산업합리화 조치는 정부로부터의 조세와 금융의 지원을 받아 이루어졌으며 처음에는 정부가 주도적으로 특정 산업을 육성한 데 대한 책임을 진다는 차원에서 시작되었지만 나중에는 중화학공업 육성정책의 대상이 아니었던 해운업, 해외건설업, 직물업 등에 대해서도 산업합리화를 추진하게 되었다. 정부가 산업발전과정에 깊숙이 간여하다 보니 기업부문과 금융부문에서 산업정책의 결과로 광범위하게 부실이 발생하게 될 때 경제에 미치는 악영향을 막기 위해 정부가 다시 나서는 상황이 벌어지게 된 것이다.

이로 인해 한국경제는 단기적인 경제안정은 이룰 수 있었지만 장기적으로는 기업과 금융부문이 모두 정부에 의지하면서 위험대비에 소홀하게 되는 도덕적 해이 현상이 광범위하게 일어나게 되었다. 또한 부실기업을 처리하는 과정에서 재벌기업에게 넘기면서 재벌의 덩치를 키웠다는 비판에 직면하게 되었다.

정부는 1986~1988년 부실기업을 정리하는 과정에서 자산을 초과하는 부채를 모두 보전해준다는 기준을 마련하고 9,863억 원의 원금을 탕감해 주었고 1조 6,406억 원의 원금상환을 유예해 주었으며, 42조 1,947억 원에 대한 이자를 유예 또는 감면해 주었다. 또 4,608억 원의 신규대출에 대한 세금을 감면해 주는 조세지원을 하였다. 부실기업에 대한 금융지원이 은행을 통해 이루어짐에 따라 이로 인해 악화된 은행의 수지를 보전해주기 위하여 한국은행은 특별융자규정에 의해 1985년 2,999억 원 1986년 6,844억 원, 1987년 7,738억 원 등 총 1조 7,221억 원을 연이율 3%로 은행에 공급하였다. 이러한 금융지원은 위험관리라는 금융 본연의 기능을 마비시켜 관치금융을 공고히 하는 결과를 낳았다.

3) 3저 호황과 자율·개방기조

짧은 시간 안에 이뤄진 급격한 변화 탓에 국가경제의 주축으로 부상한 중화학공업의 생산활동이 전반적으로 위축됐으나, 80년대 중반 이른바 3저현상(저유가·저달러·저금리)으로 인해 국내 산업계는 뜻하지 않게 호황기를 맞이했다.

1980년대 후반 들어서는 정부 개입이 줄고 민간자율체제로 산업정책 기조가 바뀌었으며 외국자본의 국내 투자유치에 대해서도 본격적인 바람이 불었다. 1990년대로 넘어오면서는 우루과이라운드 협상 타결과 뒤이어 세계무역기구(WTO) 출범에 따라 시장개방압력이 거세졌다. 국내외 생산거점·시장의 구분이 사라지면서 기존까지 해외시장을 적극 공략하던 자동차·철강·전자 등 주력산업 분야에서 세계 수위권으로 올라서는 발판을 마련했다.

그러나 농업·수산업 등 1차산업에 대한 소외현상이 심화되는 한편, 내수 기반의 산업과 해외지향형 산업간의 연관관계도 희미해졌다. 과거 수출이 늘면 국내 산업 경기가 함께 좋아지는 경향이 강했으나 1990년대 이후부터는 수출이 호조를 보이더라도 국내경제가 크게 나아지지 않는 현상이 나타나기 시작했다. 선진국이 1980년대부터 겪던 '고용 없는 성장'의 한 단면이다. 정보통신(IT)업종을 중심으로 기술개발에 매진하게 된 것도 이때다. 선진국의 견제가 심해지고 중국·아세안 등 후발 공업국이 뒤쫓아오면서 국내 산업계가 '샌드위치' 신세로 전락하는 게 아니냐는 지적이 제기된 데 따른 현상이었다. 국민총생산 대비 연구개발(R&D) 비중이 1990년 1.7%에서 1997년 2.5% 수준으로 늘어나는 등 기술개발에 대한 투자가 늘어났고, 특히 전체 연구개발 지출 가운데 민간 담당비중이 70~80%까지 늘어나 과거 정부나 공공기관이 주도하던 시대와는 달라진 점을 여실히 보여줬다.

1990년대 말 불어닥친 외환위기는 국내 산업계에 다시 한 번 거대한 구조조정을 일으켰다. 당시 외환위기는 다양한 요인이 복합적으로 작용했지만, 80년대 산업계 구조조정에서 살아남은 일부 대기업의 무분별한 사업확장·투자에 대한 견제장치가 미흡했던 점이 주 요인으로 꼽힌다.

결국 1980년대 정부가 새로운 경제시스템을 만들겠다며 안정·자율·개방의 정책기조 중에서 개방과 자율이라는 정책기조는 이에 따르는 막중한 책임을 소홀히 하면서 정착하는 데 실패하였다. 경제규모가 커지고 경제시스템이 복잡해지면서 1960년 및

1970년대 정부주도의 중앙집권적 관리경제체제에서 벗어나서 산업부문에서도 민간의 역할을 확대하고 정부의 역할을 제한시켜 나가는 데 실패한 것이다.

10·26사태

1979년 10월 26일 대통령 박정희가 현직 중앙정보부장인 김재규의 총탄에 맞아 암살당한 사건. 10·26사태의 진상은 현재까지 흑막에 가려져 있으나, 당시 군수사부의 발표에 의한 사건의 개요는 다음과 같다.

박정희의 신임을 받던 중앙정보부장 김재규는 이 무렵 정보업무 수행 과정에서의 무능을 이유로 박정희로부터 몇 차례 힐책을 받은 데다 대통령에게 올리는 보고나 건의가 차지철(車智澈) 경호실장에 의해 번번이 제동이 걸리는 등 박정희와 차지철에게 불만이 쌓여 있던 중, 10월 26일 궁정동 중앙정보부 밀실에서 박정희와 만찬을 함께 할 기회가 생기자 이 기회에 암살하기로 결심, 계획을 실행할 준비를 하는 한편, 암살 직후 쿠데타를 일으킬 목적으로 정승화(鄭昇和) 육군참모총장과 중앙정보부 차장보 김정섭을 궁정동 별관에 대기시켰다. 5시 40분경 김계원(金桂元) 대통령 비서실장이 먼저 도착하자 김재규는 그에게 차지철 살해를 암시했고, 평소 차지철에게 반감을 품고 있던 김계원은 동조하듯 이를 묵인했다. 6시 5분경 만찬이 시작되었고 식사 중 박정희가 부마사태를 중앙정보부의 정보부재 탓으로 돌려 김재규를 힐난한 데 이어 차지철이 과격한 어조로 그를 공박하자 흥분한 김재규는 밖으로 나와 2층 집무실에서 권총을 갖고 만찬회장으로 돌아오는 길에 직속부하 박흥주와 박선호에게 '총소리가 나면 경호원을 사살할 것'을 지시, 7시 35분경 모든 준비가 완료되었음을 확인한 그는 차지철과 박정희에게 각각 2발씩을 쏘아 두 사람을 절명시킴으로써 18년간의 1인 독재정권과 유신체제는 종말을 고하게 되었다.

사건 직후 전두환 보안사령관은 김재규를 대통령 살해범으로 체포하고 최규하 대통령 권한대행은 10월 27일 새벽 4시를 기해 전국에 비상계

엄을 선포했다. 이 사건으로 김재규·김계원·박흥주·박선호에게 사형이 선고되었고 김계원을 제외한 나머지 전원에게 사형이 집행되었다. 10·26사태의 발생원인은 아직 정확히 규명되지 않은 채 논란이 있으나, 민중항쟁이 격화되면서 위기에 직면한 정치권력의 내분이 빚어낸 결과로 YH사건·김영삼총재제명파동·부마민중항쟁으로 이어진 역사 흐름의 필연적 귀결이었다.

국가보위비상대책위원회(國家保衛非常對策委員會)

1979년 10·26 사건 이후 전면에 등장한 신군부가 내각을 장악하기 위해 설치한 임시행정기구다. 줄여서 국보위라고 한다. 전두환 보안사령관 겸 중앙정보부장 서리를 중심으로 하는 신군부 강경세력이 사회적 혼란을 수습한다는 명분을 내걸고 1980년 5월 31일 설치했다.

위원회는 행정부 각료 10명, 군요직자 14명 등 모두 24명으로 구성됐으며, 최규하 대통령이 위원장을 맡았다. 위원회의 위임 사항을 심의, 조정하기 위해 상임위원회를 설치하고 13개 분야별 분과위원회를 두었는데, 상임위원회 위원장은 전두환이 맡았다. 실질 권한은 상임위가 갖고 있었으며, 상임위 위원 30명 가운데 18명이 신군부 계열이었다. 따라서 전두환은 보안사령부, 중앙정보부, 국보위까지 장악하면서 최고 실세로 떠올랐다.

국보위는 안보태세의 강화, 경제난국의 타개, 정치발전, 사회악 일소를 통한 국가 기강 확립을 기본 목표로 정했다. 국보위는 결성 직후인 6월 부정 축재와 국기 문란, 시위 주도 등의 혐의를 씌워 정치인과 교수, 목사, 언론인, 학생 등 329명을 지명수배하고 김종필, 이후락, 김진만, 박종규 등 유신 핵심세력이 공직에서 물러나도록 했다. 7월 9일에는 장차관급 38명을 포함한 232명의 고위 공무원을 쫓아냈다. 중화학공업 투자를 재조정하고 대학에 졸업정원제를 도입했으며 과외를 금지하고 출판 및 인쇄물을 제한하는 한편, 삼청교육을 실시하는 등 사회적 파급이 큰 정책들을 한꺼번에 도입했다.

이 같은 활동을 통해 공포정치가 확산되고 있던 가운데 가택연금 상태에 있던 김영삼 당시 신민당 총재가 8월 13일 정계은퇴를 발표하고 8월 16일 최규하 대통령이 물러나는 등 정치적 조정 작업이 일단락되자 전두환은 8월 27일 통일주체국민회의에서 제11대 대통령으로 선출됐다. 이어 10월 국가보위입법회의법이 통과되자 이 법에 따라 국가보위비상대책위원회는 입법권을 가진 국가보위입법회의로 개편됐다. 국가보위입법회의는 신군부의 제5공화국 출범을 위한 기반을 마련한 후 11대 국회가 개원하면서 해산됐다.

3. 금융자율화와 대외개방 노력

1) 금융자율화

① 금리자유화

1980년대 정부주도의 경제운영방식에서 벗어나 안정·자율·개방 기조로 가는 데 가장 실패한 분야가 금융부문이다. 금융부문을 자율화하고 정부의 영향력을 축소해 나가기 위해 금리자유화를 추진하였지만 쉽게 진행되지 못했다. 전두환 정부 들어 물가가 안정기조로 감에 따라 실질금리가 양의 값을 보여 과거에 비해 상대적으로 금리자유화를 추진하기에 유리한 환경이 조성되었다. 이에 따라 정부는 1984년과 1986년에 부분적인 금리자유화를 추진하였다. 그러나 당시의 기업의 부채비율이 정상 이상으로 높아 금리가 현실화되면 기업이 높은 금융비용 부담을 감당해내기 어려워지다 보니 쉽게 진행되지 못했다. 1988년에도 당시 재무부가 대폭적이고 획기적인 금리자유화계획을 발표하였지만 1989년 초반 물가가 급등하자 창구지도를 통한 금리지도를 하는 등 실질적인 금리자유화는 이루어지지 못했다.

1991년 8월 23일에 가서야 가까스로 보다 구체적으로 단계별 금리자유화계획을 담은 청사진을 내놓게 되었다. 여신금리는 단기부터 장기로 자유화하기로 하였고 수신금리는 장기부터 점차로 단기로 자유화하기로 계획을 세웠다. 거액금융수단부터 금리를 자유화하고 점차로 소액금융수단에 대해서도 금리자유화를 확대해 나가기로 하였다. 그러나 실제로 자유화계획은 실행에 정확히 옮기지는 못했으며 1996년 내지는 1997년에 가서야 실질적으로 대부분의 금리가 자유화되었다.

② 정책금융 축소

금리자유화와 더불어 정책금융도 축소하려는 노력이 있었다. 주로 무역금융을 중심으로 정책금융을 축소하였으나 다른 한편으로 경제 불균형 문제가 심각하게 제기되면서 중소기업에 대한 정책금융이 확대됨에 따라 전체적인 정책금융 규모는 매우 느리게 축소되는 결과를 가져왔다. 실제로 대기업에 대한 상업어음 재할인과 무역금융 지원은 1988년과 1989년에 각각 폐지되었던 반면, 중소기업에 대한 정책금융은 확대되었다. 정부는 시중은행과 지방은행에 대해 대출 시 중소기업에 대해 의무적으로 대출해야 하는 '중소기업의무대출비율'이라는 규제수단을 마련하고 이를 점차 상향조정해 나갔으며 나중에는 투자금융사·종합금융사·보험사·리스사 등 제2금융권 금융기관과 외국은행 지점에까지 동 비율을 지킬 것을 요구하였다.

1980년 중반 이후 산업합리화를 정부주도로 추진하면서 원금 및 이자 감면과 유예조치가 있었는데 이에 따른 금융기관의 손실을 한국은행의 「특별융자금」 형태로 만회하였다. 1987년 3월 정부의 농어가부채탕감대책에 의해 영세 농가 및 어가가 가지고 있던 사채를 장기저리대출로 전환해 주는 정책과정에서 손실을 입게 된 금융기관에 2,500억 원의 산업구조조정자금이 지원되었다. 이렇듯 중화학공업 육성과정에서 시작된 관치금융은 자본시장에까지 확장되어 투신사 등 증권관련 기관들을 통해 정부가 실질적인 기금의 운영자로서 증권시장을 조정하기에 이르렀다. 정부는 증권시장에서 종합주가지수가 폭락하자 1989년 12월 12일 증권시장 안정화대책을 발표하며 '한국', '대한', '국민' 3개 투신사로 하여금 2조 7,000억 원 규모의 주식을 매수하도록 하였다. 문제는 이후 주가지수가 더욱 하락하여 3개 투신사의 차입금 규모가 6조 원대로 늘어나 자본금을 모두 잠식하게 되었고 이러한 가운데 지방소재 투신사인 한남투신사의 점포에서 대량환매 사태가 일어나자 금융시장 전반의 안정성을 걱정한 정부는 1992년 5월 27일 투신사 안정화대책을 발표하고 한국은행을 통해 저리의 자금을 대출해 주는 상황이 발생하였다.

한국은행의 대출제도가 지나치게 정책금융 위주로 운용되고 있다는 비판이 커지면서 한국은행은 정책금융을 축소하고 통화조절기능을 강화하기 위해 대출제도를 전면적으로 정비하였다. 기존에 운영하던 상업어음 재할인, 무역금융, 소재 및 부품 생산자금 등을 총액한도대출로 통폐합하였고 대다수의 다른 정책금융들은 정부재정으로 이관하거나 폐지하였다. 그동안 한국은행이 정부의 정책방침에 따라서 수동적으로 재할인하던 방식에서 벗어나 총액한도가 정해진 상태에서 한국은행이 주도적으로 대출 대상과 규모를 정하게 된 것이다.

③ 시중은행의 민영화와 비은행금융기관의 설립

1960년대와 1970년대 성장위주 정책은 만성적인 인플레이션과 은행부실을 낳았고 1980년대 들어서 낙후된 금융부문을 발전시키기 위한 자율화 정책이 추진되는 결과를 가져왔다. 이에 따라 경제개발 과정에서 국유화됐던 은행들은 점차 민영화되었다. 이미 1972년 민영화된 상업은행을 제외한 4개의 시중은행들이 1981년 6월 한일은행, 1982년 9월 제일은행과 서울신탁은행, 1983년 3월 조흥은행의 순으로 순차적으로 민영화되었다. 그러나 민영화 이후에도 은행의 임원 인사, 자산운용 조직 등에 대해 정부가 음으로 양으로 개입하였다.

은행 업무에 대한 정부의 규제와 간섭이 감소하는 동시에 엄격하게 관리되던 금융기관 신규 허가는 완화됐다. 이에 따라 1980년대 이전까지는 조흥·상업·제일·한일·서울신탁은행 등 5개 시중은행과 10개 지방은행이 영업을 했는데 1982년부터 1992년까지 6개의 시중은행이 신설되고 특수은행의 일반은행 전환 등의 과정을 거쳐 1995년 말에는 시중은행이 15개에 달하게 됐다.

1996년 경제협력개발기구(OECD) 가입으로 정부는 금융 규제를 철폐하거나 완화했고 그 결과 외환위기 직전 지방은행을 포함한 일반은행 수는 26개까지 늘게 됐다. 하지만 은행 수의 증가는 금융산업에는 오히려 독이 됐다. 좁은 시장에서 은행 수가 급격히 증가하다 보니 수익성은 악화됐고 과도한 경쟁으로 부실화가 촉진되는 결과를 가져왔다. 결국 1997년 국제통화기금(IMF)에 긴급 구제금융을 요청한 뒤 금융산업은 대대적인 구조조정의 과정을 거치게 된다. 조흥·상업·제일·한일·서울·외환 등 6대 시중은행을 비롯해 모든 은행들이 모두 모습을 바꾸게 되는 것이다. 이 시기부터 우리나라 은행의 역사는 은행 간 합병의 역사라고 해도 과언이 아니다.

또한 팽창해 가는 금융수요에 대응하여 1970년대와 1980년대에 다양한 비은행 금융기관이 만들어졌다. 1972년 8·3조치로 설립근거법이 마련된 투자금융회사는 1990년 말까지 모두 32개의 회사가 생겨나서 CP 할인과 매매 등 단기금융시장업무를 담당하였다. 이 가운데 12개사는 1982년 봄의 이철희·장영자 어음사기 사건과 1983년대 여름의 명성사건과 같은 금융사고 처리과정에서 신설된 것이다. 그러나 1990년대 들어 영업환경이 악화됨에 따라 업종전환이 추진되었다. 1991년 5개사가 증권회사로 3개사가 은행으로 전환되었으며 나머지 24개사 중 지방소재 9개사는 1994년에 나머지 15개사는 1996년도에 모두 종합금융사로 전환되었다.

1980년대와 1990년대 전반까지 상호신용금고, 생명보험회사, 증권투자신탁회사, 증권사, 투자자문사, 벤처캐피탈회사, 리스회사 등 각 영역에서 다수의 비은행 금융기관이 신설되었다. 이들 비은행 금융기관들은 은행이 한국은행 산하의 은행감독원에 의해 규제를 받은 반면에 재무부의 관리감독을 받으면서 상대적으로 규제를 적게 받았다. 8·3 사채동결조치 이후 사금융을 공금융으로 끌어들이기 위해 투자금융회사를 신설했듯이 이들 비은행 금융기관의 태생이 사금융시장을 축소하여 제도금융으로 끌어들이는 것이기 때문에 여신금리 및 수신금리가 사채수준 이상은 아니어도 은행보다 높게 책정될 수밖에 없었고 진입장벽이나 자산운용에 대한 규제 등에 있어서도 상대적으로 느슨할 수밖에 없었다. 이런 느슨한 규제 덕에 비은행금융권은 빠르게 커 나갔고, 대기업들이 이 분야에 대거 진출해서 규제완화를 요구하게 되었다.

이에 따라 비은행금융기관에 비해 규제를 많이 받았던 은행업무는 위축될 수밖에 없었다. 은행의 비중이 1980년대 중반까지 지속적으로 하락하자 정부는 은행에 대해서도 신탁업무를 허용해주게 되었다. 은행의 신탁계정은 급속히 팽창해서 1996년에는 은행내에서조차 신탁계정의 수탁고가 은행 고유업무인 일반계정의 예금고보다 많아지는 상황이 발생하기도 하였다.

1993년 정부는 규제완화시책의 일환으로 CP금리를 사실상 자유화하는 한편, 은행이 신탁계정에서 CP에 투자할 수 있도록 허용하고 전체자산 중에서 CP에 투자할 수 있는 한도를 40%에서 60%로 확대하였다. 이에 따라 CP 시장은 급속히 확장되었으며 기업들에게 각광받는 자금조달원으로 부상하였다. 은행에서 대출을 통해 자금을 조달하려면 까다로운 심사와 서류를 작성해야 하지만 CP를 발행해 자금을 조달하게 되면 신용평가기관의 적격판정만 받으면 되었기 때문이다. 이와 같이 은행 및 비은행금융기관들의 신설 전환 합병 및 업종 다양화는 금융자율화의 일환이었지만 과연 바람직한 방향이었는가에 대해서 비판이 있을 수밖에 없다.

④ 부실한 금융감독

비은행금융기관을 통해 기업의 자금조달 규모가 늘어났지만 이에 대한 금융감독은 허술했다. 또한 은행에 대한 감독 자체도 선진국에 비해 후진적 수준이었다. 무엇보다 은행은 은행감독원, 증권은 증권감독원, 보험은 보험감독원, 다른 금융기관들은 재무부가 감독을 맡는 등 감독기구가 여러 기구로 나뉘어 있어서 효율적 감독이 되지 못했다. 회계기준이나 공시기준이 후진적 상태로 방치되어 있었고 신용평가기관의 평가능력이나 공신력도 취약했다.

무엇보다 중요한 것은 이러한 수준이 갖추어져 있었다고 해도 기업부실이 워낙 광범위하게 퍼져 있어서 건전성 감독을 엄격하게 적용하기 어려웠을 것이다. 8·3 사채동결 조치나 1980년의 산업합리화 조치 등을 통해서 정부와 기업 사이에는 암묵적인 위험공유체제가 형성되어 있었던 것이다.

이철희·장영자 어음사기 사건

이 사건은 최고 권력자의 인척이자 유신체제 이래 독재권력의 비호를 받으며 사채시장의 '큰손'으로 군림해 온 장영자와 그의 남편 이철희가 저지른 거액의 어음사기사건이다. 1982년 5월 20일 검찰이 발표한 장영자 사건의 전모에 따르면 대통령 전두환의 처삼촌 이규광(당시 광업진흥공사 사장)의 처제인 장영자와 육사 2기 출신으로 중앙정보부 차장과 유정회 의원을 지낸 이철희 부부는 권력의 후원을 앞세워 자기자본율이 약한 일단의 건설업체에 접촉해서 유리한 조건으로 자금을 제공해 주는 대신 담보조로 대여액의 2배에서 9배에 달하는 액수의 어음을 받고 그것을 사채시장에서 할인, 자금을 조성하는 한편, 주식투자를 하는 등의 수법으로 1981년 2월부터 1982년 4월까지 6,404억 원에 달하는 거액의 어음사기행각을 벌였다. 장영자가 자금을 조성한 또 한 가지 방법은 〈권력형 부정축재자〉로부터 환수한 자금을 끌어들여, 1,700억 원 상당의 예금을 은행에 예치시켜 놓고 자신의 배경을 내세워 은행으로하여금 자신의 관련 기업에게 어음장을 주게 하고 거액의 무담보대출을 하게 하는 것이었다.

건국 후 최대규모의 금융 사기사건으로 불린 이 사건은 사회 전체에 엄청난 충격과 파문을 일으켜, 공영토건·일신제강 등의 굴지의 기업들이 도산하는가 하면 조흥은행장·상업은행장이 구속되는 등 금융가에 삭풍이 몰아쳤고, 국회에서는 〈정치자금수수설〉, 〈권력과의 유착관계〉 등을 둘러싼 일대공방이 벌어졌으며, 권정달 민정당 사무총장이 경질되고 내각개편이 단행되는 등 권력구조의 내부개편이 이루어졌으며, 금융실명제 실시 방침으로 경제계에 파문이 일었다. 영부인의 친척과 민정당 핵심

당직자 등 권력 측근의 인물들이 다수 관련, 권력형 부정사건의 대명사가 된 이 사건으로 집권 초기부터 정통성과 도덕성을 인정받지 못하던 전두환 정권은 씻을 수 없는 오점을 안게 되었다. 이 사건의 재판 결과 이철희·장영자 부부에게는 법정 최고형인 징역 15년에 미화 40만 달러, 일화 800만 엔 몰수, 추징금 1억 6,254만 6,740원이 선고됐고, 이규광은 징역 1년 6월에 추징금 1억 원이 선고되었다.

명성그룹 사건

1983년 8월 17일 대검 중앙수사본부는 명성그룹 회장 김철호를 특정범죄가중처벌 등에 관한 법률 위반(탈세·조세범처벌법 위반·업무상 횡령) 등의 혐의로 구속하고, 김철호에게 1,000여억 원의 사채자금을 변칙 조달해준 상업은행 혜화동지점 대리 김동겸을 업무상 횡령혐의로 구속했다. 검찰에 따르면 김철호는 1979년 4월부터 김동겸을 통해 은행예금을 빼내 기업을 확장하기 시작, 원리금 상환도 하지 않은 채 1,066억 원에 이르는 거액을 횡령, 21개의 기업군을 거느리는 재벌회장으로 행세하면서 사기극을 벌였고, 탈세액만도 46억 원에 이른다는 것이었다.

이어 검찰은 8월 29일 명성 설악컨트리클럽 골프장 사업계획 승인과 관련, 김철호로부터 8,500여만 원의 뇌물을 받은 윤자중 전 교통부 장관을 비롯, 박창권 대한주택공사 부사장 등 공무원 10명을 특정범죄가중처벌법 및 뇌물수수 등의 혐의로 구속했다. 이 사건으로 김철호는 징역 15년에 벌금 92억 3,000만 원, 윤자중은 징역 7년에 추징금 8,186만 9,400원, 김동겸은 징역 12년을 각각 선고받았다. 이 사건은 1982년 5월의 이철희·장영자사건, 1983년 10월의 영동개발진흥사건과 더불어 제5공화국 하의 3대 대형금융부정사건 중 하나로 꼽힌다.

2) 대외개방 노력

① 수입자유화

1978년의 '수입자유화조치'는 2차 석유파동으로 다시 중단되었는데 수입자유화의 압력은 수출로 먹고사는 나라인 한국에 있어서는 무시할 수 없는 대외적인 압력이었다. 2차 석유파동으로 인한 대외불균형이 어느 정도 해소되자 1984년부터 정부는 다시 본격적으로 수입자유화계획을 추진하게 되었다. 1986년 드디어 경상수지가 흑자로 전환되고 그 흑자규모가 확대되자 우리나라는 1990년 1월 'GATT 11조국'으로 이행하게 되었다.[35] 무엇보다 미국에 대한 무역수지 흑자가 지속적으로 늘어남에 따라 한국과 미국 간의 통상마찰이 심화되어 가고 있어서 정부는 1989년 비관세장벽에 의한 수입제한을 완화해 가기 시작했다. 이로 인해 수입자유화율은 크게 높아지게 된다.

우리나라는 수입자유화를 확대해 나가는 1차적 목적이 자유무역을 통해서 소비자 후생을 증대하는 것보다는 대외개방을 통한 산업경쟁력을 높여 나가는 것과 국제수지를 개선해 나가는 것이었다. 예를 들어 2차 오일쇼크로 국제수지가 악화되자 1979년과 1980년에는 수입자유화정책을 잠시 중단하기도 하였으며, 1977년 '수입선다변화제도'를 도입하여 만성적인 무역수지 역조현상을 보였던 일본에 대해서는 수입금지항목을 예외적으로 적용해왔다. '수입선다변화제도'는 동 제도에 의한 수입금지 품목이 1981년에는 924개 품목에 달했으나 점차로 국산품의 경쟁력이 강화되면

---

35) GATT11조국은 GATT(관세 및 무역에 관한 일반협정) 11조에 따라 국제수지상의 이유로 수입제한을 할 수 없는 의무를 지닌 국가를 말한다. 우리나라는 1967년 GATT에 가입하면서 개도국신분인 18조 B국으로서 수입규제와 같은 무역에 대한 규제가 가능하였으나 11조국으로 이행한다는 것은 무역규제를 할 수 없음을 의미한다.

서 수지가 개선되자 1999년 7월 동 제도를 폐지하게 되었다.

② 국내 자본시장의 개방

상품시장 개방에 비해 자본시장 개방은 매우 느린 속도로 진행되었다. 거시경제의 안정화를 위해 자본시장을 개방하는 데 있어 정부는 매우 신중하게 접근하였다. 고정환율제도를 유지하고 있는 상황에서 자본시장을 개방하게 되면 급격한 국제수지의 불균형에 따른 국내 통화량 불안정에 대해 우려를 하지 않을 수 없었던 것이다. 1980년대 말의 대규모 경상수지 흑자로 인해 국제기구 및 미국 정부로부터 우리나라의 수출위주 환율정책을 변경해야 한다는 압력이 커져갔다. 정부는 1990년 3월 '복수통화바스켓제도'에서 '시장평균환율제도'로 전환하면서 일일 환율변동폭을 ±2.25% 내에서 움직이도록 하였다.

경상수지적자 규모가 컸던 1960년대 이후 1980년대 중반까지 정부는 자본유출을 통제하는 데 주력하였지만 경상수지흑자 규모가 커지자 해외직접투자를 중심으로 자본유출에 대한 규제는 완화하고 수입신용과 은행차입에 대한 규제는 강화하는 방향으로 정책을 선회하였다. 1980년대 경상수지 흑자의 상당부분은 기존의 해외채무를 상환하는 데 사용되었지만 해외로부터의 통화량이 늘어 인플레이션을 높이는 요인으로 작용하기도 하였다.

1990년부터 다시 경상수지가 적자로 전환되자 정부는 1992년 1월 처음으로 주식시장을 개방하여 외국인들이 국내 상장주식을 일정 한도 내에서 사는 것을 허용하였다. 이러한 부분적인 자본시장의 자유화 수준은 OECD 가입 선진국에 비하면 매우 낮은 수준으로 우리 정부는 OECD 가입을 준비하면서 좀 더 본격적인 금융시장 자유화계획에 관심을 가지게 되었다. 1993년 6월에는

'제3단계 금융자율화 및 시장개방계획'을 발표하고 본격적인 자유화를 시작하게 되었다. 1994년 외환제도개혁 계획을 발표하면서 자유화를 시도하였지만 대부분이 개방 가능한 사항을 열거하는 '원칙허가제(positive system)'를 유지하는 등 소극적인 행태에서 벗어나지 못하고 있었다.

한국 정부의 자유화정책은 은행 중심의 자유화 정책이었다. 1960~1970년 고도성장을 정부가 중앙집권적 관리방식으로 끌어오면서 은행을 통해 정책금융을 공급하는 방식으로 산업발전을 도모해왔다. 자본자유화가 늦추어진 것은 자본자유화로 인한 대내외 불균형이 심화될 것을 우려하여 정부가 상대적으로 정부의 통제를 더 많이 받은 은행권을 통해 자유화를 추진함으로써 위험요인을 줄이려고 했기 때문이다. 심지어 통화량을 관리함에 있어서도 '통화안정증권'을 은행에 강제배정하거나 은행여신을 직간접적으로 통제하는 방식을 채택하였다. 이러한 방식으로 적어도 1980년대 중반까지는 거시적 안정화를 달성할 수 있었기 때문에 정부는 1990년 들어 자본시장 자유화를 시행하면서도 은행을 중심으로 자유화 폭을 확대해 나가면서 대외적 불균형을 해소해 나갈 수 있다고 믿었다.

③ 해외 금융활동 규제 완화

1990년대 중반 들어 정부는 은행 및 비은행금융기관의 해외활동에 대한 규제를 대폭 완화하였다. 1994~1996년 사이 24개의 투자금융회사가 종합금융회사로 전환하면서 해외활동이 확대되었고 국내은행들도 28개의 해외지점을 열면서 해외영업이 크게 활성화되었다. 특히 1994년 들어 경기가 상승국면에 진입하면서 기업의 자금수요가 급증하자 금융기관들은 저리의 단기외화를 차입해 기업들의 늘어난 수요에 대응하게 되었다. 정부는 1993년 외화대출에 대한 규제를 완화하고 단기차입을 자유화하면서 자본유출입을 통제하기 위해서 장기외화차입에 대해서는 양적규제를 하였는데 이로 인해 단기외화차입이 급증하게 되었다.

상대적으로 자유로워진 단기외화를 차입해서 기업들의 장기대출수요를 충당하게 되면서 외화자산과 부채 사이의 '만기불일치(maturity mismatch)'가 발생하여 미시적 차원 및 거시경제적 차원 모두에서 심각한 수준에 이르렀음에도 불구하고 정부는 이에 대한 감독을 강화하지 못하고 있었다.

은행감독원은 1997년 6월에 가서야 '외화유동성비율'에 관한 지침을 도입하였으며 당시 비은행금융기관에 대한 감독을 책임지고 있었던 재정경제원은 1997년 12월 외환위기가 발발할 때까지 '외화유동성비율'뿐 아니라 기본적인 '자기자본비율'과 같은 감독장치도 가지고 있지 않았다.

결국 금융시장의 자율화는 진행되었지만 자율화된 환경에 대응하는 건전성 감독이 제대로 마련되지 못하여 외환위기를 자초하고야 말았다.

국제통화제도(International Monetary System)에 대해

복수의 국민 통화가 존재하는 세계경제에서 거래를 하기 위해서는 통화를 결제하고 운영하는 방식이 매우 중요하다. 더욱이 국제적으로 통용될 수 있는 화폐는 무엇보다도 세계경제를 구성하고 있는 각국으로부터 그 가치와 기능을 인정받아야만 한다. 또한 세계경제의 성장과 무역규모 증가를 뒷받침할 수 있을 정도로 충분한 양이 공급되어야 하며 가치를 인정받기 위해서는 시간이 흐르더라도 각국 통화와의 환율이 안정적이어야 한다. 이러한 조건을 충족시키는 국제통화는 다음과 같이 시대에 따라 다르게 변화하여 왔다.

(a) 금본위제도(1870~1914)

금본위제도(gold standard system)란 금을 화폐로 사용하는 제도를 말하는데 금으로 만든 금화를 직접 사용하기도 하였으나 그보다는 중앙은행이 실제로 보관한 금의 양에 해당하는 금액만큼 화폐를 발행하고 이 화폐를 언제든지 금으로 교환하는 방식이 통용되고 있다. 국가 간 거래에서는 중앙은행이 보유하고 있던 금을 찾아서 지급하게 되며 중앙은행들은 보유하고 있는 금 이상으로 화폐를 발행할 수 없다. 금본위제는 1816년 영국이 금을 본위화폐(Standard money)로 하면서부터 세계 주요 국가들이 금본위제 채용하게 되었다. 국제적으로 성숙한 모습을 나타낸 것은 1870년대 들어서이며 1871년에는 독일이, 1873년에는 네델란드·노르웨이·스웨덴·덴마크가, 1876년에는 프랑스가, 이듬해에는 일본이 금본위제를 채택하였는데 이후 금본위제는 1914년

제1차 세계대전이 발발하기 전까지 지속(영국은 1931년에 최종적으로 폐지)되었다.

파운드화의 금 가격 유지안정으로 다른 국가들이 영국의 금본위제를 모방하여 외환시세의 안정을 도모하였으며 자국의 통화가치 지탱을 위해 금의 적정보유가 매우 중요했다. 따라서 금 보유가 추가 확보될 경우에만 통화량을 증가시키게 된 것이다. 이처럼 국제적으로 금본위제가 가능할 수 있었던 것은 당시 세계경제와 금융의 중심지였던 영국이 금본위제도를 채택한 데다 미국과 서아프리카에서 대규모 금광이 발견되어 화폐용 금이 충분히 공급되었으며 금이 가치저장수단으로서 가장 적절했기 때문이었다. 그러나 경제가 성장함에 따라 화폐수요가 증가하게 되는데 금 생산량이 충분하지 못하여 화폐수요를 충족시킬 수 없게 되었다. 즉, 금은 국제통화로서의 질적 요건은 충분히 갖추었지만 양적 요건이 미흡하였던 것이다. 제1차 세계대전이 1914년 발발하면서 무역흐름과 금의 자유로운 이동이 위축되었고 금본위제도도 종말을 고하게 되었다.

(b) 국제통화제도의 혼란기(1915~1944)

제1차 세계대전 이후 주요국은 국제금본위제도로 복귀하였으나 대공황(1929년)에 의해 1931년 9월 붕괴되었다. 금본위제도로 복귀한 많은 국가들은 자국의 화폐가치를 전쟁 전의 평가로 복위하게 되었는데 미국 이외는 통화가치가 과대평가되었다. 국제수지 적자국은 금 상실에 따른 디플레 정책이 국내적으로도 한계를 넘어섰으며 흑자국에 의한 금의 불태환정책이 전개되었다. 이에 따라 1차 세계대전 이후 국제 금환본위제도 등장하게 되었다. 이는 각국의 국제수지 불균형에 따른 금 준비의 국제적 편재와 부족현상 때문이라고 할수 있다. 국제 금환본위제도는 금을 다량 보유한 국가가 금본위제도를 채택하고, 여타 국가들은 금 및 금 태환이 보장된 국가의 통화를 화폐 발행 준비로 보유하는 제도이다. 금환본위제도하에서 금본위국은 자국보유금을 준비로 통화를 발행하고, 금환본위국은 금본위국의 통화를 준비로 하여 자국 통화인 금환을 발행하기 때문에 금의 부족문제를 해결할 수 있게 된다. 그러나 국제 금환본위제도는 국제수지 자동조절 기능 면에서 여전히 취약하다는 문제점을 해결할 수 없었다.

이에 따라 국제 금본위제도가 붕괴된 후 다양한 혼란 현상이 발생하게 되었다. 주요국은 외환평형기금을 창설하여 시장개입에 의한 환율안정을 도모하게 되었으며 각국은 수출을 늘리기 위해 통화가치 하락과 외환관리 강화를 경쟁적으로 하게 되었다. 당연히 국제분쟁 등이 잇달아 일어나 세계무역이 축소되고 무역 블록화가 심화되게 되었다.

(c) 브레튼우즈 체제(1945~1971)

1차 세계대전의 후유증과 1929년 대공황을 극복하기 위해 세계 각국은 경쟁적으로 자국통화의 평가절하를 하게 되자 환율의 극심한 변동이 초래되면서 국제금융시장은 극도의 혼란을 보였다. 이를 수습하기 위해 2차 세계대전이 끝나갈 무렵인 1944년 연합국 대표들이 미국의 브레튼우즈에 모여 새로운 국제통화제도를 수립하게 되었다.

브레튼우즈 체제는 미국의 달러화를 기준으로 고정환율을 전하는 금환본위제도이다. 미 달러화만 금과 일정한 교환비율을 유지하고 이 교환비율로 미 달러화를 금과 자유롭게 교환하게 함으로써 환율을 안정시키고 통화가치의 평가절하 경쟁과 무역거래 제한 등을 시정하고자 한 것이다. 이로써 국제무역을 확대시키고, 고용 및 실질소득의 증대를 꾀하며, 외환의 안정과 자유화, 국제수지균형 등을 달성할 것을 목표로 하였다. 이러한 기본이념을 실현하기 위한 수단으로 국제통화기금이라고 불리는 IMF(International Monetary Fund)가 발족하게 되었으며 전후 부흥과 후진국의 개발을 지원하는 세계부흥개발은행(IBRD)도 창설되었다.

IMF는 금만을 국제통화로 하는 금본위제를 채용하지 않고 미국달러를 기축통화로 금과 함께 국제통화로 하는 국제통화제도를 만들어 나갔다. IMF 가맹국들은 자국화폐가치의 평가를 고정하고 금 또는 달러에 의해 표시하였으며 환율변동은 평가의 상하 1% 이내로 억제하는 의무를 부과하는 고정환율제를 운영하였으며 금과 달러의 교환비율은 금 1온스당 35달러였다. 하지만 1960년대 이후 미국이 지속적으로 국제수지적자를 기록함에 따라 달러화에 대한 신뢰도가 하락하면서 많은 나라들이 달러를 금으로 바꿔달라는 요청을 하게 되었다. 그리고 이에 견디다 못한 미국의 닉슨 대통령은 1971년 달러화의 금태환 정지를 선언하게 되는데 이로써 브레튼우즈 체제는 무너지게 되었다.

1971년 12월 워싱턴 스미소니언에서 선진 10개국은 국제통화회의를 소집하여 각 주요 통화의 달러화에 대한 새로운 고정환율제를 설정하였는데 각 통화는 중심환율의 상하 각 2.25%까지 큰 변동(wide margin)이 허용되었다. 이로써 킹스턴 체제가 도입되기 전까지 금이 뒷받침되지 않는 달러화에 대해 고정환율을 설정하게 된 달러 본위제라는 과도기를 갖게 된다.

(d) 킹스턴 체제(1976~현재)

1976년 미국, 프랑스, 독일, 영국, 일본은 자메이카 킹스턴에 모여 새로운 국제통화제도에 합의하게 된다. 킹스턴 체제의 가장 큰 특징은 각국에 환율제도의 선택재량권을 부여함으로써 변동환율제도를 사실상 인정한 점이다. 또한 금이나 달러 등 기축통화를 환율의 기초로 하는 방법을 지양하고 SDR(special drawing rights, 특별인출권)이라는 새로운 통화가 만들어졌다. SDR은 일반적으로 쓰이는 통화가 아니며 각국 통화의 가치평가 등에만 제한적으로 활용하는 통화이다.

킹스턴 체제로 이행하면서 환율결정 방식은 바뀌었지만 금과 달러의 국제통화로서의 위상은 크게 바뀌지 않았다. 대부분의 중앙은행들은 여전히 외환보유액의 상당부분을 달러로 보유하고 있다. 계란을 한 바구니에 담지 않는다는 분산투자 원칙을 지키기 위해 외환보유액을 유로화나 엔화로도 일부 보유하고 있지만 가장 큰 비중을 차지하고 있는 것은 역시 달러화다. 중앙은행들은 아주 적은 양이긴 하지만 외환보유액의 일부를 금으로 보유하고 있기도 하다.

이러한 절충적 통화협정과 변동환율제로의 이행이 지속되고 있으나 미완이다. 1985년 9월 22일에는 미국, 일본, 독일, 영국, 프랑스 5개국의 재무장관 및 중앙은행 총재가 모여 1970년대 중반 이후의 달러 강세를 시정하기로 합의하는 플라자 합의를 시행함에 따라 달러당 238엔이던 엔화 환율이 1987년 2월 150엔대로 떨어지기도 하였다. 1999년 1월의 유럽경제통화동맹(EMU) 출범은 1970년대 초 브레튼우즈 체제 붕괴 이후 국제통화 질서에 변화를 가져올 수 있는 가장 중요한 사건이었다.

4. 경쟁정책 및 재벌정책의 도입

1) 공정거래법의 제정과 시장집중도

1980년대에는 한국경제 전체를 싸잡아 '대한민국주식회사'라고 외국의 언론들이 비아냥거릴 정도로 우리나라 정부의 기업 퇴출과 진입에 대한 시장간섭의 강도가 높았으며, 이런 현상은 1990년대까지도 계속되었다. 시장에서 경쟁을 통하여 경쟁력을 상실한 기업이 퇴출되고 생산성이 높고 경쟁력을 갖춘 기업이 시장에 진입하는 것이 아니라 정부의 의지에 의해 시장의 진출입이 결정되는 경우가 있었던 것이다.

산업화 초기에는 정부가 시장에서 일어나는 내용을 파악할 수 있어서 신속한 결정을 내리는 것이 경제 전체에 도움이 될 수 있었지만 경제규모가 빠르게 확대되면서 시장실패를 교정하기 위한 정부의 능력이 의심받게 되는 일이 많아졌다. 정부는 심지어 시장에서 일어나는 일을 파악하는 것조차 어려운 일이 되었다. 이에 대한 방증으로 제조업은 1975년에서 1995년까지 20년간 실질 출하액이 5.5배나 증가하였고 사업체 수도 4.2배나 늘었다.

정부가 시장경제에서 능력을 발휘해 정리를 해주기에는 경제규모가 너무 커져서 정부는 시장경쟁을 촉진시키는 방향으로 규칙을 정해주고 관장하는 기능이 더 필요하게 된 것이다. 이러한 시대적 변화를 반영하여 1980년 '독점규제및공정거래에관한법률(공정거래법)'이 제정되어 1981년 4월부터 시행되었다. 이 당시 공정거래법의 주요 내용은 시장지배적 지위의 남용을 금지하고 경쟁제한적인 기업결합과 부당한 공동행위를 제한하며 불공정거래행위와 사업자단체의 경쟁제한 행위를 금지하는 등 미국 등 선진국에서 도입한 전통적인 경쟁법이었으나 여러 차례 개정을 거치면서 재벌에 의한 경제력 집중을 억제하는 중요한 장치로 발전해 갔다. 이로 인해 공정거래법은 자유롭고 공정한 경쟁을 확보하고 경제력 집중을 억제하여 국민경제를 균형 있게 발전시켜 나가는 데 어느 정도의 역할을 하였다.

공정거래위원회에서 발표한 '시장구조조사(2010)' 중 광업·제조업 분야의 시장집중도(CR3, 개별시장에서 상위 3개 사업자의 시장점유율 합계)[36]에 의하면 지난 30년간 한국경제의 시장집중도는 공정거래위원회가 출범한 1981년에는 과거 1960년대부터 시작된 정부주도의 경제개발의 결과 약 60% 수준으로 가장 높았고, 이후 1980년대 중반 이후 경제력 집중 억제시책의 등장과 함께 시장집중도가 계속적으로 낮아지는 모습을 보였으며, 이러한 추세는 1997년 IMF위기 이전까지 계속되었다. 1990년대 말 IMF 위기를 거치면서 중소기업들의 도산으로 시장집중도가 다시 높아지는 현상이 발생하였다.

2) 경쟁정책

1980년 12월 31일 공정거래법 제정안이 국회를 통과하였고, 1981년 4월 1일부터 시행됨에 따라 한국경제 운용의 패러다임이 정부주도에서 '시장과 경쟁'으로 전환되는 중요한 계기가 되었다. 경쟁정책의 도입 초기에는 시장경제의 규칙이라기보다는 새로운 규제로 인식하는 경향이 커서 인식의 전환과 지지확보를 위한 계몽·홍보에 주력하기도 하였다. 이처럼 공정거래법이 시장경제를 정착시킨다는 의미에서 경쟁법으로서의 기본을 다하지 못한 측면이 있는 것도 사실이다. 이는 당시의 사회적 분위기가 정부의 강력한 시장간섭을 통해 빠른 경제성장을 이룩한 한국경제가 경쟁법을 통해 성장이 가능하겠는가 하는 의구심이 정부는 물론

---

36) 공정거래위원회, '2010년 시장구조 조사 결과 발표', 2010.12.21자 보도자료.

국민들 사이에서도 팽배해 있었기 때문이다. 정부는 자율을 외쳤지만 여전히 투자조정이나 진입규제와 같은 산업정책을 계속하였으며 광범위한 가격통제를 시행하였고 공기업을 정부 통제 하에 두었다.

공정거래위원회가 출범한 해이자 관찰대상기간 중 첫해인 1981년 경제운용방향을 살펴보면 정부의 민간경제활동에 대한 개입이 직접적이었음을 알 수 있다. '산업구조개선시책'의 추진 방안으로서 "대규모 투자에 대해서는 투자의 타당성을 엄격히 심사하고 투자조정을 하기 위해 산업정책심의회를 설치·운영하기로 함", "수출촉진과 국제수지 방어"를 위해 "전 산업계가 참여하는 수출상품 품질개선운동을 일으킴", "중화학제품 수출촉진운동 전개"(연불수출금융의 지원확대 등 방법으로) 등의 방안이 포함되어 있다. 공정거래법이 시행된 첫해의 공정거래제도는 시장경제원리 확산에 기여하기보다는 물가행정체제의 일부분으로서의 역할을 하는 데 그친 감이 있다. '공정거래법 시행에 따른 물가행정체제의 전환'이라는 시책은 시장지배적 사업자를 중심으로 가격남용 및 동조적 인상이 우려된다는 차원에서 독과점사업자에 대해 사전행정지도를 실시하고 97개 품목에 대해서는 가격 변경시 사후보고를 의무화하고 있다.37) 1982년에는 산업합리화 방안으로 "①기업체질 개선: 기술투자 촉진을 위한 세제 및 자금의 지원을 확대 ②산업의 합리화: 중화학부문의 합병조정을 추진. 구조적 불황산업은 과감히 정비"로 정부의 강력한 정책조정 노력을 보여주고 있다.38) 1983년에는 "첫째, 산업의 대내경쟁 촉진을 위해 금융·세제지원체제를 특정 산업 중심에서 기능별 투자활동 중심으로 개편 둘째, 금융의 자율화 셋째, 공정거래질서

---

37) 경제기획원, 경제백서(1982) 중 '1981년의 경제시책' 참조.
38) 경제기획원, 경제백서(1983) 중 '한보를 필두로 1982년 경제운용방향' 참조.

확립" 및 "대외경쟁의 도입을 촉진하기 위하여 수입자유화 정책을 계속 추진" 등 시장경제적 방식 도입 노력을 보여주고 있다.

그러나 산업지원제도 부분을 보면 "반도체, 유전공학 등 9개 핵심거점 기술분야에 대한 국책연구개발 사업규모를 확대하고 세제 면에서 유전공학육성법을 제정하여 유전공학연구에 필요한 자재기계 등의 수입에 대한 관세를 감면"이라고 되어 있어 산업육성을 위한 정부의 적극적인 개입 노력을 보여주고 있다.[39] 1984년에는 국제수지 개선을 위해 "주요 시장별, 품목별 경쟁력 분석을 위한 심사기능을 강화하고 외화획득, 신시장 개척, 신상품 개발 중심의 지원체제를 구축하고 수출지원금융의 융자단가를 환율변화에 따라 연동, 연불수출자금 지원을 확대" 시책을 추진하는 등 정부가 시장에 강력하게 개입하고 있음을 알 수 있다. 그런데 산업지원제도와 관련하여서는 "특정 산업별 지원을 기능별 지원으로 개편하기 위하여 섬유, 기계, 전자 등 7개 산업별 육성에 관한 법률의 정비를 추진"하여 시장경제방식으로의 진전이 있었다.[40] 1985년에는 "수출 및 투자회복과 고용안정 노력: 수출 확대를 위하여 환율을 실세화하고 수출지원금융의 단가를 수차례 인상. 수출산업 설비자금을 무제한 방출"하는 등 수출을 위한 정부의 시장개입이 여전하였다.

1986년은 엔화강세, 원유가 하락, 국제금리 하락 등 이른바 '3저(低) 현상'으로 대외여건이 개선되어 국제수지가 적자에서 흑자로 전환된 시기이다. "산업체질의 강화: 만성적인 대일역조의 개선을 위해 부품·소재산업 국산화를 적극 추진함. 자금지원과 기술지도를 강화. 수출산업설비금융 공급" 등의 방안이 있으나 수출을 위한 직접적인 정책개입은 없었다. 아울러, "시장경제원

---

39) 경제기획원, 경제백서(1984) 중 '한보를 필두로 제2부 부문별 운용실적' 참조.
40) 경제기획원, 경제백서 각 호(1985~1988).

리의 확산과 각종 제도의 개선: 경제력 집중의 억제를 위한 제도 도입"이 시장경제원리의 확산방법으로 채택되었다. 1987년은 1986년의 정책방향과 맥을 같이하고 있다. 1988년도 경제기획원 업무보고를 살펴보면 '6차 5개년계획의 수정'을 중요한 과제로 삼고 있다. 그 구체적인 내용은 "향후 5년간 첫째, 민간경제에 대한 정부의 규제를 완화하여 자율경제체제를 확립하고, 둘째, 공정한 경쟁원리를 확립하여 공정경제질서를 구현 등"이라 기재되어 있다. 민간에 대한 정부의 규제를 완화하는 것을 정책방향으로 삼고 있으나 그 추진주체가 정부이고 '6차 5개년계획'의 일환으로 추진하였다는 점에서 규제완화 측면에 있어 태생적 한계가 있었다고 볼 수밖에 없다.[41] 1989년도 경제기획원 업무보고에는 "산업기술의 고도화: 반도체, 신소재 등 미래를 주도할 기술집약산업을 육성하기 위하여 정부의 특정 연구개발사업을 확대하고 민간기업의 자율적 기술개발 투자 활성화 등"이 기재되어 있어 미래를 주도할 기술집약산업을 육성하기 위해 정부가 적극적 역할을 수행하려 함을 보여주고 있다. 그러나 "자유시장경제질서의 확립과 국민의 공감대 형성: 규제완화, 정책결정 과정에의 민간참여 확대", "경제력 집중 억제와 공정한 경쟁질서의 확립: 출자총액제한제도의 엄격한 운영, 주류 등 11개 산업에 대한 경쟁제한적 정부규제 완화" 등 시장경제 방향으로의 진전이 있었다. 특히, 주류 등 11개 산업에 대한 경쟁제한적 정부규제 완화는 공정거래위원회가 직접 수행한 과제로서 시장경제 활성화를 위한 중요한 진전이라 할 수 있다. 규제를 완화하고 공기업을 완화하는 것은 경쟁정책의 효과성을 확보하는 필요조건이었다. 그럼에도 불구하고 정부가 경쟁을 제한하고 시장기능에 간섭을 한 것은

---

41) 경제기획원, 국정감사 업무보고(1988.7), 38면.

일부 제조업뿐만 아니라 금융 등 서비스업과 전력, 통신 등 공기
업에까지 광범위하게 적용되었던 것이다.

3) 규제개혁

　노태우 정부가 출범하고서야 규제개혁에 대한 조치가 본격적
으로 시행되기 시작했다. 정부는 1988년 정유와 주류 등 경쟁제
한 요인이 많은 10개 산업을 규제완화 대상으로 선정하여 경쟁
촉진방안에 대해 구체적인 검토를 시작하였다. 1989년에는 해운,
버스여객운송 등 8개 산업을 추가적으로 선정하여 규제완화방안
을 만들어갔다. 1990년 4월에는 '경제활성화종합대책'의 일환으
로 국무총리를 위원장으로 하는 '행정규제완화위원회'를 한시적
으로 설치하고 범정부차원에서 규제완화를 위해 노력하였다.
1993년 김영삼 정부가 출현하자 정부는 규제완화를 핵심적인 경
제정책으로 놓고 시행하게 되었다.

　문민정부는 '신경제 100일 계획'을 수립하고 정부출범 초기부터
경기부양 거시정책 등 경기진작(景氣振作)책을 내놓았다. 1993년
에 우루과이라운드가 타결됨으로써 국제무역규범상 직접적인 수
출진흥책은 채택하기 어려워졌다. "기업경영의 효율화를 위해
1993년 12월 공정거래법을 개정하여 30대 대규모기업집단소속
계열회사의 동일계열회사에 대한 채무보증을 자기자본의 200%
이내로 제한"하는 조치가 이루어졌다. 1995년에는 공정거래위원
회가 경제기획원으로부터 독립하여 별도의 중앙행정기관으로 출
범하여 시장원리에 의한 금융이 정착되도록 금융 및 외환개혁을
추진하였으며 경쟁과 창의가 발휘되도록 금융제도 및 금융산업
개편도 추진하였다. 금융감독기관의 통합. 일원화(금융감독원,
금융감독위원회 출범)" 등 금융산업에서 시장원리가 작동하도록

금융자율화를 추진한다는 방향설정을 하였으며 경제행정 규제완화는 공정거래위원회가 주도적 역할을 수행하였다.

1996년에는 경상수지가 급격히 악화됨에 따라 수출산업기반의 확충 등을 통해 경상수지를 개선하기 위해 정부의 직접적 개입을 하는 등 규제가 강화되는 측면이 있었다.

당초에 경쟁촉진을 목적으로 시작되었던 규제개혁이 1986~1988년의 호황이 끝나고 1989년 불황이 닥치자 상대적으로 경기위기론이 주목을 받으면서 규제완화가 기업의 불편을 덜어주고 경기를 활성화하는 수단으로 변질되었다. 나아가 김영삼 정부는 세계화를 선언한 후 '기업하기 좋은 나라'를 만드는 수단으로 규제완화의 기치를 높이 걸게 되었다. 규제개혁을 통한 경쟁촉진은 어떤 의미에서는 기존의 사업자에게는 불리한 조치일수도 있는데 무조건적 규제개혁은 기업불편을 해소하는 조치로 일원화된 인식을 하게 됨에 따라 규제개혁과정에서 기업인들을 참여시켜 개혁방안을 왜곡시키고 규제완화에 대한 과도한 기대감을 낳게 되었다.

4) 민영화

경쟁정책의 실효성을 확보하는 또 다른 수단인 민영화 역시 일관성 있게 실현되지 못했다. 해방 이후 1950년대 일제 치하의 귀속재산 불하에서 불거진 우리나라 공기업의 민영화는 정권이 바뀌면서 몇 차례 변모하게 되었다. 1968년에는 항공, 육상운송, 광공업 분야의 민영화가 이루어졌고 1957년 잠깐 민영화가 되었다가 다시 국유화한 은행업은 1980년 들어 다시 민영화되었고 정유회사도 1980년 민영화되었다. 1987년에는 한국통신, 한국전력, 포항제철과 같은 대규모 공기업이 민영화하는 계획이 시도되었다.

그러나 주가하락에 대한 우려, 재벌의 공기업 인수가능성, 정치인, 관료, 공기업 경영자 및 근로자 등 이해관계자들의 반발로 민영화계획이 일부만 실행되었다. 김영삼 정부는 1993년 133개 공기업 가운데 58개 기업의 정부 주식을 모두 매각한다는 획기적인 민영화계획을 내놓았지만 역시 같은 이유로 실행되지 못하였다.

공정거래법은 앞서 설명한 것처럼 본래의 의미인 경쟁정책 기능은 제대로 하지 못하고 재벌에 대한 규제를 점차 강화하는 방향으로 변질되었다. 경제력집중을 억제하는 다양한 조치들이 나왔는데 대표적인 것이 1987년 도입된 '출자규제제도'와 '여신관리제도'이다. 정부가 재벌의 출자를 규제하고 여신을 관리해 나가는 두 개의 규제를 축으로 하여 각종 소유분산시책과 상호채무보증 제한, 각종 경영지배구조 제한, 업종전문화 유도시책 등 다양한 경제력 집중 억제방법을 마련하였다. 그러나 경제력 집중, 소유집중, 소위 문어발식의 업종다변화 등이 국민경제에 미치는 영향에 대한 정확한 분석이 없이 백화점식으로 그때그때 문제가 되는 증상을 치유해 나가려는 대증요법은 실효성이 없었다. 결과적으로 정부의 강력한 규제에도 재벌의 영향력은 더 커졌다.

정부가 변화된 환경에서 재벌문제에 제대로 접근하려 했다면 그동안 정부와 기업 간 위험공유체제를 끊고 모든 기업이 경쟁의 압력과 퇴출의 위협에 노출되도록 시장을 통해 문제를 해결했어야 했다. 그러나 대마불사라는, 즉 재벌이 망하면 국민경제에 미치는 파급효과가 너무 커서 정부가 재벌을 파산시키지 않을 것이라는 믿음이 팽배해 있었다. 정부는 실제로 재벌을 망하게 하지 않고 신규투자나 업종다변화, 자금조달, 채무보증, 소유지배구조 등에 직접적인 규제를 가하는 방향으로 문제를 풀어나가고자 했다. 실제로 외환위기 이전까지 재벌이 파산한 경우는 국제그룹의 해체가 유일했다.

제5장

외환위기 극복과
글로벌 경제 편입기

1. 구조적 문제점 노출과 경제위기의 발발

1997년의 경제위기는 단지 단순한 외환유동성 위기만은 아니다. 생산성 향상에 걸림돌이 된 여러 규제 장벽을 비롯하여 기업과 금융의 취약한 수익구조 등 고비용·저효율의 취약한 경제기반 등 한국경제에 내재해 있던 구조적 문제점들이 경제위기의 근본적인 원인으로 작용하였다.

1) 지속적 외형성장 추구

한국경제는 1980년대 이후 30%를 상회하는 높은 저축률 및 투자율을 바탕으로 고도성장을 위한 양적인 투자 확대와 수출진흥 정책을 추진하였다. 한국은 1960년대 이후 평균 7%대의 고성장을 구가하였는데, 이는 비슷한 환경에 있었던 대만보다도 높은 성장이며 1990년대 OECD 국가들의 평균 경제성장률이 1.4%에 불과하다는 사실을 감안하면 상당한 고성장이라고 판단된다. 이러한 고성장은 자원이 부족한 나라인 한국으로서는 낮은 임금을 바탕으로 한 정부주도의 저가 수출전략을 통해 가능하였다. 따라서 한국경제는 대외의존도가 높을 수밖에 없었으며 GNP대비 수출입의존도가 1980년대 75.6%, 1990년대에도 59.5%라는 높은 수준을 유지하였다.

2) 과다한 부채의존 및 대외채무

한국경제의 또 다른 구조적 취약점은 과다한 기업부채였다. 한국의 기업들은 차입에 의한 투자를 자본집약적인 산업에 집중 투자하여 고속성장을 추구하는 전략을 구가함으로써 1970년대와 1980년대에는 성공을 거두었다. 그러나 1990년대 들어 국제시장에서 경쟁이 심화된 가운데 투자의 수익성과 효율성을 감안하지 않고 규모 확장과 사업 다각화 등을 위해 투자를 확대한 결과 기업들의 부채비율은 감당하기 어려운 수준으로 과도하게 증가하게 되었다. 1998년 9월 말 기준 총부채 규모는 GDP의 2.8배 (1995년 말 2.2배, 1997년 말 2.7배)로 미국의 2.36배보다는 높다. 한국의 부채는 남미국가에서와 같이 정부의 부채가 문제가 되고 있지 않으며, 특히 기업부채가 과다하다는 점을 주목할 필요가 있다. 기업의 부채는 GDP의 1.9배로 미국의 0.96배의 2배 정도에 달했다.

기업군 가운데에서도 대기업집단의 부채가 특히 과다한데, 30대 대그룹의 부채가 전체 기업부채 중 차지하는 비중이 31.4%로 경제집중화는 물론 부채집중화 현상도 심각한 수준이었다. 1998년 말 기준 10대 그룹의 부채비율 평균은 308.8%, 12월 결산 법인 전체의 부채비율 평균인 253.4%를 훨씬 상회하였다. 또한

1988~1996년 중 한국의 상장기업 부채비율은 347%로 일본, 홍콩, 싱가포르 등 9개 주요 아시아국가 중 최고 수준이었다.

또한 자본력이 열악한 상황에서 누적적인 경상수지적자와 기업들의 차입경영 방식은 대외거래에서의 적자 보전을 위해 우리나라 경제가 외채에 크게 의존할 수밖에 없는 결과를 초래하였다. 1990년대 들어 총외채 규모는 큰 폭으로 증가하였는데 외환위기 이후에는 IMF 등 국제기구 자금 및 외평채 발행자금의 외환보유액 확충으로 공공부문 외채도 크게 늘었다. 특히 장기외채보다는 단기외채의 비중이 1990년대 들어 크게 늘어 기간불일치로 인한 외화유동성 위기를 초래하는 원인을 제공하였다.

3) 정부주도의 경제운용과 강력한 산업정책

1962~1979년 사이 정부는 수출주도형 고도성장전략을 위한 산업지원금융 주요 수입대체산업을 비롯한 특정공업의 선별적인 육성책을 추진하였다. 정부는 투자 명목으로 정부 또는 정부보유은행의 지불보증하에 차관을 도입하였으며 이 과정에서 원리금상환조차 어려운 부실기업을 양산하는 부작용을 낳기도 하였다. 1972~1979년에는 중화학공업을 육성하고 산업지원 금융을 강화하는 등 정부주도형 성장을 위해 금융제도를 개편하였는데 이는 경제위기를 초래하게 된 근원으로 작용하기도 하였다.

1980년대 들어 새로운 경제개발 5개년계획 발표를 필두로 하여 그간의 정부주도형 국민경제 운용방식에 대한 반성과 함께 민간주도형의 사고로 전환하려는 노력을 하기도 하였다. 그러나 1980년 경기침체·물가고·국제수지 악화의 3중고와 정치상황 혼미로 연기되었으며, 기술의 혁신과 생산성 향상에 의한 질적인 발전보다는 생산요소의 양적 투하에 의한 외형성장 추구를 지속하였다. 이와 같은 양적 위주의 성장전략을 차질 없이 실현하기 위해서는 정치적 안정이 필요했으며, 이를 위해 강력하고 거대한 상설 여당을 운영하였다. 이러한 정치시스템은 정경유착과 부정부패를 만연시키게 되었고 강력한 정부시책에 반대하는 언론을 규제하고 노동운동을 억압할 수밖에 없었다. 이러한 통제 위주의 사회시스템은 1987년 정치적 민주화 이후 통제에 대한 과격한 반작용으로 자유롭고 유연한 시장경제 형성을 제약하는 요소로 작용하였다. 그리고 정부주도의 경제운용을 위한 행정시스템은 규제와 간섭 그리고 선단식 보호정책을 체질화시켰고, '원칙금지·예외인정'의 규제방법은 경쟁을 통한 합리화를 제약해 왔다.

4) 고비용·저효율 구조

한국경제의 구조적 문제점은 고비용·저효율 구조이다. 1980년 대 이후 생산성 향상을 초과하는 임금상승으로 노동비용이 지속적으로 증가해 왔으며 과다부채 및 고금리로 인해 금융비용부담률이 경쟁국의 2배 이상이나 되었다. 우리나라는 1996년 기준 매출액경상이익률은 1.0%에 불과한 반면, 매출액대비 금융비용부담률은 5.8%나 되어 경쟁국인 일본의 1.3%(1995년)나 대만의 2.2%(1995년)와 비교할 때 지나치게 높아 경쟁력이 낮을 수밖에 없었다.

정부의 지나친 규제와 시장개입으로 경제의 효율성을 높이기 어려운 점도 간과할 수 없다. 정부의 혁신과 규제완화에 대해 논의는 많았으나 실제 실행은 답보상태에 머물렀다. 국민들도 합리적인 경제의식을 상실하고 해외여행 등 과소비에 젖어 있었다. 순수여행수지가 1990년대 들어 1993년을 제외하고는 매년 적자

를 보였으며 IMF위기 직전인 1996년은 15억 달러로 최대 규모를
보였다.

5) 외부적 경제환경 변화에 적절한 대응 부족

1980년대 후반 들어 각계의 욕구분출로 임금인상에 대한 요구
가 거세졌으며 개방화가 빠르게 지속되는 과정에서 과소비가 조
장되고 사회기강이 급속도로 해이해지는 등 1962년 체제의 한계
를 보이고 있었다. 대내외환경의 급격한 변화에도 불구하고 우
리의 경제운영시스템은 규모의 성장에 따르는 내재적인 변화 요
구도 수용하지 못하였을 뿐 아니라 대외적인 환경에 적응하여
효율적으로 경쟁적 입지를 확보하는 데도 한계를 드러냈다. IMF
체제의 불가피한 수용이 단기 외환 유동성 부족에서 비롯되었으
나 보다 근본적으로는 대내외적 경제환경의 변화에 효과적으로
대응할 수 있는 경제시스템의 개혁을 이룩하지 못한 구조적인
모순에서 비롯된 것이다.

태국, 인도네시아, 말레이시아 등 ASEAN 주요국들은 1990~
1995년 중 7~8%의 고성장 과정에서 적자규모가 대폭 확대되어
거품현상이 심화되었고 1996년 이후 엔화약세 및 중국산 저가품
과의 경쟁이 격화되었다. 결국 동남아경제의 거품현상이 붕괴되
면서 한국경제의 주요 시장 중 하나인 동남아시장이 몰락하게
되었다. 게다가 일본이 1990년 이후 1992~1997년 중 경기부양을
위해 총 75조 엔 규모의 재정자금을 투입하였음에도 불구하고
금융부실 및 경기침체가 심화되어 장기간 경기가 침체된 점도
한국경제에 심각한 타격을 주었다.

기업의 취약한 지배구조는 자본의 활용과 배분에 있어 제약요
인이 되었다. 상품시장에서의 규제로 인해 기업이 경쟁우위가

없는 사업에 진출하거나 그와 반대로 수익성이 높은 사업에 진출하지 못하였다. 영업이익 차원에서는 기업들이 이익을 내고 있었으나 대부분의 산업에서 기업의 평균 세전투하자본수익률이 세전부채비용률을 하회하고 있었다. 반면에 일본의 기업들은 상대적으로 세전투하자본수익률이 세전부채비용률을 상회하고 있어 대조적이다. 이는 일본 기업과는 달리 우리나라 기업들이 대출금에 대해 이자를 내고 대출금을 상환할 수 있을 만큼 충분한 이윤을 내지 못했음을 의미한다.

투하자본수익률이 1990년대 들어 지속적으로 부채비용률보다 낮았다는 것은 사실상 기업의 가치가 파괴되었음을 의미한다. 그나마 1990년대 초반까지 은행들은 부동산가격의 상승으로 부동산 담보를 확보함으로써 기업대출이 가능하였지만 1993년 이후 부동산가격 상승으로 인한 수익을 기대할 수 없어 기업의 추가대출이 어려움에도 불구하고 은행들은 대출을 계속 늘려왔다. 또한 기업들은 1993년부터 시작된 엔고호황과 반도체 특수 당시 우리 경제의 실력을 과대평가하고 과도하게 설비를 늘렸다. 외부여건에 따르는 일시적인 호조를 실력을 확보한 것으로 잘못 인식하였고 이로 인해 일부 기업은 국내시장에 안주하게 되었고 자연히 한계기업의 퇴출이 지연되었다. 결국 기업들은 경제 패러다임이 변하고 있음에도 불구하고 이에 대한 인식부족으로 외형성장에 치중하게 되었고 차입경영과 고비용 구조를 고착화시키게 되었다.

1990년대 들어 중국을 비롯한 태국, 인도네시아, 말레이시아 등 후발개도국의 중화학공업 투자로 우리의 가격경쟁력이 급속히 약화된 점도 위기를 초래하는 원인으로 작용하였다. 후발국들은 일본과 한국의 성장패턴을 추종하여 우리의 주력업종인 전자, 철강, 화학 등에 집중투자하였고 우리 경제는 일본과 후발국

사이에서 입지가 크게 축소되었다. 따라서 고비용·저효율, 과잉투자 및 후발개도국의 추격으로 채산성을 상실한 산업과 기업들이 속출하였고 대대적인 산업구조조정과 개혁이 필요한 상황이었다. 그럼에도 불구하고 1997년 11월 외환위기가 발생할 때까지 한국경제의 거시운용실적은 성장, 물가, 재정운용, 통화관리 등 표면적인 경제지표들은 비교적 양호한 상태를 보였다. 그러나 1997년 초부터 시작된 재벌의 연쇄도산은 경제 전체의 충격으로 작용하였다. 특히 30대 재벌 중 7개나 도산한 것은 그동안 믿어왔던 대마불사(too big to fail)의 원칙 붕괴를 가져와 시장에 커다란 충격으로 작용하였다.

이러한 재벌의 연쇄도산은 금융기관의 부실채권을 도미노식으로 증가시켜 주가폭락과 함께 금융시스템의 불안을 유발하였다. 특히 홍콩증시의 폭락은 한국의 대외금융상황을 결정적으로 약화시키고, 이는 한국의 신용등급 하락으로 이어져 단기채권 상환만기의 연장을 불가능하게 하는 현상으로 확산되었다. 이 과정에서 우리 정부는 여러 차례의 금융시장 안정화대책 및 대외신인도 제고대책 등을 통해 대외신인도를 유지하려는 노력을 하였으나 효력을 발휘하지 못했다. 특히 금융개혁법안의 국회 통과무산이나 노동시장 개혁법안의 국회 통과 과정에서 정부가 보여준 지도력의 상실은 오히려 국제금융시장에서 한국의 신용을 더욱 악화시키는 계기로 작용하였다.

2. 외환위기의 전개과정

1) 외환위기 발생의 배경

한국경제는 해방 이후 가장 빈곤한 국가에서 외환위기 직전인

1996년 기준 세계 제11위의 경제규모와 수출국으로 눈부신 성장을 보였다. 높은 저축률과 투자율 그리고 교육수준은 한국을 1996년 1인당 국민소득 1만 달러의 대열에 올려놓았으며 상대적으로 균등한 소득분배구조를 갖는 나라로 성장시켰다. 외환위기가 오기 1년 전인 1996년 12월 12일 OECD의 29번째 가입국 한국은 등 경제규모에 걸맞도록 대외적 지위도를 향상시켜 나가고 있었다. 1997년 10월까지도 한국은 거시경제지표의 건실한 추세로 인해 대부분의 국내외 경제전문가들이 경제위기가 올 것으로 예측하지 못하였다. 지속적으로 높은 경제성장과 상대적으로 낮은 인플레이션, 소규모 대외적자와 건전한 재정구조 등에 대해 감독당국은 물론 외국투자자들도 대체로 만족을 표시해 왔다. 따라서 한국 정부도 우리나라의 대외신인도 유지가 가능할 것으로 판단하였다.

그러나 연이은 대기업의 부도로 부실채권이 기하급수적으로 늘어나게 되자, 우리나라의 기업과 금융기관에 대한 대외신인도는 추락하기 시작하였다. 한보 및 기아 사태를 처리하는 과정에서 위기에 대처하는 우리 경제 및 사회의 문제해결 능력이 국제사회에 의구심을 받을 정도로 형편없다는 평가를 받았다. 이에 따라 우리나라에 대한 국제사회의 신뢰가 예상보다 빠르게 하락하면서 단기자금이 회수되기 시작하였고, 이로 인해 우리 경제전체가 위기국면에 봉착하게 되었다.

한국의 경제위기는 상대적으로 긍정적인 요소들에 의해 구조적 취약성을 정확히 인식하지 못한 데 기인한다. 금융감독이 부실하고 금융시스템이 취약한 가운데 기업의 수익성이 낮고 부채비율이 과도한 구조적 문제점이 정확히 부각되지 못하였던 것이다. '한국주식회사'로 불리는 기업과 금융 및 정부 간의 연결고리는 '대마불사'라는 도덕적 해이(moral hazard)를 가져왔으며 이는 과도한 위험부담과 과잉투자, 신용과 외환 리스크에 대한 부주의로 이어졌다. 구조적 문제점으로 글로벌 시장에서 한국경제의 대응력이 약화된 상황에서 1997년 중반 이후 아시아 금융위기가 확산되자 취약한 한국의 금융시스템이 충격을 견디지 못하고 무너지게 되었다.

2) 대기업의 연쇄부도

외환위기의 시작에 대해 여러 가지 견해가 있을 수 있겠으나 가장 직접적인 계기가 되었다고 논의되는 것이 1997년 초 한보그룹을 필두로 시작된 대기업의 연쇄부도이다.

그동안 무너지지 않을 것으로 보였던 대기업 집단의 기업들이 한보그룹을 시작으로 하여 부채비중이 과다한 기업들을 중심으로 연쇄적으로 도산하는 사태가 발생하였다. 1997년 중 30대 대기업 집단 중 7개가 부도를 맞게 되었다.

> **한보사태(韓寶事態)**
>
> 한보사태는 외환위기를 일으킨 원인과 관련해서 짚고 넘어가지 않을 수 없는 사건이다. 1997년 1월 발생한 한보철강의 부도와 더불어 이에 따라 밝혀진 권력형 금융부정 및 특혜 대출비리사건이다. 1997년 1월 한국의 재계 서열 14위이던 한보그룹이 부도가 났다. 아마도 이와 관련해서 건국 후 최대의 금융부정 사건으로 기록될 정도다. 사건의 발단은 한보가 부도를 내면서 불거졌는데, 부실 대출의 규모가 5조 7,000억 여 원에 달하는 엄청난 액수여서 온 나라가 술렁거렸다. 그러나 무엇보다도 이 사건이 전 국민적인 관심을 모은 것은, 정태수(鄭泰守) 당시 한보그룹 총회장이라는 한 기업인과 관련하여 천문학적 금액을 대출하는 과정에서 정계와 관계, 금융계의 핵심부가 서로 유착하면서 엄청난 부정과 비리가

행해졌기 때문이다.

먼저 한보그룹은 1990년부터 5조 원 규모의 당진제철소 프로젝트를 추진하였다. 이러한 대규모의 제철소를 건립하는 과정에서 정부 차원의 견제를 받은 일이 전혀 없었고, 오히려 건설부가 부지매립 허가를 9개월 만에 내주었음은 물론, 통상산업부(지금의 미래창조과학부)는 검증도 되지 않은 코렉스 공법의 채택을 적극 권유하기까지 하였다. 철강업계에서는 한보의 경영능력으로는 이 프로젝트의 실행이 불가능하다는 입장이었음에도 1조 원 규모의 코렉스 설비를 도입하여 계속 철강사업을 진행하였다.

처음에는 제철소의 투자비를 2조 2,800억 원으로 책정하였으나, 2년 만에 5조 7000억 원으로 불어났다. 이러한 액수는 한보철강이 1994년 말 산업은행 주도로 11억 2,900만 달러의 외화를 대출받은 이듬해부터 급격히 늘어나기 시작한 것으로, 1995년에 1조 4,300억 원, 1996년에 2조 원이 늘어났다. 이렇듯 대출금 규모가 늘어난 것은 정부와 채권은행단이 한보 측의 주장을 그대로 받아들이면서 투자비를 계속 지원했기 때문인데, 한보는 이 와중에도 18개의 회사를 인수하거나 설립하는 등 계속해서 사업을 확대하고 있었다.

결국 은행들은 한보철강에 거액을 물릴 수밖에 없었다. 당시 금융계는 사업의 타당성에 대한 상세한 검토도 없이 외압에 따라 대출을 결정하였다고 주장하였고, 실제로도 3개의 시중은행이 사업에 대한 타당성을 검토하지 않은 것으로 드러났다. 또 은행감독원 등 금융감독기관도 동일인 여신한도를 넘어선 한보철강에 대한 제일은행의 편법 지원에 대해 아무런 제재를 가하지 않고 가벼운 문책만 함으로써 감사원의 지적을 받기도 하였다.

더구나 조사 결과 한보철강이 금융기관 대출금 가운데 유용한 자금이 2136억 원에 불과하다고 밝혀짐으로써 조사의 신빙성에 대한 의문은 물론, 한보 부도와 관련한 각종 의문이 꼬리를 물고 이어졌다. 어쨌든 1997년 5월, 이 사건으로 인해 정태수 한보그룹 총회장이 공금횡령 및 뇌물수수 혐의로 징역 15년을 선고받았고, 한보로부터 돈을 받은 정치인과 전직 은행장 등 10명이 징역형을 선고받았는데, 이 역시 빙산의 일각이라는 평가와 함께 시간 속에 묻혀버렸다.

이 사태가 발생하면서 제철소가 있는 충청남도 당진 지역은 부도 여파로 인해 171개의 영세업소와 외상 거래자들이 빈손이 되었고, 국가 대외 신용도가 급격히 하락해 국가 경제가 막대한 손실을 입게 되었다. 또 금융계에도 여파가 크게 미쳐 시중은행장들이 쫓겨나거나 구속되었다. 국회에서는 한보사태 국정조사특별위원회가 열려 58명의 증인과 4명의 참고인이 채택되었으며, 이른바 '정태수 리스트'에 오른 정치인 33명이 소환되어 조사를 받았다. 또 당시 김영삼 대통령의 차남 김현철과 국가안전기획부(국가정보원) 운영차장 김기섭(金己燮) 역시 이 사건에 연루되어 구속되는 상황이 벌어지기도 하였다.

한보를 필두로 하여 대기업 집단이 순차적으로 부도가 나게 되자 금융업계 전반적으로 위기감이 조성되었고 이 과정에서 주로 무담보대출을 취급하는 종금사 등 제2금융권에서 과다 차입한 기업부터 자금을 급속히 회수되는 사태가 발생하게 되었다. 종금사들의 어음할인 실적이 1/4분기에는 7조 8,745억 원 증가였지만 2/4분기 이후에는 감소세로 반전하였으며 4/4분기에는 무려 16조 4,550억 원 감소한 사실이 그 신용패닉사태를 잘 말해 주고 있다.

3) 금융기관의 신용도 하락

대기업들의 연이은 부도는 금융기관들의 부실채권규모 급증으로 연결되었으며 이로 인해 국내금융기관들의 대외신용도가 급격히 하락하기 시작하였다.

금융기관들의 부실채권규모를 보면 1996년 말만 해도 16.2조 원 수준이던 고정 이하의 부실여신규모가 1997년 11월 말에는 무려 38.2조 원으로 2배 이상 증가하였다.

부실대기업에 대한 여신과다로 인한 자산건전성의 악화를 우려한 외국의 신용평가기관들은 우리나라와 국내 금융기관에 대한 신용등급을 하향 조정하였다. 무디스는 1997년 이후 우리나라의 국가신용등급을 장기 6단계(A1→Ca1), 단기 2단계(P2→Not Prime) 하향 조정하였다. S&P도 1997년 이후 국가신용등급을 장기 10단계(CA-→B+), 단기 4단계(A1→A3) 하향 조정하였다. 이에 따라 일반은행들의 해외금융시장에의 단기차입금리가 급상승하고 신규차입이 사실상 중단되는 사태에 이르렀다.

부실채권규모 추이

(단위: 조 원)

	1993년 말	1994년 말	1995년 말	1996년 말	1997년 11월 말
총부실채권규모	13.8	14.2	16.0	16.2	38.2
은행	13.3	13.5	15.0	14.9	33.1
종금	0.5	0.7	1.0	1.3	5.1

주: 부실채권은 고정, 회수의문, 추정손실의 합계임.
자료: 한국은행

해외 신용평가기관의 신용등급 조정일지

조정일자	조정기관	대상기관 및 조정내용	조정내용 및 주요조정사유
96.1.25	Moody's	•신한 P1→P2	•대출실적 급신장에도 불구하고 유가증권손실로 인한 자기자본구조 악화
96.10.10	Moody's	•주택 장기(A1),단기(P1)	
97.1.30	Moody's	•제일 요주의 대상지정	
97.2.20	Moody's	•장기신용등급: 조흥·외환(A3→Baa1), 제일(Baa1 → Baa2) •재무건전도: 외환·제일(D → E+), 조흥(D+ → D)	•한보 등 부실 대기업 여신과다로 자산건전성 악화 및 유가증권(주식) 투자손실에 따른 자본잠식

조정일자	조정기관	대상기관 및 조정내용	조정내용 및 주요조정사유
97.4.18	S&P	• 제일: 장기(BBB+ → BBB-), 단기(A2 → A3)	• 한보, 삼미 등 잇따른 대기업 부도로 부실여신증가 및 행장구속 등에 따른 대외이미지 실추
97.6.24	Moody's	• 주택: (장기: A1, 단기: P1)	
97.8.5	Moody's	• 국가신용등급 하향검토 (P1 → P2)	
97.8.6	S&P	• 국가신용등급 전망 안정적→ 부정적	
97.9.27	S&P	• 제일, 한일, 외환, 장신, 신한: 감시대상	
97.9.27	Moody's	• 외환, 제일, 상업, 서울: 신용등급 하향조정 검토	
97.10.2	S&P	• 한일(장기: A- → BBB+) • 외환(단기, A2 → A3) • 신한(장기: A → A-, 단기: A1 → A2)	• 기아그룹 등 대기업의 연쇄부도에 따른 해당은행들의 부실여신규모 증가 및 금융시스템의 불안정성 등
	S&P	• 국가신용등급 하향조정 장기(AA- → A+), 단기(A1+ → A1)	• 대기업의 연쇄부도 및 이에 따른 금융기관 부실의 정부지원으로 공공부문 부담증가 우려 • 주가하락, 원화절하 압력, 투자자 신뢰약화 및 대선관련 정국불안 등으로 한국경제 회복여부 불투명 • 북한의 경제난에 따른 급격한 통일 가능성 및 통일비용 부담 증가
97.10.28	Moody's	• 국가신용등급 하향조정: 장기(A1→유지), 단기(P1→P2), 장기신용등급 전망: 부정적 평가 • 산업, 기업, 주택: 장기(A1→A2), 단기(P1→P2)	• 한국의 단기외채 급증 및 기업 재무구조 악화로 금융시스템의 불안정성 심화

조정일자	조정기관	대상기관 및 조정내용	조정내용 및 주요조정사유
97.11.26	S&P	•국가신용등급 하향조정 장기(A+ → A-), 단기(A1 → A2)	•부실은행 지원으로 정부부담 가중 •한국정부의 IMF 프로그램 이행여부에 대한 투자자들의 불안감 •기업의 연쇄부도
97.11.28	Moody's	•국가신용등급 하향조정 장기(A1 → A3), 단기(P2 → P3)	•과다한 단기외채, 총 외채의 약 2/3가 1년 내 만기도래
97.12.10	Moody's	•국가신용등급 하향조정 장기(A3 → Baa2), 단기(P3 → Not Prime) Possible Downgrade Review	•단기외채가 이전 발표수준보다 크고 외환보유액도 예상보다 적어, 한국의 외채상환능력에 의문 •98년 중 경기침체로 기업부도가 크게 증가할 것으로 예상
97.12.11	S&P	•국가신용등급 하향조정 장기(A- → BBB-), 단기(A2 → A3) 요주의로 추가적 하락 가능성 언급	•단기외채 수준에 비해 낮은 가용외환보유액 수준 (중앙은행의 가용외환보유액이 1개월 수입금액보다 적음)
97.12.22	Moody's	•국가신용등급 하향조정 장기:(Baa2 → Ba1) 투자부적격 상업, 동화, 외환, 제일, 서울 (Baa3 → B1) •태국, 인도네시아: Baa3 → Ba1 •말레이지아: A1 → A2	•자본유출, 통화가치 폭락 등 동아시아 전체 금융위기 상태 직면 •아시아 최대의 무역국이자 자금공여국인 일본의 경기침체로 동아시아 경제성장 단기적 한계에 도달 •가용외환보유액의 급감으로 단기외화자금 부족에 대비한 조달필요액 예상보다 클 것으로 예상
97.12.23	S&P	•국가신용등급 하향조정 장기(BBB- →B+), 단기(A3 →C) 국민, 장신, 신한, 한일, 부산: 장기외환등급(BBB- → B+) 제일: (BB → B) 한국 정부의 신용전망: 부정적	•부실은행에 대한 정부지원부담 증가(제일, 서울은행에 대한 현물출자에 부정적인 입장)

4) 외화유동성 부족사태

위에 언급한 요인보다 경제위기의 가장 직접적인 원인은 심각한 외화유동성 부족현상이다. 단기자금을 국제금융시장에서 차입하여 장기로 운용함에 따른 만기구조 불일치의 상태에서 급격히 단기자금이 빠져나감에 따라 만기가 돌아온 외화자금을 갚을 외화가 부족해 자력으로 버티기 어려운 위기에 처하게 된 것이다.

이러한 외화유동성 위기를 경고하는 잠재적 외환유동성 부족징후가 없었던 것은 아니다. 이미 1990년대 중반 이래 지속된 국내은행 해외지점과 국내 기업들의 외화부채 증가, 그리고 1996년의 대규모 경상수지적자를 비롯한 경상수지적자의 누적 등이 이를 경고하고 있었다.

이러한 잠재적 외환유동성 부족상태가 지속되고 있음에도 불구하고 여기에 대한 문제 인식과 이를 적극적으로 타개하려는 정부의 노력 또한 부족하였다고 판단된다. 이로 인해 우리 정부의 문제해결 능력에 대한 대외신뢰도가 낮아지게 되었다. 특히 정부가 경제위기를 맞아 취했던 부실금융기관에 대한 한국은행의 유동성 공급, 부실채권 정리, 국책은행을 통한 해외차입 증대, 외국인 주식투자한도 확대와 같은 단기적인 위기해결 대책들이

장단기 총대외지불부담 추이

(단위: 억 달러)

구분	1996.12.	1997.11	1997.12	1998.11
장기외채	575 (36.5)	729.0 (45.0)	860.0 (55.6)	1,155 (75.1)
단기외채	1,000 (63.5)	889.0 (55.0)	685.0 (44.4)	383 (24.9)

주: ( ) 안은 구성비
자료: 한국은행

위기상황을 타개하는 데 매우 미흡한 수준이라고 외국 투자기관들은 평가하였다. 특히 '기아사태'의 처리과정은 외국투자자들에게 한국사회 전체의 문제해결방식과 능력에 대한 의구심을 증폭시켰다. 부실경영에 책임이 있는 채무자가 오히려 큰소리를 치고 정치권을 비롯한 사회 각층이 이를 지원하는 일반적인 사회 분위기와 언론의 보도태도에 외국투자자들은 실망을 하게 되었다. 또한 「금융개혁법안」의 국회 통과가 이루어지지 못함에 따라 한국의 금융개혁 의지에 대해서도 불신이 가중되었다.

5) 외국 투자자의 자금 회수

이러한 요인들이 복합적으로 작용하여 외국 금융기관들이 우리나라에 있던 자금을 급속히 회수하기 시작해 1997년 중 외국 금융기관들이 회수한 단기대출금규모는 무려 376억 달러에 이른다.

외국인투자자들은 국내기업들의 재무제표가 국제적인 기준의 투명성을 결여하고 공시도 제대로 이루어지지 않는 등 기업의

외국 금융기관들의 국내금융기관 자금회수 규모

(단위: 억 달러)

	1996년 말	1997년 말	자금회수규모
단기부채	629.7	253.9	−375.8
기간물	555.6	247.4	−308.2
일본계	218.8	88.0	−130.8
미국계	56.7	34.9	−21.8
유럽계	173.0	96.1	−76.9
기 타	107.1	28.4	−78.7
CP	74.1	6.5	−67.6
중장기부채	315.9	375.3	59.4
합계	945.6	629.2	−316.4

주: 13개 은행의 해외점포 및 역외계정을 포함한 금액임.

외국인 주식투자규모 유출입 추이(1997년)

(단위: 억 달러)

	1월	2월	3월	4월	5월	6월	7월	8월	9월	10월	11월	12월
유입	11.8	7.8	7.2	6.4	20.3	16.8	11.8	8.0	7.7	7.6	10.5	10.5
유출	6.2	7.9	10.1	7.5	7.5	8.5	9.6	8.4	11.5	15.4	18.1	7.1
순유입	5.6	−0.1	−2.9	−1.1	12.7	8.3	2.3	−0.4	−3.8	−7.8	−7.5	3.4

자료: 한국은행

실상을 정확히 파악할 수 없다는 이유로 대출을 기피하거나 만기 상환 시 연장을 거부하였으며 8월 이후에는 주식시장에서도 투자자금을 급격히 회수하기 시작하였다.

이러한 국내 사정과 더불어 외환위기의 발생은 해외금융시장 여건과 밀접한 연관이 있다. 1997년 10월 23일 홍콩증시가 전일 대비 무려 10.41%나 폭락하였고, 1997년 중 일본에서는 은행, 신탁은행, 증권사, 보험사 등 8개 금융기관이 도산하였다. 우리나라의 주요 단기자금차입시장인 홍콩 및 동경 금융시장의 경색은 우리나라 금융기관 및 기업들의 단기차입을 사실상 불가능하게 하여 외환위기를 불러오는 직접적인 원인으로 작용하였다. 일본의 금융기관들은 1997년 중 단기대출금 220억 달러의 59%에 해당하는 131억 달러를 회수하였다. 이러한 일본계 금융기관의 단기대출금 회수는 우리 정부가 IMF 구제금융을 신청하기 직전인 11월 1일과 19일 중 13억 달러 그리고 11월과 12월 중 합해 약 90억 달러로 특정기간에 몰려 있었다. 결국 정부는 위기극복을 위한 구조조정과정에서 유동성 부족을 자체적으로 해결하는 것이 어렵다고 판단함에 따라 IMF에 유동성조절자금의 지원을 요청하게 되었다.

3. 외환위기 극복을 위한 정책 대응

1) IMF의 요구사항과 4대 부문 구조조정

재정 및 통화정책에서의 긴축정책과 더불어 IMF가 우리 정부에 요구한 내용은 금융과 기업부문의 구조조정이다. IMF는 국내기업에 대해 부실처리를 위한 퇴출여건 개선, 재무건전화, 경영의 투명성 제고 등을 요구하였다. 이를 위해 기업지배구조를 개편

IMF와의 협의에 따른 정부의 기업부문 구조조정 계획

경영투명성 제고	•결합재무제표 도입 •회계기준 국제화	•2000년에서 1999년 사업연도로 조기화 •회계기준 명료화, 국제화, 회계작성 기준 국제화
	•소수주주 권한 강화	•대표소송에 단독 주주권 불허 •임원해임청구권, 대표소송권, 1%에서 0.5%로 완화 •장부열람권 주총소집권 3%에서 1%로 완화
	•경영견제장치 보강 •경영층 책임 강화	•사외이사, 감사 선임 의무화 •지배주주를 사실상 이사로 선정
재무구조 개선	•상호지급보증 해소	•신규 지급보증 금지 및 2000년 3월까지 완전 해소 •1998년 3월까지 100% 초과분 해소
	•과다차입금 해소 •유상증자요건 폐지	•과다차입금 이자손비 부인시기 조기 시행 •2000년에서 1998년으로 조기화
퇴출여건 개선	•도산법 체제 정비	•회사정리법, 파산법, 화의법 등 조기개정 •의무공개매수제도 폐지
	•M&A시장 활성화	•외자도입법상 사전 승인 지분, 10%에서 33.3%로 확대 •적대적 M&A 3월 중 조기 허용 방침
	•합병절차 간소화	•자산 2조 원 이상 기업 인수 시 재경원 승인 폐지
	•기업분할제 도입 •경영권 방어	•상법 명시 •자사주 매입한도 10%에서 33.3%로 확대
노동시장 유연성	•노동시장 유연성 •고용보험 강화	•정리해고 관련 법률안 개정 •고용보험 확대 •실업급여 확대

하며, 자본 및 무역 이동을 자유화하고 노동시장의 유연성을 높일 것을 요구하였다. 기업재무제표의 투명성을 높이기 위해 IMF는 당초 2000년에서 앞당겨 1999년 말까지 기업집단의 결합재무제표를 공표하도록 하였으며 기업의 회계기준도 일반적으로 인정된 국제회계원칙을 적용해 재무제표를 작성하도록 요구하였다. 그 밖에도 소액주주의 권한을 강화하고 사외이사 및 감사의 선임을 의무화하여 경영을 견제하는 장치를 보강하도록 요구하였다.

금융부문에 관해 IMF가 요구한 구조조정은 금융기관 부실 해소와 자본시장 자유화에 초점이 맞춰져 있다. 금융구조조정과 관련한 내용을 보면 그동안 우리 스스로 추진을 해왔으나 진전이 없었던 내용이 총망라되어 있다. 다만 다른 점은 그동안 국내에서 검토되던 금융기관 부실해소 방향은 금융기관의 부실채권 정리에 주안점을 두고 있는 반면, IMF의 입장은 부실금융기관 자체를 정리해 부실문제를 근본적으로 해결하는 보다 강력한 방향을 요구하고 있다는 점이다.

외환위기 발생 이후 경제위기 극복, 경제체질 개선이라는 목표하에 구조개혁 작업이 이루어졌다. 구조개혁을 위해 금융·기업·공공·노동부문의 4대 중점분야가 설정되었다. 기업구조조정을 위해서는 기업퇴출, 기업개선작업(워크아웃), 대규모 사업교환(빅딜) 등의 방법들이 동원되었다. 구조조정의 결과 경영투명성과 기업지배구조를 개선하기 위한 제도들이 대거 도입되었고, 기업들의 재무구조가 건실해지는 성과를 거두었다. 그러나 빅딜의 무리한 추진, 퇴출판정 기준 논란, 부채비율 200% 가이드라인의 경직된 적용 등 시행착오와 부작용도 만만치 않게 나타났다. 금융부문의 구조개혁 작업은 가장 먼저, 그리고 가장 신속하게 이루어졌다. 구조조정의 결과, 금융기관들의 부실채권이 크게 줄어들고 BIS자기자본비율이 높아져 건전성과 수익성이 개선되었다.

그러나 은행 위주의 구조조정 과정에서 비은행 금융기관들의 구조조정은 상대적으로 부진하였다. 금융구조조정 추진과정에서 총 159.5조 원의 공적자금이 투입되어 이를 회수해야 하는 숙제도 남겼다.

공공부문 구조조정은 정부의 조직개편 및 운영시스템 개선, 공기업의 민영화와 경영혁신 등에 초점이 맞추어져 추진되었다. 공기업에 다양한 경영혁신 제도들을 도입하는 등 과거와는 차별화된 성과를 거두기도 했으나, 목표와의 괴리, 양적 목표에 대한 집착, 제도정착의 미흡 등이 지적되기도 하였다.

노동부문 개혁의 핵심은 '노동시장 유연화'에 두어졌다. 정부는 정리해고제와 근로자 파견제를 도입하여 노동시장 유연화를 위한 제도적 기틀을 마련하였다. 고용보험의 확대, 근로시간 단축, 여성 인력 활용 확대 등에 노력을 기울여 일정한 성과를 거두었다. 그러나 정책시행 과정에서 일관성 결여 등의 문제도 나타났다.

2) 기업구조조정

기업부문의 구조조정은 IMF의 요구사항이기도 하였으나 앞에서 지적하였던 바와 같이 국내기업들은 그 동안 경쟁력 하락 및 시설투자 확대 등에 따른 기업수익과 재무구조의 악화로 IMF위기가 없었어도 사실상 스스로 구조조정을 추진했어야 할 상황이었다. 특히 세계시장 단일화 등 다국적기업의 세계시장 과점화 추세에 대한 대응 필요성도 절실하였다.

기업구조조정은 정부 주도하에서 다양하고도 강력한 구조개혁을, 단기간에 걸쳐 집약적으로 추진하게 되었다. 선진국들의 경우 구조개혁에 관한 법과 시장제도 등 기본적인 인프라가 갖추어져 있어 제도적 틀 안에서 구조조정을 할 수 있었지만 한국의 경우 구조조정이나 리스트럭처링을 위한 법과 제도가 없는 상태에서 법을 만들어 가면서 해야 하는 터라 정부의 주도적인 역할이 불가피하였다. 또한 소수의 구조적 불황산업이나 한계기업에 문제가 생긴 것이 아니라 거의 모든 부문에서 동시다발적으로 문제가 야기되었기 때문에 매우 다양하고 강력한 조치들이 동원되었다. 이에 따라 불과 2~3년 사이에 과거에 없었던 수많은 제도를 도입하거나 정책을 시행하였다. 그 대상에 있어서도 대기업 내지 기업그룹이 주요 대상이 되었다. 이 때문에 기업구조조정을 개별기업 차원의 구조조정(corporate restructuring)이 아닌 기업그룹 차원의 구조조정(business group restructuring) 내지 재벌개혁(chaebol reform)으로 외국에서는 평가하였다.

기업구조조정 방안 5개항

기본 방향	주요 합의 내용
1) 기업경영의 투명성 제고	• 결합재무제표 도입 • 재무정보 공시, 회계기준 및 회계관행 국제화 • 부실경영 은폐방지 통한 금융시장 및 투자자로부터의 신인도 제고
2) 상호지급보증 해소	• 계열사 간 자금 및 영업지원관행 단절로 기업의 재정적 독립 강화 • 계열기업 부실이 전체기업으로의 확산 방지하여 금융시장과 경제 전반의 안정성 유지
3) 재무구조의 획기적 개선	• 자기자본비율 제고로 재무구조 건전성과 기업운영 안정성 확보 필요 • 불필요한 업종과 자산의 과감한 매각으로 수익성 위주의 기업경영
4) 핵심부문 설정 중소기업 협력 강화	• 방만한 다각화를 탈피하고 주력 핵심사업으로 집중하여 국제경쟁력 제고 • 중소기업에 대한 기술 및 자금지원 등으로 수평적 협력관계 강화
5) 지배주주 및 경영진의 책임 강화	• 구조조정 시 지배주주는 자기재산의 제공에 의한 증자 또는 대출에 대한 보증 등 자구노력 경주 • 기업 경영부실에 대해서는 경영진 퇴진 등 책임 강화

초기 내용은 1998년 1월 13일 김대중 대통령과 4대그룹 회장들이 합의한 '기업구조조정 방안 5개항'이다.

이후에 전개된 구조조정 내용을 소개하면 1998년 2월 13일 은행감독원의 지시에 의해 각 그룹과 주거래은행 간 부채비율 축소 등을 포함하는 재무구조개선 약정을 체결하였다. 금융감독위원회는 3월 24일 부채비율을 1999년 말까지 200%로 낮추는 것을 골자로 하는 약정을 재체결하도록 지시하였으며 5대그룹에 대해서는 약정을 재편하고 보완자료를 제출할 것을 요구하였다. 이 자료를 바탕으로 금감위는 9월 말까지 자산을 실사하고 재무재선계획을 재수립하여 12월 15일까지 구조조정계획을 확정하는 방향으로 정책을 수정하였다. 30대그룹은 1998년 4월 이후 신규 채무보증이 전면 금지되었으며 2000년 3월 말까지 계열사 간 채무보증을 완전히 해소하도록 하였다.

외환위기 직후의 기업구조조정 실행 일지

일시	주요 내용
98.1.13	•대통령, 4대그룹 회장, 기업구조조정 방안 5개항 합의
98.2.13	•은행감독원, 「재무구조개선약정」 체결 지시
98.3.24	•금감위, 「재무구조개선약정」 체결 재지시 (1999년 말까지 부채비율을 200% 이내로 감축)
98.6.18	•금감위, 55개 퇴출기업 발표
98.7.15	•금감위, 6~64대 계열기업 워크아웃 추진 발표
98.8.5	•제2차 민관정책간담회, 5대그룹 8월말까지 10대 중복사업 자율조정프로그램 수립에 합의
98.8.7	•은감원, 5대그룹 재무개선계획 9월 말까지 재제출 지시 (채권단협의회 검토 후 12월 5일까지 확정)
98.9.3	•5대그룹 구조조정계획 발표 (반도체, 유화, 항공, 정유·철도, 선박엔진, 발전설비 등)

또한 30대그룹에 대해서는 1999사업년도부터 국내 계열사와 해외 현지법인의 결합재무제표의 작성을 의무화하기로 하였다. 구조조정의 원활한 추진을 지원하기 위해 지주회사 설립 허용안이 발표되었는데, 자회사 출자 시 50% 이상 출자의무, 부채비율 100% 이내, 채무보증 완전해소, 자회사의 타회사 출자금지, 금융 및 비금융 동시출자 금지 등 엄격한 제한조건을 부여하였다.

사업구조조정과 관련하여 부실기업 퇴출 및 대기업의 사업구조조정도 활발하게 진행되었다. 각 그룹의 주채권은행은 1998년 6월 18일 1차로 퇴출대상 55개사를 선정하고 여신을 중단할 것을 발표하였다. 5대그룹에 대해서는 8월 말까지 기업자율 구조조정계획을 수립하고 9월 말까지 '재무구조개선 약정'을 재편하도록 하였으며 나머지 그룹에 대해서는 8대 대형은행의 주도로 워크아웃을 추진하도록 하였다.

구조조정을 원활하게 하기 위한 제도 및 법률도 정비되었다. 그 주요 관련제도는 합병제도 정비, 구조조정을 위한 자산매각 등에 대한 조세지원 적대적 M&A 허용, 외국인 주식취득제한 철폐, 지주회사의 제한적 허용 추진 등이다.

기업구조조정은 재계와 정부가 합의한 기업구조조정의 5개 항에 의거하여 기업이 자율적으로 추진하는 것을 원칙으로 하고 이 과정에서 금융기관이 주채권자(stakeholder)로서 적극적인 역할을 담당하도록 되어 있다. 그러나 기업과 민간 등의 의견을 폭넓게 시간을 가지고 수용하기 어려워 문제점 및 개선의 여지가 없지 않다. 부채비율 200% 축소 정책의 경우 우리 기업의 발전단계와 국내 금융시장의 및 업종별 특성이 간과되었다는 지적을 받았다. 따라서 부채비율 축소는 기업금융제도의 개선과 함께 업종별 특성을 반영하여 실시하되 보다 합리적인 기준을 채택했어야 했다.

정부의 노력에도 불구하고 구조조정 관련 제도적 정비는 초기엔 미흡하였다. 예를 들어 합병 및 매각 시 기업가치를 평가하는 데 있어 세법상 주식평가기준은 과거 실적기준이나 투자가들은 미래수익을 기준으로 기업가치를 평가하므로 일반적으로 통용되는 투자가치의 산정방법을 인정하는 방향으로 세법이 개정되어야 하는데 세법 개정에는 많은 시간이 소요되었다. 우리나라 대기업의 경우 많은 기업이 독과점기업이므로 구조조정 추진 시 기업결합제한 규제적용 예외인정 여부를 하지 않으면 진행이 되기 어려운 구조인 것도 구조조정을 어렵게 하는 요인으로 작용하였다.

외환위기 발생 이후 시급한 상황에서 대통령과 4대그룹 총수가 합의한 5대 핵심과제에 의해 다각적인 구조조정 활동이 전개되었으나 개혁의 강도가 충분하지 못하다는 지적이 일게 됨에 따라 1년 반이 지난 1999년 8월 김대중 대통령은 광복절 경축사에서 3대 보완과제를 추가로 발표하였다. 5대 핵심과제와 3대 보완과제를 합쳐 5+3 원칙이라고 하고 기업구조조정 추진의 근간이 되었다. 이후에도 두 차례에 걸쳐 후속조치가 시행되었는데 2000년 2월 2단계 기업구조조정 추진이라는 이름 아래 4대 부문의 개혁과제가 제시되었고 2000년 10월 4대 부문에 속하는 12개 세부과제가 발표되었다.

외환위기 이후의 기업구조조정 관련 제도 변화에는 두 가지 상반된 성격이 내포되어 있다. 하나는 그동안 대기업 위주의 산업정책과 관치금융의 관행하에서 누적되어온 폐해를 시정하기 위한 제도 변화로서 사업구조 재구축, 재무구조 개선, 부실기업 처리 등의 일이다. 다른 하나는 제도적 관점에서 시장규율과 시장압력이 가능하도록 제도적 틀과 게임의 룰을 정비하기 위한 것으로 지배구조 개혁, 경영투명성 제고 등이다.

5+3 원칙과 후속조치

	추진원칙
5대 핵심과제 (1998년 2월)	• 경영투명성 제고 • 상호채무보증 해소 • 재무구조 개선 • 핵심부문 설정 • 경영책임 강화
3대 보완과제 (1999년 8월)	• 순환출자 및 부당내부거래 억제 • 제2금융권 지배구조 개선 • 변칙상속·증여 방지
2단계 개혁과제 (2000년 2월)	• 수익경영 정착 • 퇴출제도 정비 • 책임경영체제 확립 • 중소벤처·대기업 간 선순환구조 형성
12개 세부과제 (2000년 10월)	• 잠재 부실기업 정리 • 상시적 기업구조조정 시스템 구축 • 기업경영 투명성 및 지배구조 개선 • 부실경영에 대한 책임 강화 등

이러한 기업구조조정 활동들은 기업의 구조, 행동, 성과에 영향을 미쳤을 뿐 아니라 산업구조나 조직에도 변화를 초래하였다. 강력한 구조조정의 결과 30대 재벌 중 절반이 없어지거나 위상이 바뀌는 대격변이 이루어졌다. 그동안 기업시스템의 문제점이자 외환위기 발생의 원인으로 지적되어 온 무분별한 비관련다각화, 높은 부채비율, 강력한 중앙통제식 기업지배구조에 대한 개혁도 이루어졌다. 이로 인해 무분별한 비관련다각화를 정리하는 등 구조개혁을 통해 한국 기업들의 사업구조가 변화하였다. 공정거래위원회가 매년 발표하는 규제대상이 되는 대기업집단의 평균 영위업종 수는 외환위기 이후 크게 줄어들었다. 위기극복 이후 다시 증가하는 추이를 보이고 있으나, 실제로 많은 기업들

이 핵심분야가 아니거나 수익성이 떨어지는 사업을 과감히 정리하는 한편 신규사업 진출에는 극도로 신중한 자세를 보였다.

또한, 대기업집단의 취약한 재무구조가 외환위기의 원인이 되었다는 비판에 직면하여 정부는 대기업들로 하여금 1999년 말까지 부채비율을 200% 이하로 낮추도록 조치하였다. 1997년 말 당시 30대 기업집단의 평균 부채비율은 518.9%로서 제조업 일반의 396.3%나 외국 선진기업의 수준에 비해 크게 높은 수준이었다. 기업들은 정부의 가이드라인을 충실히 이행하여 부채비율이 1998년 379.8%, 1999년 218.9%로 점차 하락하였고, 이후에도 계속 하락하였다. 부채비율이 하락하게 된 것이 계열사 출자와 자산재평가를 이용한 측면도 있지만, 불과 2년 사이에 부채비율이 절반이하로 낮아진 것은 획기적인 변화라고 할 수 있다. 심지어는 과도한 부채비율 하락으로 기업의 장기적 경쟁력을 제고시키는 필수적 투자마저 하지 않는다는 비판이 제기될 정도였다. 외환위기 발생 6년 후인 2003년 말 제조업 기준 한국 기업의 부채비율은 123.4%를 기록하여 미국 154.8%(2003년), 일본 156.2% (2002년)보다 크게 낮은 수준을 보여주기도 하였다. 특히 기업집단 소속 기업들의 부채비율은 더욱 크게 하락하여 부채비율이 100% 이하이거나 아예 무차입경영을 하는 기업도 적지 않았으며, 부채비율에 관한 한 목표의 초과달성이 이루어졌다고 평가할 수 있다. 재무구조의 개선은 한편으로는 구조개혁의 성과이나 과도한 구조개혁으로 기업들의 경영 패러다임에 변화를 가져왔다.

한국경제의 고도성장과정에서 한국 기업의 특성 중 하나인 공격적 경영이 외환위기를 거치면서 보수적 경영으로 패턴이 바뀌고, 이러한 보수적 경영의 결과 실물 측면에서 설비투자의 부진, 재무 측면에서 부채비율 하락 및 현금보유 확대 현상이 나타나게 되었다. 이러한 현상은 세계경기가 위축된 2000년 들어 두드러지게 나타나서 설비투자 관련지표인 유형자산증가율이 저조한 증가율을 보였으며 심지어 기계장치증가율은 2001년 이후 3년 연속 마이너스를 기록하기도 하였다. 한국은행의 기업경영분석 자료도 같은 추세를 보여주고 있다. 설비투자를 반영하는 고정 비율이 외환위기 이후 계속 낮아져 1997년 261.1%에서 2003년 132.2%로 하락하였다.

기업지배구조에도 커다란 변화가 있었다. 사외이사제, 소액주 주권, 기관투자가 등의 제도가 도입됨으로써 기업소유주가 과거 와 같은 독단적 경영을 할 수 있는 여지가 많이 줄어들었다. 대 기업집단의 계열사 간의 관계에 있어서도 과거에 비해 독립성, 자율성이 확대되었으나 기업그룹의 내부지분율은 별로 줄어들지 않고 있고 있는데, 이는 동일인 및 특수관계인의 지분율은 줄어 드는 추세지만 이를 대신하여 계열사 지분율이 높아지고 있기 때문이다. 결국 지배구조상의 변화에도 불구하고 여전히 집중된 소유구조로 인하여 기업소유주의 지배력이 유지되고 있는 것이 다. 특기할 만한 점은 소액주주, 시민단체 등 외부의 영향력과 외국인투자자의 비중이 커졌다는 것이다. 소액주주의 권한을 확 대하는 방식으로 제도가 변경되었고 외국인에 대한 증시개방 이 후 외국인의 상장기업 주식보유 비율이 꾸준히 높아져서 외국인 에 의한 국내기업 M&A 위협이 크게 증가하는 등 기업경영을 둘 러싼 감시메커니즘이 강화되었다.

3) 금융구조조정

1990년대 들어 본격적인 금융권 구조조정을 시도하였으나 커 다란 진전을 보지 못했던 상황에서 IMF위기를 맞게 됨에 따라 1997년 12월 이후 IMF 등과의 합의에 따라 금융구조조정이 본격적으로 진행되었다. IMF 체제 진입 이후 우리나라의 금융권 구조조정은 불건전 금융기관의 정리에서 비롯되었다.

1997년 11월 IMF와 협상을 시작하면서 이미 외화지급 불능상태에 빠진 8개 종합금융회사에 대해 외환업무를 정지시킨 데 이어 12월에는 유동성 부족으로 정상적인 영업활동이 어려운 14개 종금사와 경영난 등으로 부도사태에 직면한 2개 증권회사, 예금인출사태로 계속적인 영업이 어려운 2개 투자신탁회사에 대해 영업정지조치를 취하였다. 증권, 보험, 리스 등 나머지 비은행금융기관의 경우에는 은행의 구조조정 과정에서 지급불능사태에 직면한 금융기관은 즉시 정리하고 나머지 금융기관은 대주주의 책임하에 증자 또는 자체 경영정상화를 유도하되 회생 불가능한 금융기관은 정리하기로 방침을 정하였다.

먼저, 26개 일반은행 중 부실정도가 가장 심한 제일은행과 서울은행의 납입자본금을 각각 8,200억 원에서 1,000억 원으로 감자토록 한 후 정부와 예금보험공사가 이들 은행에 대해 각각 7,500억 원을 출자하여 이들 은행의 자본금을 각각 1조 6,000억 원으로 확충하였다(1998년 1월). 이어 2월에는 나머지 24개 일반은행 중 1997년 말 현재 국제결재은행(BIS, Bank for International Settlement) 기준 자기자본비율이 6% 미만인 6개 은행에 대해서는 경영개선조치를 요구하고 동 비율이 6~8%인 6개 은행에 대해서는 경영개선을 권고하였다. 이와 함께 이들 12개 은행에 대하여는 자기자본 확충계획을 포함한 경영정상화계획을 4월 말까지 제출하도록 하고 회계법인을 통해 이들 은행의 자산 및 부채에 대한 실사 결과를 토대로 민간전문가로 구성된 경영평가위원회(98년 6월 20일 구성)로 하여금 이들 은행이 제시한 경영정상화계획의 실현 가능성을 평가토록 하였다. 그 평가결과에 의거해 정부는 6월 29일 대동, 동남, 동화, 경기, 충청은행 등 5개 은행의 우량자산과 부채를 국민, 주택, 신한, 한미, 하나은행 등 BIS비율이 8% 이상인 우량은행에 각각 이전(P&A)하도록 계약이전명령을 내림으로써 불건전 은행에 대한 퇴출조치를 단행하였다. 그러나 경기침체 및 신용경색현상이 가속화되자 정부는 BIS기준 자기자본 목표비율을 단계적으로 달성하도록 하고, 특히 국제업무 취급을 포기하는 은행에 대해서는 목표비율을 완화하여 적용하기로 하는 등 금융구조조정의 속도를 다소 늦추게 되었다.

국내 금융기관들은 생존을 위해 점포 및 인력을 축소하는 것은 물론 합병 등 강력한 구조조정을 단행하였다. 제일 및 서울은행의 해외매각과 더불어 다른 은행들도 자본참여 해외유치를 적극 추진해 나갔다. 이러한 국내은행들의 외국계 기관과의 합작경영은 증권, 보험 등 타 금융권으로 확산되어 나갔으며 그동안 경험하지 못하였던 뮤추얼펀드(회사형 투자신탁회사)와 같은 유사금융기관이 등장하는 등 국내 금융산업의 구조조정은 더욱 빨라졌다. 금융업의 업무영역이 빠르게 확장되면서 금융기관 간의 경쟁이 새로운 차원에서 가속화되기 시작한 것이다.

단기적으로는 금융산업의 구조조정을 신속히 수행하기 위해 두 차례에 걸쳐 공적자금을 조성하고 부실 금융기관을 정리해 기존 경영진을 퇴출시키고 일반 직원을 해고하는 등의 내부구조조정을 단행하였다. 장기적으로는 금융시스템의 금융중개기능을 개선시켜 경제의 안정과 성장을 도모하고 금융산업 자체의 선진화와 발전을 추구하기 위해 통합감독기구를 설립하였고 적기시정조치를 도입하였으며 위기상황에서 일시적으로 무제한이었던 예금보장을 부분예금보장제도로 전환하였다.

외환위기 극복이라는 급한 불을 진화하였지만 당초 의도한 바와 달리 여러 부정적 효과도 있었다. 첫째, 자본시장 활성화와 은행산업 대형화 및 해외자본 도입이 결과적으로 효과적인 자금

조달과 효율적인 자금배분이라는 금융활동의 기본적인 기능에 기여하지 못했다. 은행 대형화와 외국계 은행의 증대에도 불구하고 금융기법의 개선이나 자금배분의 개선은 보여주지 못하고, 기업대출을 줄이고 가계대출만 늘어나는 비효율적 자금흐름이 일어나기도 하였다. 자본시장 활성화와 외국인 증권투자의 전면 허용은 주주중시 경영환경을 강화시켜 상장기업들의 배당금 지불 증대와 주가관리를 위한 자사주 매입 증대, 적대적 M&A 증대를 가져오면서 일정정도 장기 투자를 억제하는 결과를 초래했다는 비판을 받았다. 나아가 중소기업과 저소득층에 대한 금융접근성을 제약하여 중소기업은 기업대출의 전반적인 감소 속에서 금융이용가능성이 더 악화되었고 저소득층도 가계대출의 증가 속에서도 담보능력 부족으로 외면당했다. 무엇보다 주주중시경영 환경, 중소기업과 저소득층의 금융접근 악화는 결국 우리 경제의 설비투자 부진과 저성장이라는 패러다임 변화를 가져오는 단초를 제공하였다.

4) 노동부문 구조개혁

1987년 정치민주화와 함께 외환위기는 개발연대의 권위주의 노사관계의 지각변동을 가져왔으며 새로운 노사관계 질서가 확립되는 과정으로 이어졌다.

1987년부터 1989년까지의 시기에는 노사 및 노노 갈등이 폭발적으로 발생하여 주요 공단 지역마다 임금인상 요구 파업이 잇따랐다. 결과적으로 매년 두 자리 수의 임금인상이 이루어졌고, 사용자 주도의 노사관계 관행이 근본적으로 변화를 가져오게 되었다. 하지만 1990년부터 1995년까지의 시기에는 과도한 노동운동에 대한 반작용과 정치적 보수화 현상이 나타나면서 노동운동에 대한 통제가 강화되고, 사용자 주도의 현장 인사노무관리 시스템이 도입되기 시작했다. 특히 외환위기 이후 국가경쟁력 약화 원인 중 하나로 노동시장의 비효율성이 주목되면서 국제적인 노동기준에 맞는 노동관계법 개정과 기업경쟁력 강화를 위해 노동시장의 유연성을 높이는 방향으로의 제도 개혁이 이루어졌다. 또한 외환위기로 인해 1998년에는 사상 유례없는 기업의 도산과 실업률 증가로 노사관계의 주요한 쟁점이 임금인상에서 고용안정과 비정규직 문제 등으로 무게 중심이 이동하는 계기가 되었다. 이 현상을 대표하는 숫자로 노조 조직률은 1987년 초까지만 해도 15.7% 수준이었던 것이 1989년 19.8%까지 상승했다가 1990년대 중반 점차 하락하여 1997년 외환위기를 겪으면서 12% 대까지 낮아졌다. 임금 및 근로조건이 향상되면서 고용안정과 삶의 질 향상이 노사관계의 화두로 등장하고, 노동조합과 단체교섭 중심의 노사관계가 제도화되었다.

외환위기 전까지 이러한 노동시장의 변화를 법제화하기 위한 일련의 조치가 있었다. 즉, 1987년 이후 외환위기 전까지의 노동관계법은 개발연대 시대에 노동기본권을 제한하고 노동운동을 탄압하면서 그 보상으로 근로자에 대한 과보호를 노동관련법의 경직성을 완화하고 그 기조를 역전시키는 것이었다. 민주화의 흐름에 따라 노동 3권에 대한 통제를 완화하는 한편, 세계경제의 환경 변화에 대처하기 위한 기업경쟁력의 강화와 근로자의 삶의 질 향상을 통해 노사가 함께하는 노동관련 제도의 기반을 마련하는 것이었다. 이를 위해 1992년 4월에는 '노동관계법연구위원회'를, 1996년 5월에는 '노사관계개혁위원회'를 각각 발족하였다. 동 위원회에서 논의된 결과를 반영하여 1996년 말 노동관계법을 대폭 개정하였다.[42] 하지만 동법의 개정과정에서 거대여당이 소위 날치기 통과라는 오명을 쓰며 개정법의 국회 통과를 강행하게 되자 노동계의 강한 저항과 비판적 여론에 부딪치게 되었다. 내용에 있어서도 개정된 노동관계법이 그동안의 논의 결과를 왜곡하고 있다는 한계를 가지고 있다 보니 1996년 말 국회를 통과한 노동관계법을 폐지하고 새로 법률을 제정하는 형식을 취하여 1997년 3월 새노동관계법을 공포·시행하기에 이르렀다.

외환위기를 겪으면서 위기 대응방안의 일환으로 1998년 1월 발족한 '노사정위원회'에서는 노조와 사용자 그리고 정치권이 소위 '2·6 대타협'을 하게 되었다. '2·6 대타협'의 주 내용은 '정리해고제도'를 즉각적으로 시행하고 '근로자파견법'을 제정하여 기업이 구조조정을 원활하게 할 수 있도록 노동시장의 유연성을 제고하는 한편, 이에 따라 파생되는 사태에 대처하기 위해 고용보험법제를 강화하는 것이다. 또한 노동계의 요구를 받아들여 1998년과 1999년에는 공무원 및 교원의 노동기본권 보장을 위한 관련법이 제정되었다. 계속적인 노동관계법의 제·개정을 통한 노동환경 개선 및 노동3권 강화에도 불구하고 노동관계법에 대한 노사 당사자의 개정 요구는 계속되었다. 특히 국제노동기구(ILO, International Labour Organization)나 OECD 등의 국제기구의 제도 개선 권고와 맞물리면서 핵심적인 쟁점에 대해 노사정 간 이견이 커 논란이 지속되었고, 노동관계법과 노동관련제도 자체적으로도 급변하는 외부환경 속에서 발생하는 노동을 둘러싼 제반 환경의 변화에 부분적으로 맞지 않는 등 탄력적인 대응에 한계를 보이게 되었다.

1987년 노동자의 대투쟁은 사용자 중심의 온정주의적 사업장

---

42) 1995년 이전까지 한국노총과 경영계를 상대로 국민경제사회협의회, 노동관계법연구위원회, 노경총 임금합의 등 다양한 사회적 합의를 시도하였지만 민주노조진영의 반발로 노사관계는 더욱 더 불안정하게 되었고 결국 1996년 민주노총이 참여한 노사관계개혁위원회에서 노동법 개정이 시도되었다.

질서를 민주적이고 근대적인 질서로 혁신해 나가는 과정이었으며, 종속적인 노사관계를 대등한 가운데 새로운 노사관계로 급속히 전환해 가는 과정이었다. 1987년 이후 정부의 노동정책도 이러한 노사관계의 거대한 변화의 흐름을 수용하면서 한 단계 성숙된 발전을 위하여 그 정책기조를 새롭게 바꿀 수밖에 없게 되었다. 노동운동의 활성화로 대기업 노조가 조직화되고 분규가 대형화되면서 국민경제에 엄청난 영향력을 발휘하는 노조를 현실적인 대화의 파트너로서 인정하지 않을 수 없게 되었으며, 새로운 발전전략을 모색하기 위하여 정부는 과거의 일방적인 자세에서 벗어나 노·사·정 등 주요 경제 주체 간에 사회적 합의 형성을 위한 노력을 기울이게 되었다.

외환위기 이후 노동부문 개혁의 핵심은 '노동시장 유연화'에 두어졌다. 정부는 정리해고제와 근로자 파견제를 도입하여 '노동시장 유연화'를 위한 제도적 기틀을 마련하였다. 고용보험의 확대, 근로시간 단축, 여성인력 활용 확대 등에 노력을 기울여 일정한 성과를 거두었다. 그러나 정책시행 과정에서 일관성 결여 등의 문제도 나타났다.

「비정규직보호법」은 1997년 외환위기 이후 크게 늘어난 비정규직 근로자의 권익을 보호하기 위하여 제정 및 개정된 '기간제 및 단시간근로자 보호 등에 관한 법률'을 비롯해 '파견근로자 보호 등에 관한 법률', '노동위원회법'을 말하며 오랜 논의 기간을 거쳐서 2007년 7월이 되어서야 시행에 들어갔다. 소위 비정규직법이라는 이 법들의 시행이 오래 걸린 것은 기간제(계약직) 근로자로 2년 이상 일하면 사용주가 사실상 정규직으로 전환해야 한다는 규정 때문이다. 노동계는 이 법들이 임시직 사용사유를 제한하지 않고, 차별해소 방안도 실효성이 없어 비정규직을 더욱 확산시킬 것이라며 이의 개정을 주장해 왔으며, 사용자 측에서도 고용기간 2년 초과 시 무기계약으로 간주하는 등 노동시장의 유연성 제고에 역행하는 처사라며 반발해 왔다. 이 법은 2007년 7월부터 300인 이상 사업장에서 시행됐으며, 2008년 7월에는 100인 이상 사업장으로, 2009년 7월 1일부터는 5인 이상 사업장으로 확대됐다.

5) 공공부문 구조개혁

민간부문의 구조조정을 선도하고 국민경제의 효율성 제고라는 큰 틀에서 이루어진 공공부문 구조조정은 우선은 위기체제의 극복이 중요하였으므로 재정경제원을 해체하고 금융감독위원회를 신설하는 등 정부조직 개편을 단행하였다.

1998년 국민의 정부는 '정부개혁실'을 설치하고 '재정에 관한 합리적 의사결정체계'와 '효율적 재정관리를 위한 유인구조'를 구축하기 위해 재정부문 전반에 걸친 개혁을 추진하였다. 거시재정의 '합리적인 의사결정체계 구축'과 관련해 공공부문과 재정 총량을 관리하기 위해서 「정부산하기관관리기본법」을 제정하고, 기금제도의 재정규율을 강화였으며, 예비타당성제도 및 총사업비 관리를 강화하였다. 미시재정의 '효율성 제고 유인구조 정립'과 연관되는 재정개혁도 다양하게 추진하였다. 외환위기 극복을 위해 중앙 및 지방정부의 조직개편을 단행하였으며 공무원 인력 감축과 교육훈련기관 구조조정, 공기업 통폐합 및 인력감축 등 대부분이 전통적 정부운영 방식에 의한 개혁이었다.

공공부문 구조조정의 일환으로 정부기능의 외부위탁, 철도산업 구조개편, 공기업 민영화, 공기업 자회사 정리, 산하기관 민간위탁 등 정부와 공공기관의 기능을 민간부문으로 점차 이전하는 노력도 기울였다. 국민의 정부는 전통적인 정부운영방식에 의한 개혁과 유인구조에 의한 개혁을 동시에 적용한 것이다. '자기책임-보상'의 유인구조를 개선하는 제도로 중앙기능의 지방이양, 정부투자기관 운영시스템 개선, 정부출연연구기관 운영시스템 개선, 예산절약 인센티브제도, 책임운영기관제도 등을 운영하였다. 다른 한편으로는 산하기관의 과도한 복리후생제도 개선, 공기업과 산하기관의 퇴직금제도 개선 등 그동안 정부가 해왔던 통제에 의한 전통적 운영방식도 사용하였다. 거시적 재정에 관한 합리적 의사결정체제와 미시적 재정의 효율적 관리를 위한 유인구조를 충분히 이해하고 구축해 나가기에는 외환위기 극복이라는 시대적 과제가 중차대하여 자율보다는 명령과 통제에 의한 중앙집권적 관리가 우선시되었다고 평가된다. 그러나 개발도상국에 천착해 있는 비공식적이고 편법적인 관행의 보편화라는 벽을 넘기가 쉽지 않았다. 결국 국민의 정부는 기본 철학과 중장기적 비전에 따라 거시재정과 미시재정 과제들이 일관성 있게 추진되지 못하고 단발성 과제 중심으로 진행되면서 재정개혁의 패러다임을 근본적으로 변화시키지 못하였다. 공기업에 다양한 경영혁신 제도들을 도입하는 등 과거와는 차별화된 성과를 거두기도 했으나, 목표와의 괴리, 양적 목표에 대한 집착, 제도정착의 미흡 등이 지적되기도 하였다.

또한 재정수입의 확보와 국가신인도 제고 차원에서 과거보다 더 강력한 민영화 계획을 수립하였다. 1998년 정부가 발표한 민영화 계획에 의하면 26개 공기업 모기업 가운데 '포항종합제철', '한국중공업', '한국종합화학', '한국종합기술금융', '국정교과서' 등 5개 공기업은 즉각 민영화하고 '한국전기통신공사', '한국전력공사', '한국가스공사', '대한송유관공사', '한국담배인삼공사', '한국지역난방공사' 등 6개 공기업은 단계적으로 민영화하기로 하였다. 나머지 15개의 공기업도 대대적인 경영혁신과 자체 구조조

정을 추진하기로 하였다. 뿐만 아니라 중앙정부와 지방정부 산
하기관에 이르기까지 대폭적으로 인력을 감축하는 구조조정을
단행하였다.

중장기적인 시각에서 시장친화적 정부기능을 확립하기 위해
대대적인 규제개혁을 하였는데 국무총리실 산하에 '규제개혁위
원회'를 두고 규제를 절반으로 줄이는 정책을 펼쳤다.

6) 실업 및 복지정책

외환위기 당시 한국의 사회복지제도는 공공부조제도인 생활보
호제도(1961)와 사회보험제도인 산업재해보상보험(1964), 의료보
험(1977), 국민연금(1988), 고용보험(1995)을 중심으로 기본 틀을
마련해 나가는 중이었다. 아직 제도적 틀을 완전하게 갖추지 못
한 상태에서 외환위기라는 커다란 충격을 받게 된 것이다. 이러
한 충격의 1차적 희생자인 취약계층과 심지어는 중산층에 대해
서도 충격을 완화해 줄 완충장치가 충분하지 못하였다. 1995년
도입된 고용보험에서 실업급여는 법적으로 상시근로자 30인 이
상의 사업장에만 적용되고 있었다. 고용보험에 가입한 사업장이
많지 않다 보니 실업급여의 적용범위를 10인 이상(1998년1월), 5
인 이상(1998년 3월), 1인 이상(1998년 10월)의 작업장으로 빠르
게 확대해 나갔음에도 불구하고 수혜자가 처음에는 크지 않았다.
그럼에도 불구하고 위기의 충격으로 실업자가 양산되고 빈곤이
크게 확대되는 상황에서 기존에 있던 제도인 고용보험제도를 먼
저 활용하는 것은 당연한 수순이었으며 해고·회피 노력을 하는
기업에 대해서는 지원을 하는 고용안정사업과 실직자 및 재직자
를 위한 직업훈련 사업의 규모를 대폭 확대해 나갔다.

1998년 3월에는 정부가 직접 고용을 창출하여 실직자에게 일

자리를 제공하기 위해 '공공근로사업제도'와 청년실업 증가에 대처하기 위해 정부가 직접 지원하는 '정부인턴제도'를 도입하였다. 공공근로사업은 생계비를 지원하는 긴급구호사업의 성격으로 위기로 야기된 실업 후유증을 완충하는 역할을 하였다.

또한 2000년 10월에는 기존의 공공부조제도인 '생활보호제도'에서 한 단계 업그레이드된 '국민기초생활보장제도'를 도입하였다. 경제위기를 겪으면서 실시하였던 공공근로사업, 노숙자보호사업, 한시적 생활보호사업, 생업자금 융자사업 등 일시적 성격의 사회안전망 사업들을 제도화한 것이다. 그러나 제도의 이름에서 보듯이 국민의 최저생계를 보장한다는 목표 달성을 두고 시작한 나머지 빈곤에 대한 정교성 면에서 크게 미흡하여 많은 개혁과제를 숙제로 두게 되었다.

7) 통화 및 재정정책

1997년 말 외환부족에서 촉발된 위기는 신용공황으로 이어지면서 경제 전체적으로 위기가 파급되었다. 이에 대응해 정부는 IMF의 처방을 받아들여 먼저 거시경제 측면에서는 통화와 재정기조를 긴축기조로 전환하였다. 외환위기의 원인으로 지목된 경상수지적자를 흑자로 전환시키고 외환보유고를 늘리는 일이 시급했기 때문에 국내 총수요를 위축시켜야 했던 것이다. 고강도 긴축정책의 결과 외환위기 전 12% 수준이었던 회사채 발행금리가 1997년 말에는 30%를 넘어섰으며 환율도 외환위기 전 800원대에서 1998년 초에는 2,000원에 육박하기도 하였다.

경제위기를 맞으면서 그동안 높은 수준을 유지해 왔던 경제성장률은 1998년에는 건국 이래 최대의 마이너스 성장인 -6.7%로 위축되었다. 원화가치 폭락으로 1996년 중 1만 543달러에 달하였던 1인당 GNP가 1997년 중 9,519달러로 하락하였으며 1998년 중에는 6,823달러로 1990년대 초반 수준으로 하락하였다. 경상 GDP 규모도 1998년 3,213억 달러로 1993년 이전 규모로 축소되었다.

고강도의 통화 및 재정정책을 시행한 결과 환율은 1998년 2분기부터 안정되기 시작하였고 경상수지도 1997년의 GDP대비 -1.6% 적자에서 1998년에는 11.3%의 흑자로 돌아섰다. 그러나 충격적인 고금리와 고환율로 기업도산과 실업이 급증하였고 IMF의 처방이 지나친 비용을 초래하고 있다는 비판이 제기되었다. IMF가 긴급구제금융을 처방하는 데 익숙한 남미 등의 국가와 달리 우리나라는 방만한 재정이 원인이 아니었으므로 긴축적 통화 및 재정 정책이 올바른 처방이 아니라는 것이 이유였다. 위기 초의 유동성 문제가 해결되는 기미를 보이자 정부는 1998년 5월 이후 긴축정책을 완화하여 재정지출을 늘리고 금리를 인하하는 완화적 정책을 사용하여 경기회복을 시도하였다. 이에 따라 국내경기는 급격한 회복세를 보이며 1998년의 -6.7%의 성장에서 1999년에는 10.9%라는 급성장을 하였다.

1999년 3월 중 실업자 수는 178만 5,000명으로 실업률은 8.4%에 달해 99년 2월 8.7%보다 다소 하락하였으나 1966년 1/4분기 중 8.5%를 기록한 후 33년 만에 가장 높은 수준을 유지하기도 하였다. 또한 신용공황 방지를 위한 긴급조치의 하나로 통화공급을 확대하여 M2 증가율이 1998년 1월 16.1%에서 1999년 4월 30%로 증가하였다. 이로 인해 금리는 3년 만기 회사채유통수익률의 경우 1997년 12월 24.3%에서 1999년 4월 7.5%까지 하락하였다. 사상 유례가 없는 초저금리로 시중자금이 주식시장으로 몰리면서 다시 금리가 오르는 모습을 보여 거품경기라는 부작용을 낳았다.

4. 공적자금 투입과 위기 극복

1) 위기 극복을 위한 공적자금의 투입

한국은 금융위기를 극복하기 위해 두 번에 걸쳐 공적자금을 투입하였다. 첫 번째는 1997년 말 IMF 외환위기에 직면하여 '국가부도사태(moratorium)'까지 우려되는 상황 하에서, 우리 경제의 성장기반이 무너져 내리는 것을 막기 위해서 투입되었다. 이후 한국경제는 금융위기를 겪은 다른 나라에 비해 위기를 성공적으로 극복하였다는 평가를 받았으며 이후 다양한 경제지표도 금융위기를 겪은 다른 나라에 비해 상대적으로 견조한 모습을 보였다. 구조조정을 거친 금융산업 역시 수익성 및 건전성 차원에서 볼 때 양호한 경영성과를 보였다. 그러나 2008년 9월 15일 미국의 투자은행인 리먼브라더스가 파산보호신청을 하면서 전 세계 금융시장이 요동을 치게 되자 다시 위기국면을 맞으면서 공적자금을 투입하게 되었다.

자본주의 역사에서 금융위기(financial crisis)는 피할 수 없는 현상이다. 잘 알려진 것처럼 1930년대 대공황과 1980년대 미국의 저축대부조합 파산위기, 1990년의 북구 3개국의 은행도산, 2008년의 글로벌 금융위기에 이르기까지 주기적으로 금융위기가 발생하는 현상이 이어졌다. Kaminski and Reinhart(1999)에 따르면, 1975년부터 1997년까지의 20여 년 사이에만 전 세계적으로 90차례의 은행위기와 202차례의 통화위기, 은행위기와 통화위기가 동시에 진행되는 복합 금융위기가 37차례 발생하였다고 한다.[43] 1970년대는 총 26개의 금융위기가 경상수지에서 비롯된

---

43) Kaminsky, G. L. and Reinhart, C. M., 'The Twin Crises: The Causes of Banking and Balance-of-Payments Problems', The American Economic Review, June 1999, p.473~500, 1970년에서 1995년 중반까지 20여개 주요국에서 일어난 금융위기를 분석한 결과이다.

위기였고 오직 3개의 위기만 은행위기였다. 1970년대 금융시장의 규제강도가 높았음을 의미한다. 그러나 금융시장 자율화가 진행된 1980년대 이후에는 금융위기가 연평균 3.13개 발생하고 있어 1970년대의 연평균 2.60개 발생한 데 비해 빈도수가 높아지고 있다.

Glick and Hutchison(2001)도 1970년대 초반기 브레튼우즈 체제가 붕괴된 이후 1976년 영국 파운드화 위기 등 선진국의 통화위기와 더불어 자율화와 세계화가 급속히 확대된 1990년대 이후에는 1994년과 1995년 사이 페소화 가치 폭락에 따른 라틴아메리카의 데킬라위기, 1997년과 1998년 사이 아시아 금융위기 등 발생건수가 크게 증가하고 있다고 진단하고 있다.[44] 더욱이 2008년 리먼브러더스의 파산으로 개발도상국뿐 아니라 선진국은 물론이고 전 세계적으로 금융위기에서 피해갈 국가는 많지 않음을 인지하게 되었다. 우리나라도 마찬가지로 자체 경제여건도 양호하고 금융시장이나 금융회사가 안정적인 상황에 있어도 외부적인 돌발 사태에 의해 금융위기가 발생한다면 그 영향을 피해갈 수 없다.

사실 한국경제는 정부주도의 고도성장을 거치면서 주기적으로 경제 및 금융위기가 있었지만 정부주도 하에 인위적인 방법으로 처리를 해왔다. 1980년대 들어 세계적으로 자율화와 개방화가 확대되면서 우리나라도 정부주도형 경제에서 탈피해 자율화 개방화를 진행해 오다가 1997년 외환위기를 맞게 되어 정부주도의

---

44) Glick, R. and Hutchison, M. (2001). "Banking and currency crises: how common are twins?" In Glick, R., Moreno, R. & Spiegel, M. M. (eds.) Financial crises in emerging markets, Ch. 2, Cambridge, UK: Cambridge University Press. Previously issued as Federal Reserve Bank of San Francisco Center for Pacific Basin Studies Working Paper No. PB99-08, Federal Reserve Bank of San Francisco.

자의적 방법이 아닌 법과 원칙에 의한 공적자금을 투입하고 지원·관리하게 된 것이다.

1997년 아시아 금융위기의 연장선상에 있었던 우리나라의 경우 1997년 말 금융회사들의 신규 차입은 물론 대외적으로 채무의 만기연장이 불가능할 정도로 자금이 경색된 상태였다. 다음 해인 1998년에는 러시아 역시 국가 부도사태를 맞았으며 이러한 금융위기 상태가 남미로 확장되는 상황이었다. 따라서 정황으로 보아 한국은 금융위기를 극복하기 위해 천문학적 규모의 공적자금을 투입하지 않을 수 없었다.[45] 1998년 6월 말 1차 금융구조조정을 단행할 당시에는 64조 원의 공적자금으로 가능할 것으로 판단하였으나 재투입을 포함한 실제 투입 규모는 109.6조 원에 달했다. 1차 구조조정으로 충분하지 않자 추가적인 금융위기의 확산을 막기 위해 2차 금융구조조정을 위해 50조 원(순 채권발행자금 40조 원과 회수자금 10조 원)의 추가 자금 지원을 결정하게 되었다. 2016년 9월 기준 IMF 외환위기 위기 이후 총 168.7조 원에 달하는 공적자금을 투입하여 112.1조 원(회수율 66.5%)을 회수하였다.

168.7조 원의 공적자금 투입규모가 적정하였는가는 차치하고 금융위기가 경제붕괴로까지 이어지는 급박한 상황에서 조기에 공적자금을 투입하고 짧은 시간에 비교적 과감하게 구조조정을 추진했다는 평가를 받아왔다.[46] 회수와 상환의 문제에 있어서도,

---

45) 금융위기와 같은 시스템위기를 판단하는 데 있어 Dziobek와 Pazarbasioglu (1997)은 적어도 한 국가의 총 은행예금의 20% 이상에 영향을 줄 수 있는 상황이라고 정의하고 있다. 1997년 말 외환위기시 우리정부는 위기 초기에 신속히 예금전액에 대해 정부지급보장을 선언하였기 때문에 20% 이상의 금융기관 예금이 인출사태로 이어질 만큼의 위기상황이었는지에 대해 단언을 내리기는 어렵다. 다만 1998년 3월 말 기준 예금은행의 부실여신비율이 16.9%에 달했다는 점에서 위기의 심각성을 유추할 수는 있을 것이다.

공적자금 상환이 본격적으로 시작된 2002년 이후 49조 원의 우발채무를 명시적인 직접채무로 전환해 재정에서 부담하는 내용을 골자로 하는 공적자금 상환대책이 많은 논란 끝에 확정되어 시행되어 왔다. 공적자금 투입에 따른 부실 금융사와 기업에 대한 구조조정은 2001년 말에 이르러 상당부분 마무리되었다. 이후 2005년 말에 '공적자금비리 합동단속반'의 조사활동도 종료되었고 2006년 말에는 발행되었던 정부보증채권의 국채 전환도 마무리되었다.

1997년 IMF 외환위기로 인한 공적자금의 투입과 이에 따른 기업과 금융사의 구조조정이 마무리된 시점이라고 할 수 있는 2003년 신용카드사의 남발에 의한 금융위기가 다시 발생하였다. 신용카드사의 과도한 영업 확장으로 신용카드사의 모기업인 은행지주회사와 재벌그룹 및 카드채의 인수자인 투신사의 문제로까지 확산되어 금융시장의 안정성이 위협받는 상황이 발생하였으나, 직접적인 공적자금의 투입보다는 금융당국의 조치에 의거하여 해결하였다.[47]

---

46) IMF가 우리 정부에 금융구조조정정책의 성공조건으로 제시하였던 폭넓은 접근(A comprehensive approach), 즉각적 행동(Prompt action), 기업퇴출정책(Firm exit policies), 주도기관의 선정(Designating a lead agency) 등은 대체로 충족된 것으로 평가되고 있다.

47) 2003년 4월 3일 정부는 「금융시장 안정대책」을 발표하고 5조 원의 브릿지론을 조성하여 카드채를 매입하고 4.6조 원에 달하는 자본을 카드사에 투입해 증자하는 등을 조치를 취하였다. 부실 카드사는 대부분 그 모기업에 흡수합병하는 방식으로 처리하였는데, 외환카드는 외환은행에 합병시키고 외환은행의 자본을 확충하기 위해 론스타를 대주주로 받아들이게 된다. 부실이 가장 심각하였던 LG카드는 결국 산업은행이 인수하였고, 삼성카드는 삼성생명의 출자와 자금지원을 통해 회생하였다.

2) 공적자금의 역할 변화

① 공적자금 범위의 변천

1997년 외환위기의 공적자금의 투입 초기과정에서는 전대미문의 국가 모라토리움 사태를 맞다 보니 상황이 급박해서 법보다는 당시 재정경제부와 금융감독위원회가 마련한 지침과 대책을 통해 정해졌다.[48] 금융부문과 기업 문의 구조조정도 IMF와의 정책협의를 통해 그 골격이 결정되었다.[49]

공적자금의 조성도 「금융산업의 구조개선에 관한 법률」 제12조의 부실금융기관에 대한 정부 등의 출자, 「예금자보호법」 제26조2 예금보험기금채권의 발행, 「자산관리공사법」 제38조의 부실채권정리기금의 설치 및 조성 등 이미 존재하고 있는 법적 조항에 의거하였다. 이후 투입결정 과정상의 투명성과 실제 투입 시 집행절차의 혼선 등의 문제점이 노출되었고 관리가 금감위와 재경부로 이원화되어 혼란스러운 관리체제를 바로잡기 위해 2000년 12월 20일 공적자금의 정의에서 투입 및 관리의 법적 근거에 이르는 포괄적인 내용을 담은 「공적자금관리특별법」을 제정하였다. 동 법 제2조에 의해 우리나라에서 정의하는 '공적자금(public fund)'은 「예금자보호법」에 의한 예금보험기금, 「금융기관부실자산 등의 효율적 처리 및 한국자산관리공사의 설립에 관한 법률」에 의한 부실채권정리기금, 「공공자금관리기금법」에 의한 공공자금관리기금, 「국유재산의 현물출자에 관한 법률」에 의한 국유재산, 「한국은행법」에 의한 한국은행이 금융기관에 출자한 자금, 「공공차관의 도입 및 관리에 관한 법률」에 의한 공공차관 등에서

---

48) 「금융시장안정 및 금융산업구조조정을 위한 종합대책」 1997년 11월 19일.
49) 1997년 12월 3일 IMF와 협의한 「IMF와의 정책프로그램 협의 Memorandum 18」에 의거한 것이다.

금융기관의 구조조정을 위하여 지원되는 자금이다. 그러나 「공적자금관리특별법」의 공적자금 개념은 정부로부터 예금보험공사와 자산관리공사가 지급보증을 받아 채권을 발행해 조성한 자금(public fund)이라는 좁은 의미의 공적자금보다는 넓은 범주를 의미하고 있으나 여전히 일반회계를 통해 국책은행에 출자한 자금은 포함되어 있지 않다. 전대미문의 사건을 맞아 혼란스럽게 시작한 공적자금의 관리체제는 다양한 법을 한 곳으로 묶다보니 우선 공적자금의 정의부터 광범위해졌으며 정작 중요한 개념을 빠뜨리게 되었다.

글로벌 금융위기를 맞아 2009년 5월 「공적자금관리특별법」을 개정하면서 공적자금의 범위는 다른 양상을 보이게 된다. 동 법 개정에 의한 공적자금의 범위에는 2008년 글로벌 금융위기에 따른 금융시장 불안해소 등을 위하여 설치된 구조조정기금 등이 공적자금 II로 분류되어 포함된 것이다. 외환위기 극복을 위한 공적자금은 공적자금 I으로 정의된 자금을 재원으로 하여 금융기관 부실채권을 매입하고 구조조정기업의 자산을 인수하여 기업 및 금융회사의 건전성을 제고하는 데 사용하였다. 글로벌 금융위기로 인하여 설치된 공적자금 II는 동법 개정을 통해 새로운 공적자금으로 추가로 규정된 금융안정기금이다.

이밖에도 개정된 공적자금관리특별법의 적용을 받지는 않지만 준(準)공적자금으로서 기능하는 은행자본확충펀드도 공적자금의 역할을 고민하게 하는 자금이다. 두 종류의 공적자금은 기존의 공적자금 I이 사후적인 데 비해 사전적인 자금투입을 예정하고 있는 선제적 개념의 공적자금이다. 공적자금 II는 1997년 외환위기 극복을 위해 조성한 공적자금 I과 조성 목적이나 성격 등이 달라 구분하여 관리하고 있는 점도 있지만 위기 이후 사후적으로 조성된 자금이 아니라 위기를 확산되지 않도록 하는 예방적 차원에서도 공적자금이 조성될 수 있음을 의미한다. 따라서 글로벌 금융위기가 전 세계적으로 퍼지면서 우리나라 금융시장 전체의 위기로 확산될 상황에서 공적자금관리특별법에 구체적으로 적시된 것만을 공적자금으로 규정하고 관리하는 것은 향후 논란의 여지가 있다고 보인다. 외환위기 이후 천문학적 액수의 수업료를 지불하면서 얻은 교훈을 바탕으로 공적자금의 정의를 어디까지 할 것인가는 추가적인 논의가 필요하다.

② 공적자금 관리체계의 변천

공적자금을 운영 및 관리하는 방식은 나라마다 다르다. 대부분의 나라들이 위기를 맞는 이유가 경제환경의 급격한 변화에 적절히 대처하지 못했거나 취약한 금융감독, 부적절한 법 및 회계 관련 제도, 불충분한 위험관리, 무능한 결제제도 등 금융 관련 인프라가 취약했다는 공통점을 가지기 때문에 공적자금 운영 및 관리와 관련한 법적 기반을 마련하고 제도를 정비하게 된다. 이에 따라 공적자금 투입의 효과가 크게 달라지기 때문이다.

1990년대 들어 급격히 늘어난 금융위기를 극복하는 과정에서 세계 각국의 금융당국이 채택하고 있는 시장원리에 기반을 둔 구조조정 전략은 금융구조조정 과정에서 금융기관 경영기술 및 건전성 감독, 공공 공시제도 등에 대한 기준을 높이고 금융기관의 주주나 경영자들도 대가를 지불하는 책임분담원칙을 확립하는 데 초점을 맞춘다. 중요한 것은 부실금융기관의 퇴출원칙을 확실히 정립하여 시장원리가 적용될 수 있는 여지를 제고하고 훌륭한 지배구조를 확립하도록 뒷받침하는 것이다. 즉, 공적자금을 통한 지원으로 위기가 확산되는 것은 막되, 사적 책임분담원칙을 강조하면서 금융구조조정과 부실처리를 동시에 추진하는 현실적으로 타당한 방법을 취하는 것이다.

우리나라는 이런 측면에서 IMF 외환위기 시 공적자금투입 초기에는 원칙이 서지 않아 혼란스런 점이 없지 않았으나 공적자금의 조성, 운용, 관리 등에 대한 주요 사항을 심의·조정하는 관리체계를 일원화하고 책임소재를 분명히 하기 위해 2001년 2월 공적자금관리위원회가 정식으로 발족된 이후에는 체계적으로 관리하게 되었다. 「공적자금관리특별법」이 제정된 이후에는 동법에서 천명한 원칙인 '최소비용의 원칙'과 '공평한 손실부담의 원칙'에 준해 공적자금이 운영되도록 하였고 공적자금 투입금융기관에 대한 경영정상화이행약정(MOU) 체결과 이행실적 보고도 의무화하였다.

2006년 이후에는 외환위기와 관련된 공적자금 운영업무가 최소한의 사후 관리 기능을 빼고는 대부분 정리되어 2008년 2월 동위원회와 산하에 있는 매가심사소위원화와 사무국이 폐지되었다. 그러나 외환위기로 만들어진 공적자금관리체계를 정리하는 해에 글로벌 금융위기가 발발하면서 이에 따른 새로운 공적자금을 투입할 필요성이 제기되었다. 또한 2003년과 2004년 사이의 카드위기 시에는 신용카드사와 투신사는 예금보험공사의 공적자금 지원대상이 아니라는 한계가 있어 금융당국의 조치에 의해 공적자금과 유산한 자금을 투입하는 상황이 벌어지기도 했다. 이때 투입된 자금은 공적자금관리특별법에 명시된 공적자금은 아니나 공적자금에 준하는 역할을 하였다고 판단된다.

2009년 정부는 기업의 구조조정과 금융기관의 지원을 위하여 공적자금을 조성하고 운영할 계획을 표명하였으나 학계와 정치권으로부터 공적자금관리위원회가 폐지된 후 새로운 공적자금의 운용과 관리와 관련된 감시체계가 마련되어 있지 않아 재정만 낭비하게 되고 수혜기관의 도덕적 해이를 초래하게 된다는 비판을 받았었다. 이에 정부는 2009년 7월 25일 공적자금관리특별법을 개정, 공적자금관리위원회가 다시 생겨나게 되었다. 공적자금 II에 해당하는 금융안정기금의 경우에는 자금지원기관에 최소비용의 원칙을 입증할 수 있는 자료의 작성 및 보관의무 마저 면제하고 있어 피지원기관에 대한 효과적인 관리가 이루어지기 어렵다는 비판이 있다. 은행자본확충펀드의 경우는 공적자금관리특별법상의 제한마저도 받지 않음에 따라 관리의 측면에서 공백이 발생할 우려를 낳고 있다.

공적자금 II의 조성과 투입은 정책적 측면에서는 타당한 조치이지만 이와 같은 선제적 자금의 투입은 부실금융기관과 강도 높은 구조조정을 전제로 하지 않고 있어 기존의 전통적인 공적자금에 비해 상당히 완화된 형태의 관리체제로 갈 수밖에 없는 방안을 담고 있다. 즉, 이 같은 선제적 자금투입이 부실금융기관을 전제로 하지 않고 있더라도 국가가 가용할 수 있는 자금력의 총체, 더 나아가서는 궁극적으로는 국민의 세금을 기반으로 하고 있다는 점은 생각해 보아야 한다. 따라서 이와 관련해서 적절한 관리체계도 향후 논의해 볼 필요가 있었다.

③ 글로벌 금융위기 이전 공적자금의 역할

돌발적으로 닥친 위기하에서 금융기관의 연쇄도산 등으로 금융중개기능이 마비되고 실물경제가 위축되어 경제가 무너져 내리는 것을 방지하기 위해 공적자금을 투입하고 금융구조조정을 통해 부실채권을 정리하는 것은 많은 국가에서 이미 시행해 왔던 일이다.

1930년대 대규모의 세계적인 금융공황을 경험한 이후 1970년 말 이후 2008년 글로벌 금융위기 이전까지 세계경제는 자율화

개방화 등의 개념으로 대변되는 경제구조적 변화를 경험하면서 금융부문에서도 이러한 변화에 대응 여부에 따라 90여 개가 넘는 많은 국가에서 110여 개에 달하는 금융위기를 경험하였다. 이들 국가 중 대부분의 국가들이 공적자금을 투입해 위기를 신속 효율적으로 대처하고자 노력하였다. 거액의 공적자금을 금융기관 증자 및 부실채권 매입, 예금 대지급 등의 방법을 통하여 부실 금융기관에 지원하였으며 때에 따라서는 금융기관의 채무에 대한 국가보증을 선언하기도 하였다.

1980년 이후 2008년 글로벌 금융위기 이전까지 발생한 일련의 금융위기는 1930년대 세계 각 국가들이 금융대공황을 겪은 이후 가장 심각한 수준으로 평가되었다. 1930년대의 금융위기가 발생하였을 때 세계 각국의 금융당국이 수용한 정책은 경쟁을 가능한 제한하는 비시장적 방법이었다. 반면, 1980년 이후 세계 각국의 금융위기 극복 방법은 시장원리에 기초하여 구조조정을 해 나가는 정책이었다. 이는 1930년대와 달리 세계경제 금융부문이 광범위하게 통합화된 환경에서 가능한 자본시장의 개방성을 유지하면서 금융부문의 건전성을 회복해야 하는 당면과제를 해결하기 위해서는 시장에 기반을 두는 정책이 적합하기 때문이다.[50]

금융위기를 극복하는 과정에서 위기의 확산을 막고 금융부문의 건전성을 조속히 회복하기 위해서는 대부분의 국가에서 정부 차원의 적극적인 역할은 불가피한 것으로 생각된다. 거시경제적 차원에서 문제의 심각성을 진단하고 전염병처럼 퍼지는 금융부문 내에서의 위기감염 현상을 막고 경제문제로 파급되지 않도록 하는데 민간의 역할만으로는 충분히 감당해내기 어렵기 때문이다. 금융위기를 치유하고 재발을 방지하는 차원에서 정부는 적

---

50) Dziobek, Claudia, 'Market-Based Policy Instruments for Systemic Bank Restructuring,' IMF Working Paper, WP/98/113, August 1998.

극적인 기업 및 금융구조조정이라는 정책을 집행하게 되는데 이러한 정책집행은 많은 경우 공적자금의 투입이라는 수단을 통해 진행되며 정부는 가능한 비용을 최소화해야 한다는 커다란 부담을 안게 된다.

금융위기 극복에 있어서 공적자금의 역할은 국가마다 금융위기의 배경이나 처리과정, 처리방식에 있어서 상이한 것처럼 보이기도 한다. 그러나 금융위기가 발발하게 된 직접적인 원인은 다양하지만 근저를 보면 경제환경의 급격한 변화에 적절히 대처하지 못했거나, 금융감독이 부실하거나 법 및 회계 관련 제도에 취약점이 있거나, 위험관리를 소홀히 하였거나 심지어 결제제도가 제대로 작동하지 못하는 등의 관련 인프라가 취약했었다는 점에서는 국가 간 유사성도 적지 않다.

공적자금이 어떤 역할을 하는가 하는 점은 각국의 거시경제여건 및 법적 기반과 제도 정비, 금융기관의 부실화 정도 및 지배구조 등에 따라 다르다. 하지만 근본적으로는 공적자금을 조성해서 회생이 어려운 금융회사는 과감하게 퇴출시키고 예금자를 보호해 예금을 대지급하며 회생이 가능한 금융회사는 재무건전성을 높여 경영을 정상화시키게 된다. 이렇게 해서 정상화된 금융회사는 부실기업은 과감히 대출을 중단하되 정상적인 기업에 대해서는 대출을 해 금융시장을 안정화시키게 된다.

세계 각국의 금융당국이 채택하고 있는 시장원리에 기반을 둔 구조조정 전략은 금융구조조정 과정에서 금융기관 경영기술 및 건전성 감독, 공공 공시제도 등에 대한 기준을 높이고 금융기관의 주주나 경영자들도 대가를 지불하는 책임분담원칙을 확립하는 데 초점을 맞춘다. 정부가 부실금융기관의 퇴출원칙을 확실히 정립함으로써 시장원리가 적용될 수 있는 여지를 제고하고 훌륭한 지배구조를 확립하도록 뒷받침하는 것이다. 즉, 공적자금을 통한 지원으로 위기가 확산되는 것은 막되, 사적 책임분담원칙을 강조하면서 금융구조조정과 부실처리를 동시에 추진하는 현실적으로 타당한 방법을 취하는 것이다. 금융위기를 겪은 외국의 경우 효율적으로 부실자산관리체제를 정비하고 금융구조조정 과정에서 손실분담원칙을 정립하고 금융감독 기능을 강화하는 등의 공적자금의 효율적 운용을 위한 제도적 정비과정을 거치고 있다. 이 과정에서 중요한 것은 시장지향적이며 경쟁력이 높은 금융부문을 재건하는 일이다.

금융위기를 겪은 국가 중 금융시스템의 정상기능 회복에 조속히 성공한 국가의 경우 위기의 정도가 경제 및 금융 자산 규모에 비해 크지 않았거나 조속히 적절한 대응을 하였다. 또한 성공한 국가의 대부분은 지불불능에 빠지거나 부실한 금융기관의 직접적인 자산처리의 문제뿐 아니라 회계 및 법적 그리고 규제적 문제점을 모두 개선하는 방향의 적기 시정조치나 포괄적 접근방법을 동원하였다. 또한 공적자금이 순조롭게 투입되고 회수될 수 있도록 제도적 개선 노력과 더불어 경제활동의 정상수준 회복에도 노력하였다. 경제회복이 없이는 공적자금의 효율적 운용도 어려웠다는 점을 인식할 필요가 있다.

④ 글로벌 금융위기와 공적자금의 역할

2008년의 글로벌 금융위기는 과거 아시아 금융위기나 남아메리카의 국가채무위기처럼 개발도상국이나 신흥국에서 발생한 것이 아니라 금융산업이 발달한 선진국인 미국과 유럽국가에서 발생했다는 점에서 양상이 다르다.

1990년대 초중반 이후 세계 각국은 경쟁적으로 금융시장에 대한 규제를 완화해 나가기 시작했다. 특히 각 국가별로 자본이동에 대한 규제를 완화시키면서 국제적인 자본이동의 규모가 급격히 증가하게 되었고 단기적 투기성 자본의 급격한 유출입으로 시장에서 환율이 급등락하고 금융회사들이 급작스럽게 퇴출되는 현상이 빈번히 발생하게 되었다. 더욱이 지나친 탐욕을 가진 것으로 평가된 국제적 투기자본이 실물경제를 압도하는 수준으로 전 세계 금융시장을 공략하였고 금융거품이 만들어졌다.

시야를 넓게 보면 한국의 1997년 외환위기도 동아시아를 공략한 투기자본의 공격으로 해석할 수 있다. 1997년 7월 태국 바트화 폭락에 이어서 필리핀 페소의 폭락 등이 나타나면서 아시아 전역으로 외환위기가 확산되었고 한국의 경우 정부가 모든 수단을 동원해서 환율방어를 위해 외환시장에 개입하였으나 외화유동성 부족으로 결국 국가부도 상황에 직면하게 되었다.

이때까지만 해도 선진국은 금융위기의 대상국이 아니었다. 하지만 이후 이들 투기자본이 정보통신산업에서 거품을 일으켰다 붕괴되기도 했고 세계 부동산 시장에 거품을 일으켰다 꺼지는 사태를 만들면서 선진국들도 금융위기의 그늘에서 벗어나기 어렵게 되었다. 위기의 원인을 투기자본만으로 볼 수는 없지만 이러한 투기자본이 세계 자본시장의 불안정성을 높이면서 2008년 글로벌 금융위기의 한 원인으로 작용하게 되었다. 1930년의 경제 대공황은 실물경제에서 공급과잉에 따른 유효수요의 부족에 기인한 바 크지만 2008년 글로벌 금융위기는 일부 금융권의 탐욕에 덧붙여 실물경제에서의 과잉소비와 수요거품의 관리실패가 원인이라고 할 수 있다.

금융시장이 더 발전하고 각국 경제의 상호연계성이 높아진 상황에서 미국 주식시장이 급락하고 유럽의 주식시장이 흔들리면서 우리나라의 금융시장도 글로벌 금융위기의 영향권에 들어가게 되었다. 특히 미국은 기축통화인 달러를 발행하는 국가로 실질적으로 세계경제에 막대한 영향력을 행사해온 국가라는 점에서 다른 각도의 접근을 요한다. 이번 글로벌 금융위기는 각국이 과거 금융위기 시의 경험을 바탕으로 신속하고 과감하게 대처하여 빨리 위기의 영향권에서 벗어날 수 있었다. 하지만 글로벌 금융위기의 극복과정에서 각국 정부는 대공황 당시 효과를 발휘한 정부의 팽창적 재정정책을 사용하는 것이 일반화됨에 따라 경기가 둔화하거나 위기가 발생할 때마다 과도할 정도로 재정지출을 확대하였다. 결과적으로 이런 재정지출 팽창정책은 각국의 정부부채 규모를 증가시켰고, 급기야 남유럽의 경우는 재정위기로까지 이어지게 되었다. 각국 정부가 금융위기에서 비롯된 불황을 재정팽창정책으로 해결하면서 재정건전성이 훼손돼 국가채무 문제가 새삼 부각되기에 이르렀다.

3) 공적자금의 투입 성과

공적자금을 투입하는 궁극적인 목적은 금융부문의 부실을 신속히 정리해 위기확산을 막음으로써 공적자금의 투입성과를 극대화하고 공적자금과 관련한 국민부담을 최소화하려는 것이다. 이렇게 되면 금융기관의 건전성이 높아지고 금융시장이 안정을 찾게 되면 동전의 양면인 실물경제로의 자금의 흐름이 원활하게 되어 실물경제도 원상복귀하게 된다. 공적자금을 통한 구조조정 과정에서 최소비용과 손실부담의 원칙을 지켜 국민의 소중한 예금자산을 보호하고, 과거 잘못된 관행 등을 개선하여 시장규율을 확립하게 되는 것도 중요한 공적자금의 성과 중 하나이다.

1997년 말의 외환위기 극복 시에는 금융시스템이 빠른 시일 내에 그 기능을 회복한 것에 더해서 금 모으기 운동을 하는 등 가계·기업 등 모든 경제주체가 합심하여 경제구조 개혁에 전력을 더하는 단결된 모습을 보이기도 했다. 그 결과 금융기관의 경영실적이 장기적인 금융산업의 경쟁력을 반영하는 방향으로 개선되었으며 금융의 본연의 기능인 국민경제의 효율적 자원배분, 위험의 흡수 분산 등의 기능도 개선되었다. 직접적인 금융위기의 원인으로 지목되었던 대기업의 과도한 부채경영과 금융기관의 부실 심화, 대외신인도 하락, 동남아 외환위기의 국내 확산, 정부의 위기관리능력 미흡 등의 환경적 요인도 대체로 많이 치유되었다.

외환위기의 구조적 원인으로 생각되었던 기업부문에서의 확대 위주의 차입경영, 고비용·저효율 구조에 의한 국제경쟁력 약화, 경상수지적자 누적 및 외채구조 취약, 외환보유고 불충분, 금융정책 및 제도의 부실 운영, 금융감독기능의 취약성 등의 문제점도 과거에 비하면 개선되었다고 보인다. 다만 금융부문의 양적 성장에 비해 GDP 대비 투자율은 장기간 침체현상을 보이고 있으며 실물과 금융의 괴리가 심화되고 있고 경제 각 부문별로 양극화 현상이 심화되면서 불균형 성장이라는 또 다른 문제점을 보이고 있다.

① 금융사의 건전성 및 수익성 제고

공적자금 투입의 직접적인 성과는 무엇보다 부실채권을 정리하는 것이다. IMF 외환위기 때 투입된 공적자금으로 1998년 3월부터 2002년 3월 말까지 4년간 총 197조 4,000억 원에 달하는 부실채권이 정리된 것으로 추정된다. 1998년 3월에 112조 원[51]이었던 금융권 부실채권 규모는 1999년 말에 66조 7,000억 원으로

---

51) 1999년 12월 당시의 부실채권 산정기준(FLC 무수익여신)으로 1998년 3월 당시의 부실채권 규모를 역추정한 수치임.

감소하여 20여 개월간 92조 원 규모의 부실채권이 정리되었으나 이후 대우사태 등으로 인해 추가로 47조 원의 부실채권이 발생하게 되어 순감소액은 45조 원이었다. 2000년 3월 이후 'FLC 고정이하여신기준'이 단계적으로 도입[52]되고 기업구조조정이 지속적으로 추진됨에 따라 2002년 3월 말까지 부실채권이 72조 4,000억 원 증가였고 105조 4,000억 원 정리되어 잔액은 33조 7,000억 원 수준으로 감소하였다.[53] 중요한 것은 절대량보다 부실채권비율(고정이하여신 기준)인데 은행의 경우 1997년 말 6.70%에서 1998년 말 10.4%, 1999년 말은 12.9%까지 증가하였으나 공적자금을 투입한 이후 급감하여 2002년 말에는 2.33%까지 감소하였다. 이는 당시 공적자금 투입환경이 유사한 동남아 국가 및 일본 등과 비교할 때 매우 낮은 수준이다. 최근 들어서는 부실채권 비율이 1%대 초반에서 안정된 모습을 보이고 있다. 금융사의 건전성도 금융기관이 효율적인 자금중개기능을 수행하는 원동력이 되기 때문에 공적자금 투입의 중요한 성과로 생각된다.

금융사의 건전성을 보여주는 또 다른 지표가 자기자본비율이다. 일반은행의 경우만 국한해서 본다면 BIS자기자본비율은 1997년 말 기준 7.0%에 불과하였으나, 이후 공적자금 투입과 은행의 자체적인 건전성 제고 노력으로 인해 2001년 말에는 10.8%로 향상되었다. 더욱이 2000년부터 신자산건전성분류기준에 따라 대손충당금을 적립해야 할 부실채권의 범위가 확대된 것을

---

52) FLC 고정이하여신 기준으로 재산정 할 경우 1999년 말 부실채권 규모는 88.0조 원으로 증가.

53) 2002년부터는 금융감독원에서 부실채권규모 산정 대상 금융기관의 범위를 확대하여 기존의 은행, 보험사, 증권사, 투신사, 상호저축은행, 종합금융회사, 리스회사, 신용협동조합 외에 카드사, 할부금융사, 신기술금융사까지 포함시키고 있다. 이 기준에 따르면 새로 포함된 3개 금융권의 부실채권 3,000억 원이 추가되어 금융권 전체 부실채권규모는 38조 원으로 증가한다.

감안하면 금융사의 자산의 건전성은 크게 제고된 것으로 볼 수 있다. 2009년 이후에는 글로벌 금융위기와 저성장 등으로 인해 경영환경이 어려웠음에도 불구하고 은행의 BIS자기자본 비율이 14%대를 유지함으로써 은행의 건전성이 한 단계 업그레이드되었다고 판단된다.

그 밖에도 금융사의 1인당 총자산이나 예수금 등 생산성 지표가 크게 개선되었다. 물론 구조조정 과정에서 직원 수가 감소한 점도 있지만 금융사 전반의 효율성 제고 효과가 가시화된 데에 기인하는 것으로 평가될 수 있다. 결국 공적자금의 투입과 더불어 금융사 스스로의 비용절감, 생산성 향상 노력으로 인해 수익성도 상당히 개선되었다. 일반은행 당기순이익의 경우 1998년 12조 5,000억 원의 적자를 나타냈으나, 1999년에는 신자산건전성분류기준(FLC)의 도입, 대우그룹 사태 등에 따른 충당금 적립부담에도 불구하고 적자규모가 6조 원으로 크게 줄었다. 2000년에는 신자산건전성분류기준의 완전 도입, 추가적인 기업구조조정추진 등으로 2조 8,000억 원의 적자를 보였지만 2001년에는 대손충당금을 적립한 후에도 사상 최대규모인 3조 5,000억 원의 흑자를 기록하였다. 이에 따라 총자산수익률(ROA)이 외환위기 기간인 1997년에서 2000년 사이 마이너스를 보였지만 2001년 플러스로 돌아서 0.76%를 보였다. 이후 견조한 모습을 보이며 2012년도 9월 말 기준 0.43%를 기록하고 있다. 자기자본순이익률(ROE)도 외환위기 이후인 2001년 15.88%로 크게 개선되었으며 2012년 9월 기준 5.72%를 시현하고 있다. 은행의 경우만 논의하였으나 은행권 외에도 증권사, 보험사 등 다른 금융권도 전반적인 경영환경이 개선되었다.

② 금융시장 안정성 제고

공적자금을 투입하는 중요한 이유 중 하나는 금융시장을 조기에 안정시키는 일이다. 먼저 채권시장을 보면 IMF위기 직후 우량기업의 3년 만기 회사채 유통수익률은 일시적으로 30%대를 상회하였지만 1998년 중반 이후 공적자금 투입을 통한 금융구조조정을 바탕으로 금리인하 정책이 지속적으로 추진되면서 1999년 하반기에는 한자리 수로 떨어질 수 있었다. 2000년 들어서는 다시 회사채유통수익률이 대우그룹 부실채권과 관련한 투신사 수익증권 환매사태와 현대그룹 등 일부 대기업의 유동성 부족사태가 벌어지면서 10%대를 넘어서기도 하였다. 그러나 금융당국의 채권시장 안정화를 위한 정책적 노력의 결과, 금리가 큰 폭으로 떨어졌다.

외환시장의 안정성은 금융위기의 가장 핵심적인 사항이다. 원/달러 환율의 변동성은 1997년 12월 16일 자유변동환율제 이행 직후 크게 확대되었으나 1999년 이후 축소되는 모습을 보인다. 원/달러 환율변동성(전일대비변동률 기준)은 1990~1997년 중 0.2%

외환위기 전후의 시장금리 추이

수준에서 외환위기 이후 리먼사태 이전까지 0.4%에서 글로벌 금융위기 이후 0.6%로 증가하였다. 한국은행(BOK경제브리프 2011-1, '원/달러 환율변동성이 큰 배경과 시사점')의 분석에 의하면 주요국(G20+아시아 5개국)과 비교해 볼 때 우리나라의 환율변동성은 리먼사태 이전 10번째로 중간 수준이었으나, 2010년에는 호주, 브라질, 남아공에 이어 4번째로 높은 수준을 기록하였다. 최근 환율변동성이 커진 것은 외환시장의 구조적 취약성이 지속되는 가운데 자본유출입의 변동성이 커지고 지정학적 위험이 가세한 데 따른 것으로 한은은 분석하고 있다.

우리나라 자본시장은 선진국에 가까운 개방도와 발전정도를 갖추고 있어 국제금융시장이 안정적일 때는 자본유입이 활발하나 불안정적일 때는 되면 자본이 급격히 유출되는 모습을 보이는 문제점이 있다. 더욱이 우리의 외환시장의 경우는 거래규모에 비해 시장구조가 충분히 발달하지 못하여 충격흡수 기능이 미흡한 실정이다. 북한의 존재도 지정학적 위험을 높이면서 환율변동성 증가의 배경으로 작용하고 있다. 우리나라의 대외의존도(명목GDP 대비 수출입 비율)가 2012년 말 기준 100%를 상회하는 상황에서 이와 같은 높은 환율변동성은 경제에 상당한 부담으로 작용할 가능성이 있다.

은행 간 외환거래 규모 차원에서 보면 1997년 일평균 35.6억 달러에 불과하던 외환시장 거래 규모는 2000년 들어 위기 전 수준을 회복한 이래 꾸준히 증가하는 추세이다. 2004년에는 205.3억 달러, 2010년에는 438.2억 달러로 급증하고 있다. 특히 현물환 거래의 증가추세보다 선물환 및 외환스왑, 통화스완 통화옵션등 기타 외환관련 파생상품 거래가 더욱 급증하는 추세이다.

공적자금 투입 이후 가장 눈에 띤 성과는 외환시장의 괄목할 만한 성장이다. 외환위기 이후 크게 축소되었던 주식시장의 유동성은 2000년 중 1998년 대비 4배 이상 증가했으며 침체를 보이던 2001년에도 위기 이전 수준을 크게 상회하였다. 2001년 말 기준 증권거래소 상장주식의 시가총액은 256조 원으로 1997년 말의 71조 원에 비해 구조조정이 마무리된 2001년 말 4년 만에 3.6배 성장하였다. 2012년 12월 말 기준 상장주식의 시가총액은 1,154조 원을 상회하고 있어 괄목할 만한 성장을 하였다고 할 수 있다.

시가총액 증가와 더불어 거래대금도 큰 폭으로 늘어나 시장 전체의 유동성은 위기 전후에 비해 크게 개선되었다. 증권거래소의 연간 거래대금은 1997년 대비해 구조조정이 마무리된 2001년 말에는 3배, 코스닥시장은 386배 증가하였고, 이에 따라 거래회전율(거래대금/시가총액)은 1997년 137.3에서 2001년 599.8로 2012년에는 338.5로 크게 상승하였다. 코스닥시장까지 합치면 더욱 괄목할 만한 성장이라 할 수 있다. 특히 평가할 만한 점은 1998년 외국인투자한도가 철폐됨에 따라 외국인의 주식보유규모가 급증하고 직접투자규모도 빠르게 신장하였다는 점이다. 2001년 말 기준 외국인 주식보유금액은 93조 6,982억 원으로 1997년 말 대비 9배 이상 증가하였다. 전체 상장주식에 대한 외국인보유 시가총액 비중은 23.6%p 증가한 36.6%를 기록하였다. 2011년 말 외국인 보유시가총액은 350조 2,461억 원인데 중요한 것은 기관투자가를 중심으로 투자자 등록자수가 크게 증가하고 국적도 다양화되어 투자자 기반이 다변화됨으로써 시장안정에 기여하였다는 점이다. 그러나 외국인 투자자의 증가는 장단점이 존재하며 외환시장과 밀접한 연관이 있으므로 긍정적인 성과로만 보기는 어렵다.

자금중개기능도 빠르게 정상화되었다. 1998년 중에는 신용리스크의 증가, BIS기준 자기자본규제의 강화 등에 따라 은행을 포함한 대부분 금융기관의 대출이 감소하여 자금중개기능이 크게 위축되었다. 그러나 공적자금 투입 이후 은행을 중심으로 자금 중개기능이 점차 정상화되고 여신증가율이 위기 이전 수준으로 회복되었다. 그러나 구조조정 결과 금융기관들의 신용공급능력이 확충된 데다, 저금리 기조 하에서 경기회복과 자산가격 상승 기대로 인해 가계대출이 급증하여 사회적 문제로까지 대두되고 있다. 외환위기 이후 수년간은 은행권의 가계여신이 선진국 수준으로 정상화되는 과정으로 이해하였지만 기업대출은 부진하고 은행들이 상대적으로 위험도가 낮은 가계대출을 늘린다는 비난 마저도 받고 있는 상황이다.

③ 실물경제 회복

금융시장의 안정으로 기업들이 자금을 원활히 조달할 수 있게 됨에 따라 외환위기 이후 크게 악화되었던 기업의 단기자금사정도 호전되어 2001년 이후에는 위기 이전 수준을 회복하였다. 기업의 긴급자금수요를 나타내는 당좌대출한도 소진율의 경우 1998년 3월에는 33.5%에 달했으나, 그 이후에는 하락세가 지속되었다. 2000년 들어 대우그룹 구조조정의 여파로 다시 상승하였으나, 2001년 이후 하락세가 지속되어 2002년 4월에는 13.4%를 기록하였다. 1998년 중 총 2만 2,000개, 1일 평균 76개에 이르던 부도업체 수[54]는 1999년에는 총 6,700개, 1일 평균 22개로 감소하여 1997년 이전 수준[55]을 크게 하회하였다. 1997년 말 0.4%에 이르던 어음부도율도 대우사태로 인해 1999년 하반기 잠시 상승하기도 하였으나, 꾸준히 하락하여 1999년 말에는 0.33%,

---

54) 당좌거래정기업체 기준.
55) 1996년 36.7개사, 1997년 56.7개사로 추정.

외환위기 이후 주요 경제지표 증가율 추이

(단위 : %)

	1997	1998	1999	2000	2001	2007	2008	2009	2010	2011	2012
국내총생산	5.0	-6.7	10.9	9.3	3.0	5.1	2.3	0.3	6.3	3.6	2.0
설비투자	-8.7	-38.8	36.3	35.3	-9.8	9.3	-1.0	-9.8	25.7	3.7	-1.8
민간소비	3.5	-11.7	11.0	7.9	4.2	5.1	1.3	0.0	4.4	2.3	1.8
물가상승률	4.5	7.5	0.8	2.3	4.1	2.5	4.7	2.8	3.0	4.0	2.2
실업률	2.6	6.8	6.3	4.1	3.4	3.2	3.2	3.6	3.7	3.4	-

자료: 한국은행 국민계정, 각호, 통계청

2001년 말에는 0.23%에 이르렀으며 2012년 말 현재 0.02%에 불과하다. 다만 부도업체 수는 외환위기 이후 꾸준히 감소하여 2012년에는 1,228개를 기록하고 있을 정도로 안정된 모습을 보이고 있다.

기업의 자금조달여건 개선은 설비투자의 급속한 회복으로 이어져 우리 경제가 외환위기의 충격으로부터 벗어날 수 있는 견인차 역할을 수행하였다. 1998년 38.8%나 감소했던 설비투자는 1999년과 2000년 중 각각 36.3%, 35.3%라는 급증세를 나타내었으며, 민간소비도 1998년의 11.7% 감소에서 1999년에는 11.0%, 2000년에는 7.9% 증가로 호전되었다. 이에 따라 GDP성장률도 1998년의 마이너스성장에서 99년에는 10.9%, 2000년에는 9.3%로 급격한 회복세를 보였다. 고용시장도 빠르게 안정을 되찾게 되어 1998년 6.8%를 기록했던 실업률도 이후 점차 하락하여 2001년 이후 3%대로 하락했다. 다만 설비투자는 외환위기 직후 과소투자현상이 일시적으로 해소되는 듯했지만 2001년 이후 다시 과소투자가 확대되면서 계속적으로 부진한 현상이 이어지고 있어 성장잠재력마저 훼손되는 문제점을 낳고 있다.

그럼에도 불구하고 성장잠재력의 하락은 한국경제만의 문제는 아니며 이와 같은 실물경제의 회복 정도와 속도는 외환위기를 함께 겪은 동남아 국가들과 비교할 때 상대적으로 매우 양호한 것으로 평가된다. 또한 외국의 연구기관들도 한국이 1997년 외환위기를 겪으면서 금융 및 기업 구조조정을 통해 새로운 금융환경에 적응함은 물론 경제 전반이 한 단계 도약할 수 있는 발판을 마련한 것으로 평가하고 있다.

한편, 이러한 지난 4년간의 실물경제지표 개선 외에 공적자금의 투입 및 이를 통한 금융구조조정은 금융중개기능의 발전을 촉진시켜 향후 우리 경제의 성장잠재력을 확충시킬 수 있을 것이라는 평가도 있다. 예를 들어 삼성경제연구소에서는 2002년 7월 『공적자금 투입의 성과 평가』 보고서에서 금융기관과 기업의 투명성 등과 관련한 선진화가 계속되어 금융중개기능이 제고된다는 가정하에 공적자금 투입으로 인한 경제성장률 증가효과는 0.63~0.73%p에 달하는 것으로 추정하였다.

이영수(2000)의 연구에서도 목표 BIS기준 자기자본비율(8%로 설정)과 현재 BIS기준 자기자본비율 간의 비율이 1%p 상승할 때 일반은행의 대출금증가율이 0.12~0.17%p 증가한다고 분석하였다. Levine, Loayza & Beck(2000)이 전 세계 71개국을 대상으로 1960~1995년 사이 민간신용비중과 실질경제성장률 간의 관계를 분석해 이 연구결과를 토대로 공적자금 투입으로 인해 실질경제성장률은 0.63~0.73%p 높아지는 효과를 갖는 것으로 추정하기도 하였다. 그러나 경제성장은 다양한 요소가 복합적으로 작용하는 것이기 때문에 공적자금의 투입효과를 구분해 내는 것은 불가능하다고 보인다. 단지 방향성에 있어서는 의미 있는 시사점을 준다고 판단된다.

④ 위기의 조속한 극복

공적자금 투입의 중요한 성과중 하나는 위기를 빠르게 극복할 수 있다는 것이다. 우리나라의 대외신인도는 대기업의 연쇄도산과 동남아 외환위기로 인하여 외국인의 투자자금이 급속하게 유출되고 있던 1997년 10월부터 크게 추락하여 투자적격이던 국가신용등급이 1997년 12월 하순 투자부적격으로 조정되었다. 그러나 1998년 이후 신속한 금융구조조정에 힘입어 실물경제가 빠른 회복세를 보임에 따라 외평채 가산금리가 크게 하락하고 국가신용등급도 상향조정되는 등 대외신인도가 크게 개선되기 시작하였다. S&P, Moody's, Fitch IBCA 등 주요 신용평가회사는 1999년 들어 우리의 국가신용등급을 투자부적격에서 다시 투자적격으로 상향조정하였다.

가장 먼저 유럽계 신용평가기관인 Fitch IBCA가 1999년 1월 19일 우리나라의 국가신용등급을 투자적격등급으로 환원하였고, S&P와 Moody's도 각각 동년 1월 25일 및 2월 12일에 투자적격등급을 부여하였다. 2002년 들어서는 3개 신용평가회사 모두 우리나라의 국가신용등급을 A등급으로 상향조정하였다. 먼저 Moody's가 3월 28일 A등급을 부여한 이후 Fitch IBCA는 6월 27일, S&P는 7월 24일 각각 A등급으로 우리의 국가신용등급을 재조정하였다.

특히 글로벌 금융위기로 대부분의 국가들의 신용등급이 하락하는 가운데 우리나라의 신용등급은 2012년 두 차례나 상향조정되었다. 8월 무디스가 한국의 국가신용등급을 Aa3(안정적) 등급으로 상향조정하였다. 이어 피치의 경우 2005년 10월 A에서 A+로 우리나라 신용등급을 상향한 이후 7년 만에 2011년 11월 '안정적'에서 '긍정적'으로 격상한 데 이어 2012년 9월 다시 한 단계 상향조정하였다. 이로써 우리나라는 피치 기준으로 15년 만에

외환위기 이후 우리나라 국가신용등급 추이

	1997	1998	1999	2000	2001	2002	2003 ~2011	2012
Moody's1)	A3(97.11) Baa2(97.12) Ba1(97.12)	–	Baa3 (99.2) Baa2 (99.12)	–	–	A3 (02.3)	A2(07.7) A1(10.4)	Aa3 (12.8)
Fitch IBCA1)	A+(97.11) A(97.11) BBB–(97.12) B–(97.12)	BB+ (98.2)	BBB– (99.1) BBB (99.6)	BBB+ (00.3)	–	A (02.6)	A+(11.11)	AA– (12.9)
S&P	A+(97.10) A–(97.11) BBB–(97.12) B+(97.12)	BB+ (98.2)	BBB– (99.1) BBB (99.11)	–	BBB+ (01.11)	A– (02.7)	A(05.7)	

주: ( ) 안은 변경시점이며, 최저투자적격등급은 Baa3(Moody's), BBB(Fitch IBCA), BBB–(S&P)임.

외환위기 이전의 국가신용등급 수준을 회복하게 되었다. 국가신용등급의 상향조정은 국내 금융사나 기업 등의 신용등급산정에 긍정적 영향을 주어 가산금리가 하락해 해외자금조달 비용을 줄이는데 기여하게 된다.

1998년 이후 경상수지가 흑자를 지속하고 대외신인도도 회복됨에 따라 외국인 직·간접 투자가 늘어나면서 외환보유액은 지속적으로 증가하였다. 2002년 말 6월 말 현재 외환보유고는 1,124억 3,800만 달러로 일본(4,197억 달러), 중국(2,384억 달러), 대만(1,398억 달러)에 이어 세계 4위 수준이 되었다. 외환유동성 확보 노력과 함께 외환보유액 중 차입비중이 크게 감소되어 외환보유액 조성이 건실화되었으며 1999년부터 순채권국으로 전환하였다. 2012년 10월 말 현재 우리나라의 외환보유액은 3234.6억 달러로 규모 면에서 세계 제7위국을 유지하고 있다. 외환보유액이 대폭 늘어남에 따라 IMF로부터 외환유동성 위기 극복을 위해 차입한 195억 불을 당초 계획보다 3년 앞당긴 2001년 8월 23일에 전액 상환하였다. 이로써 우리는 3년 8개월이라는 유례없이 빠른 기간 내에 IMF 관리체제를 완전히 벗어나게 되었다는 점은 역사적으로도 의미 있는 일이다.

⑤ 예금자 보호 및 시장규율 확립

마지막으로 공적자금의 투입을 통해 회생가능성이 없는 금융사를 퇴출시키는 과정에서 예금을 대지급하고 회생가능한 금융사는 경영을 정상화시킴으로써 거의 모든 예금자들이 직·간접적으로 예금을 보호받을 수 있었다. IMF 금융위기 이후 2002년 6월 말까지 종금사 18개, 증권사 4개, 저축은행 74개, 신협 194개 등 총 290개의 금융사가 예금을 대지급받았으며 이들 금융사의 파산에 따른 예금대지급으로 총 26조 4,483억 원의 공적자금이 지원되었고 이로 인해 예금을 보호받은 국민은 약 167만 명에 이른다는 점은 예금자 보호차원에서 공적자금의 성과를 보여주는 단적인 예이다.

또한 공적자금의 투입을 통한 금융구조조정과정에서 각 경제주체들이 과거에 관행이라는 형식으로 있어온 도덕적 해이를 줄이고 자율과 책임을 바탕으로 한 경제행위를 할 수 있는 환경을 마련하게 된 점도 의미 있는 일이다. 예를 들어서 공적자금을 투입된 금융사의 자본에 대한 감자 및 경영진 교체 및 손해배상청구, 점포 및 인원 축소 등이 실시된 것이 이를 의미한다. 외환위기시 전액보장에서 2001년 이후부터는 예금자에게도 부분보장제도[56]를 통해 손실을 분담하는 체제로 바뀌었다. 정부주도의 고

---

56) 실적배당상품에 대해서는 일정부분 투자자가 손실을 부담하였으며 일반

도성장과정에서 관치금융의 잔해가 남아 있었으나 이로 인한 잘못된 인식과 관행을 바꾸는 계기가 되었다. 1998년 6월에 있었던 5개 은행의 퇴출은 은행이 더 이상 공공적 금융기관이 아니라 시장에서 퇴출될 수 있는 상업적 금융회사임을 국민에게 명확히 인식시켰다. 금융기관 부실의 기준이 명확히 되고, 나아가 부실금융기관의 처리절차가 법적 원칙에 의해 제도화된 것이다.

2000년부터 도입된 새로운 '자산건전성분류기준(Forward Looking Criteria)'에 따라 국제적 기준에 의거하여 금융사의 자산이 평가되고 있으며, 개별금융기관의 부실여부에 대한 판정과 그 처리절차는 지난 1997년부터 금융권별로 도입된 '적기시정조치(Prompt Corrective Action)'에 의거하여 이루어지고 있다. 이에 따라 적어도 1997년과 같은 일이 되풀이되지는 않을 것이다.

예금의 경우에도 2000년까지는 전액보장되었으나 2001년부터는 부분보장으로 정환되었다.

Part 3

한국경제의 구조 변화와
저성장 경제기의 과제

제1장

세계경제 패러다임 변화[57]

1. 글로벌 금융위기

2008년 글로벌 금융위기는 세계경제 패러다임에 커다란 변화를 가져왔다. 글로벌 금융위기 이전 20~30년간 중국, 인도, 러시아 등 저임금 국가의 경제는 개방 정도를 확대하면서 세계 생산량의 공급과잉을 불러일으켰고, 이러한 공급과잉의 후유증으로 글로벌 경제는 저성장이라는 새로운 패러다임을 가져오게 되었다. 글로벌 금융위기는 이러한 저성장 기조를 더욱 심화시키는 계기가 되었다. 저성장 기조는 한국을 비롯한 각국에서 국가마다 양상이 조금씩 다르긴 하지만 소득양극화의 심화, 가계 및 국가 부채 확대로 인한 재정건전성 악화, 고용여건 악화 등 다양한 경제문제를 야기하고 있다.

---

57) 『미래를 위한 제언』에서 내용을 일부 발췌하였음(이인실, 「제2장 미래의 도전과 응전」, 『미래를 위한 제언-국회 미래전략자문위원회 보고서』, 2016, pp.60~83).

높은 청년실업률로 대표되는 전반적인 고용사정 악화로 가계 부채가 늘고 있고 저소득층의 생계는 더 어려워지고 있다. 저성장으로 소득이 하락하면서 세수 감소와 더불어 사회보장 관련 국민의 기여도 감소는 물론이고 실업률 증가에 따르는 복지지출 부담이 늘면서 국가 재정건전성이 악화되는 현상도 나타나고 있다. 또한 소득 양극화와 실업률 확대, 부동산시장 침체 등이 투자부진으로 이어져서 최근 심화되고 있는 산업의 자동화 추세와 맞물려 일자리 부족현상을 심화시키며 이는 다시 경기침체로 연결되어 저성장을 낳는 악순환 현상이 나타나고 있다.

한편, 정보통신기술의 급격한 혁신으로 신흥국들의 저렴한 노동인력이 선진국의 노동인력과 경쟁을 하고 글로벌 경제에 참여함에 따라 대규모로 자본이 투입되면서 자본이 세계적으로 풍부해졌다. 일부 글로벌 기업들은 신흥국의 저임금 노동을 바탕으로 다국적 기업으로 빠르게 성공하였고 대규모 자본축적에도 성공하여 이를 바탕으로 기술에 대한 투자를 늘려 기술혁신의 패러다임 변화가 가속화되는 환경을 제공하였다. 무선인터넷과 각종 스마트 기기와 같은 기술혁신들은 벤처창업기업들에게 기존 기업들과 경쟁할 수 있는 새로운 플랫폼을 제공하여 산업생태계를 근본적으로 변화시키는 양상이 전개되고 있다.

이로써 물자와 사람, 자본, 정보가 국경을 넘나드는 상호 연결성이 급격히 확대되어 글로벌 경제통합이 가속화되고 있다. 또한 국가 간 그리고 지역 간 자유무역협정이 체결되면서 세계적 차원의 시장 단일화가 더욱 가속화됨으로써 기업 간 경쟁은 더욱 치열해지고 있다. 향후에도 글로벌 경쟁력이 있는 대기업과 중견기업은 더욱 확장될 가능성이 크지만 중소기업이나 영세기업은 축소되는 양분화 현상이 더욱 심화될 것이며 선두그룹 내에서도 차별화·양극화 현상이 가속화될 것이다.

그동안 팽창하는 안정적인 글로벌 거시환경을 바탕으로 한국의 기업들은 성공적으로 다국적 글로벌 기업으로 성장해 올 수 있었다. 하지만 이제 한국경제는 과거의 성장틀로서는 살아남기 어려운 환경에 직면하고 있다. 새로운 패러다임의 변화를 인식하고 새로운 정책기조와 미래 전략으로 대비해야 한다. 과거 30~40년간 한국경제는 노동과 자본 등 생산요소의 집중적인 투입으로 선진국을 빠르게 추격하며 제조업의 한계를 허물며 성장해 왔지만 미래에는 이를 뛰어넘는 새로운 성장전략이 필요하다. 저성장 및 자동화 확대로 기존의 일자리들이 빠르게 없어지는 가운데 융복합적인 환경하에서 새로운 일자리를 만들어 가야 하는 과제를 안고 있다.

2. 세계경제 환경 및 질서의 변화

1) 저성장과 저물가의 일반화(New Normal)

세계경제는 2001년 IT버블 붕괴를 극복하고 2003~2007년 중에는 높은 성장과 안정된 물가가 조화를 이룬 골디락스(Goldilocks) 경제를 구가해 왔다. 동 기간 동안 세계경제는 연평균 5.1% 성장하면서 4.1%의 소비자물가상승률을 나타냈으며, 선진 7개국(G7) 경제도 각각 2.4%, 2.1%의 성장률과 물가상승률을 기록하였다. 반면 글로벌 금융위기 이후인 2010~2014년 중에는 세계경제가 저성장과 저물가에 직면하게 되었으며 선진국들은 적극적인 통화완화정책을 통해 저성장 문제에 맞서 왔다. 그럼에도 불구하고 세계경제의 성장률과 소비자물가상승률이 연평균 4.0%, 3.9%, 특히 선진 7개국의 경우 각각 1.7%, 1.7%에 그쳐 글로벌 금융위기 이전보다 낮은 모습을 보였다.

미국에서는 2009년부터 주택 및 가계부채의 거품이 소멸되는 과정에서 가계소비가 크게 위축되었으며 가계의 순저축률은 2007년 3.0%에서 2014년 4.8%로 상승하였으며 2012년에는 7.6%까지 상승하기도 하였다. 유럽에서도 적극적인 경기부양정책의 영향으로 재정지출이 늘어나 재정위기가 발생하였으며 재정건전성을 회복시키기 위해 2010년 이후 다시 재정지출을 억제하였다. 그럼에도 불구하고 유로국가의 GDP 대비 정부부채 비율이 2008년 68.8%에서 2012년 91.0%로 급증하였다. 가계의 부채 축소를 위한 노력과 정부의 재정긴축은 소비와 투자 등 총수요의 위축을 야기하여 저성장과 저물가가 일반화된 현상으로 고착되었다. 미국, 유로지역, 일본의 중앙은행들은 경기부양을 위하여 기준금리를 제로금리 수준으로 낮추고 양적완화정책을 통해 대규모 통화를 방출하는 정책을 취할 수밖에 없게 된 것이다.

이러한 저성장 추세는 선진국만의 문제가 아니었다. 글로벌 금융위기 이후 선진국뿐 아니라 신흥국들도 저성장이라는 세계적인 경제패러다임 변화에 당면하게 되었다. 앞으로 상당기간 저성장·저물가라는 뉴노멀(New Normal) 상태가 지속될 것으로 보인다.

2) 선진국 경제의 비동조화 현상

뉴노멀 상태가 지속되는 가운데 2015년 들어 주요 선진국 경제의 비동조화로 세계경제는 새로운 국면에 진입하였다. 2014년 하반기부터 나타난 국제유가의 폭락으로 인해 유로지역 경제는 디플레이션 압력이 가중되었다. 서부텍사스 중질유(WTI) 기준 석유가격은 2014년 8월 1일 배럴당 98.88달러에서 2016년 2월 11일 26.21달러로 최저점을 찍고 3월 들어서는 40달러 수준까지 상승하였지만 여전히 저유가 상태에서 벗어나지 못하고 있다.

유로지역은 경제성장률이 2013년 전년대비 -0.3%에서 2014년 0.9%, 2015년에는 1.6%로 플러스성장을 이어갔으나 성장기조는 여전히 취약하다. 총수요가 부족한 데다 유가하락이 겹치자 소비자물가상승률이 2013년 전년대비 1.3%에서 2014년, 2015년 각각 0.4%, 0.2%로 둔화되어 디플레이션 위험에 직면하고 있다.

반면, 미국은 2014년에 이어 2015년에도 2.4%의 양호한 경제성장이 예상되고 소비자물가는 2015년 11월 전년동기대비 0.5% 상승에 그쳤으나 근원물가가 2.0% 상승하여 견조한 경제상황을 시현하였다. 이에 힘입어 미국 연준은 글로벌 금융위기 발생 이후 9년 만인 12월 16일 첫 기준금리 인상(0.25%p)을 단행하여 제로금리에서 벗어났다. 당초 예상했던 정도의 미국의 금리인상을 기대하기는 어려워 보이지만 유로지역의 마이너스 금리정책 고수로 양 거대 경제권의 엇갈린 통화정책이 세계경제와 국제금융시장에 어떤 영향을 미칠지에 대한 불확실성이 고조되고 있다. 특히 연초의 중국 금융시장발 국제금융시장의 동요로 국제자본의 포트폴리오 조정이 본격화됨으로써 자본이동의 향방이 초미의 관심사가 되고 있다. 이미 미국 기준금리 인상을 전후하여 자본유출 및 통화불안, 국제원자재가격 하락으로 신흥개도국과 자원수출국 경제가 크게 불안정한 모습을 보이고 있다. 글로벌 금융위기 이후 미국, 유로지역, 일본의 중앙은행이 대규모 통화를 방출한 상태이므로 만약 미국 기준금리 인상이 시장의 기대(연 1%p 전후)보다 빠를 경우 국제경제에 미치는 파급효과를 가늠하기 어려운 상황이다.

3) 경제 다극화 체제

글로벌 금융위기 이전에는 선진국(주로 G7)의 협조를 받아 유일한 슈퍼파워국으로 인정되는 미국이 세계경제를 주도하였다. 미국이 경제질서 구상과 실천에 리더십을 발휘하고 선진국이 이에 협조하는 과정에서 자신들의 이해를 반영함으로써 미국은 정당성을 확보하고 여타 선진국은 실익을 얻는 방식으로 협조체제를 구축하는 형식으로 진행되어 왔다. 특히 IMF는 미국의 구상을 실현하는 역할을 수행하면서 신흥개도국의 시장개방과 완전한 시장경제의 전파를 주도하였다. 그러나 글로벌 금융위기가 발생하자 미국의 세계경제 주도권이 크게 약화되기 시작했다. 금융기관 구조조정을 위해 해외자본의 유치가 필요할 정도로 미국경제가 크게 약화된 데다 금융위기 원인국으로 비판을 받으면서 미국의 위상이 크게 하락하였다.

이 틈을 타고 세계경제 질서를 새롭게 구성하고 각국의 이해조정을 위한 기구로 신흥개도국이 포함된 G20가 부상하였다. 글로벌 금융위기 이후 상당 기간 미국의 지도력이 약화되었고, 중국은 아직 미국에 대적하기엔 미흡하여 국제질서 주도권의 향방이 불투명하게 된 것이 G20 부상에 일조하였다. 중국은 2000년대 들어서 고도성장을 이어가면서 이를 기반으로 신흥개도국 성장의 견인차 역할을 하며 지도적 위상을 과시하기 시작하였으나 아직 중국 내 시장경제의 불완전성이나 군사력 측면 등 여러 측면에서 미국에는 대등한 지도력을 발휘하기는 미흡한 상황이었기 때문이다. 신흥개도국들도 G20, BRICs, ASEAN, APEC 등 선진국과 신흥개도국이 참여하는 국제적 회담을 빈번히 개최하여 신흥개도국의 발언권을 강화해 나가고 있다. 이에 따라 세계경제는 미국과 중국이 중심이 되지만 힘의 일부가 선진국, 신흥개도국으로 분배된 다극화 체제를 형성하게 되었다.

4) G2(미국, 중국)로 경제 중심 이동

유럽의 재정위기, 일본의 장기 경기침체, 국제유가 하락에 따른 신흥개도국 경제의 불안감 고조 등 세계경제의 불안함이 지속되는 가운데에서도 미국경제는 성장세를 유지해 왔다. 미국경제는 2011~2015년 중 연평균 2.1%의 성장세를 기록하여 완만하지만 견고한 성장세를 유지해 왔다. 미국의 낮은 에너지 비용과 세계 최고수준의 생산성은 미국경제의 지속성을 유지하는 버팀목이 되고 있는 것이다. 2014년 이후에는 셰일오일 등의 미국 내 산유량 증가에 힘입어 에너지비용이 크게 하락했으며 생산성도 독일에 비해서 높은 것으로 나타나고 있다. IT의 접목 및 자동화로 생산효율을 높인 스마트공장이 늘어나면서 과거 해외투자에 몰두했던 미국 제조업종의 기업들이 미국으로 회귀하는 것으로 알려지고 있다.

이에 비해 중국경제는 2010년부터 뚜렷한 성장률의 하락을 겪고 있다. 2010년 경제성장률이 전년대비 10.6%를 기록한 이후 2015년 6.9%, 2016년에는 6.5%를 넘지 못할 것으로 예상되고 있다. 이처럼 중국경제의 둔화세가 가시화되자 세계 원자재가격의 폭락, 세계 무역량의 둔화, 신흥개도국의 경제불안 등 세계경제의 불안이 크게 높아짐으로써, 중국경제의 성장둔화가 역설적으로 세계경제에서 차지하는 중국경제의 위상을 일깨워 주게 되었다. IMF의 추정에 의하면 2014년을 기준으로 중국의 경제규모는 PPP기준 18.1조 달러로 미국의 17.3조 달러를 넘어서 경제규모 면에서 미국을 추월하였다. 현대경제연구원이 추정한 자료에 의하면 이미 2005~2000년과 2010~2015년 사이 중국경제의 세계경제 성장에 대한 기여도는 각각 1.4%p와 1.6%p로 미국의 0.7%p와 0.9%p의 두 배나 되었다.

중국은 금융측면에서도 독자적 노선을 걸어가면서 2014년 10월 아시아인프라투자은행(AIIB)의 설립을 선언하고 2015년 12월 25일 출범시켰다. AIIB는 국제통화기금(IMF), 세계은행(World Bank), 아시아개발은행(ADB) 등을 대체, 보완하는 목적이 있지만 이면에는 기존 국제기구가 미국 등 선진국의 이해를 중점적으로 반영하고, 중국의 지분확대에 소극적이라는 점에서 불만의 여지가 있었던 점을 구체화시킨 것이다. 미국과 일본이 불참하였음에도 불구하고 AIIB 설립에 유럽권에서 영국, 독일이 참여함으로써 중국의 위상이 재인식되기에 이르렀다. 2015년 11월 30일에는 IMF가 중국은 위안화를 특별인출권(SDR)의 통화바스켓에 편입시켰다. SDR 편입은 위안화에 대한 IMF의 보증을 의미하기 때문에 국제금융시장에서 중국의 영향력이 한층 높아지게 되었다. 또한 2015년 4월 17일 브라질·러시아·인도·중국·남아프리카공화국 등 브릭스(BRICs) 5개국이 금융위기 등 유사시에 대비한 위기대응기금 1,000억 달러 설치 협정에 서명함으로써 중국의 영향력은 더욱 확대되고 있다.

중국은 높아진 위상에 걸맞은 영향력을 확보하기 위하여 미국 주도의 세계경제 질서에 중국의 이해를 보다 반영하는 새로운 경제질서의 구축을 시도할 가능성이 높아지고 있으며 이로 인해 G2 간에 세계경제의 주도권을 둘러싼 긴장감이 조성될 가능성이 높아졌다. 그 구체적 예가 앞서 설명한 AIIB의 설립으로 해석할 수도 있다. 기존 질서를 유지하려는 미국이 중국의 의도를 수용하기보다 대응하려는 경우 G2 간 긴장감이 높아질 수 있다는 것이다. 미국이 과거 위안화 환율절상압력을 가했으며, 최근에는 환태평양경제동반자협정(TPP) 등을 통해 중국을 압박하고 있는 것이 그 구체적인 예이며 이러한 G2 간 긴장감이 높아진다면 세계경제의 불안요인이 될 수 있다.

미국경제의 회복과 다소 가파른 중국경제의 둔화라는 G2 경제의 비동조성이 세계경제에 미치는 영향도 주시해 보아야 한다. 미국경제가 선진국 경기를 이끌고 있으나, 중국경제의 둔화는 원자재수출국과 신흥개도국의 경제불안을 야기하고 있다. G2 경제의 비동조성이 당분가 지속될 것이게 두 경제대국의 정책방향과 리더십의 발휘 여부가 세계경제의 안정에 큰 영향을 미치게 될 것으로 보인다.

5) 동아시아 경제질서 변화

중국은 2000년대에 놀라운 성장을 거듭하면서 '세계의 공장'이라고 일컬어지고 세계경제의 견인차 역할을 수행하였다. 수출을 성장전략으로 삼아 대량의 생산을 위하여 국내투자를 확대하고, 국내 저임금이라는 장점을 활용하여 적극적으로 해외기업을 국내에 유치하는 전략을 펼쳐 왔다. 이에 힘입어 중국의 세계 수출시장 점유율이 2000년 3.9%에서 2014년에는 12.3%로 급등하였다. 2013년 세계 수출시장 점유율 1위 품목 수도 1,610개로 세계 최다이며, 독일 700개, 미국 553개, 이탈리아 222개, 일본 172개, 인도 64개로 다른 나라를 압도하고 있다.

중국의 수출성장전략과 더불어 주목해야 할 것은 한중일 3국 간 분업구조를 통한 동아시아의 제조업 생산기지화 현상이다. 전 세계 조강생산의 60%, 선박수주량의 90%, DRAM 반도체의 60%, 디스플레이의 70%가 한국과 중국, 일본 3개국에서 생산되고 있다. 이와 같은 제조업의 발전에는 한국·중국·일본 간 십수년에 걸쳐 형성된 생산분업구조가 큰 역할을 하였다. 즉, 일본에서 첨단부품과 소재를 수입해 한국 기업들이 부품모듈을 만들고 이를 노동력이 싼 중국에서 조립해 수출하는 것이 기존 한중일

수출산업 생태계였다. 이 때문에 일본은 첨단기술, 부품·소재, 장비산업, 한국은 중위급 기술제품, 중국은 저급기술제품에 특화된 분업구조가 정립되어 왔다.

글로벌 금융위기 이후 새로운 동아시아의 경제질서를 형성하기 위한 변화가 진행 중이다. 중국의 구조개혁 및 소비중심 경제지향의 정책 전환이 변화의 시발점이 되었다. 2015년 12월 21일 폐막한 중국의 중앙공작회의에서 과잉생산을 중국이 당면한 문제의 하나로 인식하고 구조개혁을 주요 정책과제로 공식화하였다. 이에 따라 중국은 기존 요소투입형 성장에서 요소효율형 성장, 투자중심 성장에서 소비중심 성장으로 성장전략을 전환하고 있으며, 2016년 경제성장률 목표를 과거 25년 만에 최저치인 6.5~7.0%로 정했다. 이러한 중국의 성장전략 전환은 이미 수년 전부터 추진되었던 것으로 선진국의 저성장으로 인해 투자 및 수출을 통한 성장이 한계에 이르러 과잉생산, 기업부실, 임금 급등의 부작용이 심각한 상황에 이르렀기 때문이다. 중국의 임금은 중국의 2000~2013년 중국 임금의 연평균 13.9% 상승. 베트남의 2.7배에 달했다.

중국은 철강, 조선, 전자 등 조립완성품과 일관공정산업에서 생산을 확대하고 중간재의 자급률을 높임으로써 한국·일본 등에서 수입하는 자본재를 줄이기 시작하였다. 수년 전부터는 샤오미(IT), 알리바바(전자상거래), 시마(드론), SJCAM(액션캠코더) 등 다양한 분야에서 현저히 높아진 품질과 유통관리능력을 과시하는 중국 기업이 부각되면서 한국과 일본에 위협적 경쟁자로 위기감이 높아지고 있다. 또한 효율적인 소비중심 경제로 정책을 전환하고, 자본재의 자급노력을 배가하며, 경쟁력 높은 첨단기업이 나타남에 따라 기존의 3국 분업구조에 균열이 발생하고 경쟁구도로 이전되면서 새로운 동아시아의 경제질서를 형성하기 위한 변화가 진행 중이다. 세계시장에서 한국과 중국 간의 경쟁이 심화되고 있고, 한국의 기술력은 전반적으로 일본에 열위에 위치해 있어 중국과 일본 사이에서 성장의 지속성을 유지할 수 있는 새로운 성장전략을 요구받고 있다.

3. 새로운 기술혁명과 인구절벽의 도래

1) 협력과 경쟁이 공존하는 제조업

2000년대 들어 모바일기기가 크게 보급된 데 힘입어 빅데이터, 네트워크, 클라우드 등이 발전하면서 새로운 산업 생태계가 조성되었다.

플랫폼(구글 맵스), 에코시스템(애플 앱스토어) 등 새로운 형태의 IT산업 환경이 형성되면서 이러한 발전에 힘입어 2010년 이후 물리적 기기와 사이버 공간을 연결한 사물인터넷으로 산업이 빠르게 진화해 가고 있다.

사물인터넷은 센서와 통신 칩을 탑재한 사물(事物)이 사람의 개입 없이 자동적으로 실시간 데이터를 주고받을 수 있는 물리적 네트워크를 가능하게 한다. 사물인터넷 환경에서는 센서나 통신 기능이 내장된 기기(사물)들이 인터넷으로 연결되어 주변의 정보를 수집하고, 이 정보가 기기 상호 간에 교환되어 의사결정도 자동으로 수행하게 될 것이다. 현재는 인공지능, 로봇 등을 이용한 자동화 공정에서 적용되는 스마트공장이 확산되는 수준이지만 사물인터넷을 통해 시간, 공간, 거리 제약이 크게 축소되면서 이종업종 간, 심지어 경쟁업체 간 제휴와 협력이 더욱 빈번해질 것으로 예상된다. 공간·거리 제약이 사라짐으로써 자신의 취약분야를 이종업종 혹은 경쟁자의 공정으로 보완하는 것이 용이해지게 됨에 따라 효율성이 극대화될 것이다. 지멘스가 시장 수요와 물류상황 등 공장 밖 정보를 확보하기 위해 클라우드 분야에서 솔루션 업체 SAP와 협력하는 것이 그 예이다.

2) 기업의 생산효율 극대화 경쟁 예고

IT기술 확장에 힘입어서 이제는 공장설비, 자동차, 가전, 주택 등을 인터넷으로 연결하여 확보한 빅데이터를 분석하고, 수요를 실시간으로 생산으로 연결함으로써 소요시간, 재고, 비용 등을 획기적으로 축소하는 것이 가능하게 되었다.

독일의 보쉬는 사물인터넷을 통해 10% 이상의 생산성 향상과 30% 이상의 재고 축소를 실현하였다. 일본의 히다치는 사물인터넷을 적용한 공장을 통해 납기일을 2016년에는 25%나 단축할 것을 기대하고 있다고 한다. 또한 이를 통해 정확하고 치밀한 판매량 예측, 서비스의 혁신이 가능하게 될 것이다.

기업은 극적으로 향상된 효율성을 생존의 필수요소로 인식하고 국경, 분야, 시장, 기업을 뛰어넘어 더욱 강력한 기술적, 경제적 네트워크를 형성할 것으로 보인다. 강화된 글로벌 네트워크를 통해 시장과 요소비용 등에 대한 정보를 실시간으로 제공받게 되어 기업경영 의사결정(투자 결정 등) 과정이 매우 신속해질 것이다. 이는 기업의 생산효율성이 기하급수적으로 향상되는 결과를 가져올 것이지만 다른 한 편으로는 경쟁 역시 극대화되는 상황을 초래하게 될 것이다.

3) 인구절벽

UN의 『World Population Prospects』에 따르면 세계 인구증가율이 2005년 1.24%였으나 2015년에는 1.18%로 하락할 것으로

보인다. 특히 2016년에는 낮은 출산율로 인해 선진국의 세계 생산가능인구(15~64세 인구)가 1950년 이후 처음으로 감소세로 전환하여 2050년에는 0.5%로 감소할 전망이다. 인구구조의 고령화도 진행되면서 2050년 중 OECD국가의 고령인구비중(65세 이상 인구)이 20%를 상회할 것으로 예상되고 있다.

최근 미국의 실업률이 개선되고 있음에도 불구하고 미국경제의 회복세가 예전에 비해 미약한 원인이 인구문제에도 있음을 지적하는 전문가의 의견이 늘고 있다.[58] 즉, 베이비부머들이 은퇴를 앞두고 소비보다는 저축을 선호하여 수요부족 현상이 일고 있으며 이로 인해 경제 전체적으로 저금리와 저물가를 야기하여 전통적 통화정책으로 경기를 부양하기 어려운 환경이 조성되고 있다고 해석하는 것이다.

아시아 경제도 출산율 저하와 고령화가 진행되고 있는데, 특히 중국의 경우 생산가능인구에 대한 유소년(14세 이하) 및 고령자(64세 이상) 비율이 2001~2007년 각각 32.8%, 10.6%에서 2011~2020년 27.3%, 13.7%로 변화할 것으로 예상되고 있다.[59] Park and Shin(2011)은 저출산·고령화가 노동력, 총요소생산성, 자본축적의 세 가지 요인을 통해 경제에 부정적 영향을 미친다면서 아시아 국가 중 특히 중국, 홍콩, 한국은 고령화가 뚜렷이 진행 중이어서 2011~2020 기간 중 저출산·고령화가 경제에 미치는 충격이 가시화될 것이라고 분석하고 있다.

---

58) Wall Street Journal(2015.11.22).

59) Donghyun Park and Kwanho Shin, "Impact of Population Aging on Asia's Future Growth", ADB Economics Working Paper Series, No. 281, Oct. 2011, ADB.

제2장

한국경제 시스템의 변화

1. 수출주도형 경제에서 내수주도형 경제로의 전환

경제시스템은 주어진 환경하에서 경제주체들이 선택하는 다양한 경제제도와 거시경제적 성장 메커니즘 사이의 상호작용을 통해 형성·진화한다. 한국경제는 주어진 세계경제 여건과 기술수준하에서 소비자, 기업가, 근로자, 정부는 각 경제주체들이 선택하는 경제관련 제도와 이에 영향을 주는 정치·사회제도 간의 상호작용에 의해 경제적 성과를 실현해 왔다.

한국의 경제시스템은 1960년대 이후 수출진흥정책으로 수출을 일으켜서 설비투자를 확대하고 소비진작으로 이어지는 전형적인 수출주도형(수출→설비투자→소비) 경제시스템을 유지해 왔다. 1998년 중반 이후 외환위기 전까지 한국경제는 소비와 건설투자가 설비투자를 견인하고 설비투자는 수출확대를 유도하는 내수와 수출이 조화를 이루는 성장가능성을 보여주었다. 이는 1980

년대 중반 이후 3저 호황과 1990년대 반도체 호황으로 고용이 늘고 임금상승으로 구매력이 증가하면서 설비투자가 확대되는 현상으로 나타났다. 또한 1988년 정부가 주도한 주택 200만 호 건설정책 등으로 건설부문의 취업자가 늘어난 것도 내수와 수출이 조화를 이루며 성장하는 요인이 되었다. 즉 내수·수출조화형 (소비, 건설투자→설비투자→수출) 경제시스템이 작동하게 된 것이다.

1970년대 이후 우리나라의 주요 경제지표 추이

	1970 ~1986	1987 ~1996	1997~2005년 2000 ~2005	2006 ~2010	2011	2012	2013	2014	2015
성장률	7.6	8.1	4.1	4.5	3.8	3.7	2.3	2.9	3.3	2.6
내수	7.8 (6.7)	9.6 (8.9)	1.8 (1.5)	2.9 (3.4)	2.6 (3.0)	1.7 (2.0)	2.2 (1.0)	2.2	2.0 (1.9)	2.4 (2.5)
소비	6.7 (4.3)	8.2 (4.7)	2.3 (1.4)	2.8 (2.0)	3.0 (2.4)	2.3 (1.6)	2.2 (1.5)	2.2	2.0	– (1.1)
투자	11.5 (2.4)	12.2 (4.2)	1.0 (0.1)	2.9 (1.3)	2.3 (0.6)	−1.0 (0.4)	−1.7 (−0.5)	4.2	3.1	– (1.4)
설비투자	15.6 (1.0)	12.4 (1.6)	1.3 (0.0)	1.1 (0.7)	0.2 (0.6)	3.6 (0.4)	−1.9 (−0.2)	−1.5	6.0 –	5.3 (0.4)
건설투자	9.7 (1.4)	11.9 (2.4)	0.3 (0.0)	4.1 (0.6)	6.3 (0.0)	−4.7 (−0.8)	−2.2 (−0.4)	6.7	1.0	3.9 (0.3)
재고	–	–	–	–	–	– (0.7)	– (−0.1)	–	–	– (0.6)
수출 (재화/서비스)	17.5 (1.8)	10.9 (2.4)	12.4 (5.0)	10.6 (5.1)	8.8 (3.8)	9.1 (4.8)	5.1 (2.3)	4.3	2.0 –	0.8 (1.0)
수입 (재화/서비스)						6.1 (3.0)	2.4 (1.4)	1.7	1.5 –	3.2 (1.4)

주: ( ) 안은 성장기여도
자료: 한국은행

1997년 말 외환위기를 겪으면서 한국의 경제시스템은 큰 변화를 보였다. 소비를 견인하던 설비투자의 증가효과는 소멸되었고 설비투자와 수출이 늘어도 소비가 늘지 않는 현상이 나타났다. 이러한 현상에 대해서는 여러 해석이 가능하지만 외환위기 이후 경제성장 구조가 급격히 저성장 구조로 전환하면서 내수부문의 성장기여도가 급격히 감소한 데 기인하는 바 크다.

1970년에서 1986년 사이 연평균 7.6%의 성장률을 보였는데 이 7.6%의 실질성장에 소비와 투자가 각각 4.3%p, 2.4%p 기여하였다. 1987년에서 1996년 사이 실질성장률은 8.1%였는데 내수의 성장에 대한 기여도는 이를 넘어선 8.9%p였으며 이 중 소비와 투자의 기여도가 각각 4.7%p, 4.2%p로 투자가 큰 역할을 하였다.

외환위기 이후에는 성장률도 하락하였지만 소비와 투자의 기여도가 특히 투자의 성장기여도가 급격히 하락하였다. 2001년 경기하락에 대응하기 위한 정부의 내수진작책이 가계의 신용버블로 연결되었고 버블이 꺼지면서 소비의 이례적인 감소세가 2000년대 내내 이어졌다. 반면에 원화의 저평가와 IT산업의 성장에 힘입어 수출부문의 성장기여도는 증대되며 경제의 버팀목으로 작용하였다. 2000년대 GNI대비 수출비중이 1987~1996년의 수출비중에 비해 2배 이상 확대되었다. 이러한 추세는 2012년 GNI 대비 수출입 비중이 112.8%에 도달한 후 감소추세를 보이고 있다. 2015년 현재 동 비중은 88.1%까지 하락하였다.

2. 노사관계 및 노동시장 관련 시스템의 변화

1960년대 한국의 노사관계는 노동력이 초과 공급된 상태에서 경제개발과 성장에 우선순위를 두고 노동기본권이 억압당한 닫힌 노사관계였다. 권위주의적인 정부는 노조설립 관련 규제를 강화하고 노조해산에 대한 명령권 등 강력한 쟁의조정권을 휘두르며 정부개입에 의한 노사관계를 만들어 나갔다. 노동자에 대해서는 전근대적 온정주의 인식에 기초해서 산재보험, 사내복지 및 교육지원 등 노동자의 복지증진에 힘썼다. 근로기준법에 엄격한 해고규정을 두어 근로자의 해고를 법으로 보호하였지만 노사자율에 의한 노사관계가 아니라 정부가 좌지우지하는 닫힌 노사관계였다.

1987년 정치민주화는 폭발적인 노사분규를 계기로 한국의 노사관계는 사용자 우위의 노사관계로 변화하기 시작하였다. 노사관계법 및 노동쟁의조정법 개정으로 노조의 설립요건이 대폭 완화되었고 쟁의행위에 대한 제한도 완화되었다. 이에 따라 노조의 교섭력이 증대되었으며 노조는 이를 투쟁을 위한 쟁취전략으로 삼아 임금인상 등 분배 투쟁을 중심으로 공격적인 투쟁을 하였다. 이에 반해 사용자는 차입을 통합 규모 확대 등으로 노조의 분배압력을 우회하는 미봉책으로 대응하였으며 방만경영으로 기업부실을 가져왔다. 대립적인 노사관계가 진행되는 가운데 정부도 노사분규 진화에 급급하여 제대로 된 노사관계를 정립하는 데 실패하는 우를 범하게 되었고 결국 1997년 외환위기로까지 연결되었다는 비판을 받게 되었다.

1997년 외환위기 이후에는 위기 극복과정에서 무더기 정리해고가 발생하게 됨에 따라 노사관계의 핵심이슈가 분배문제에서 고용문제로 바뀌게 되었다. 1998년 노사정위원회를 구성하여 사회협약에 기초해 노동관련 법들을 재개정하게 되었다. 이후 노조의 정치적 활동이 실질적으로 허용되었으며 실업자도 노조가입을 허용하고 사회보장제도를 정비하는 등 노조가 핵심적으로 요구하던 사항들이 상당부분 반영되었다. 반면에 정리해고제와 파견근로제의 도입을 통한 노동시장의 유연성을 제고하는 것이 사용자 측의 요구사항이었는데 노동계의 반대로 실행이 연기되면서 1987년 이후 진행해 오던 분배투쟁에 더하여 정리해고를 둘러싼 노사 간 대립으로 갈등은 더욱 증폭되었다.

글로벌화가 진행되면서 대립적 노사관계와도 관련된 기업의 경영활력 저하로 고용문제가 경제문제의 핵심문제로 전면에 대두되었으며, 노사정 협의의 제도화를 하였음에도 불구하고 성과는 미흡하였고 노조의 정치화와 노동시장의 이중구조 고착화라는 또 다른 문제점만 만들게 되었다.

시기별 우리나라의 노사관계 및 노동시장 관련 제도의 변화

	1962~1986년	1987~1997년	1998~현재
특징	•정부개입을 통한 관리 – 산업화/안보	•자유방임주의 – 정치 민주화	•노사정 협약 – 경제위기 극복 – 현재는 표류 중
노사 관련 제도	•노조설립 규제 강화 •노조해산 명령권 등 강력한 쟁의 조정 •온정주의적 제도 도입 – 산재보험 사내복지 및 교육제도 지원	•노조 설립 요건 완화 •쟁의행위의 제한 완화 •복수노조/정치활동/제3자 개입 금지 •기업–노조의 자율적 조정 권장	•교원 및 공무원 노조 규제 완화 •정치활동 실질적 허용 •노사정위원회를 통한 노동제도 개선 비정규직보호(07년 7월) 타임오프제(10년 7월) 복수노조 설립(11년 7월)
노동시장 관련 제도	•근로기준법상 엄격한 해고 규정	•임시직 규제 완화 및 정리해고 입법 갈등 •고용보험제 도입	•정리해고제 도입 •근로자파견법 제정 비정규직보호법

노사관계 및 노동시장 관련 제도의 변화는 한국경제에 상반된 효과를 초래했다. 노동의 공급측면에서 볼 때 노조의 영향력이 증대되면서 실질임금이 상승하고 이는 소비구조 변화와 소비증대로 이어졌다. 노동의 수요측면에서는 임금과 고용의 유연성이 떨어져서 경제의 신축적 조정능력을 잠식하여 고용과 임금의 산출량에 대한 탄력성이 저하되는 결과를 가져왔다.

대표적인 것이 비정규직보호법이다. 비정규직보호법은 1997년 외환위기 이후 크게 늘어난 비정규직 근로자의 권익을 보호하기 위하여 제정 및 개정된 「기간제 및 단시간근로자 보호 등에 관한 법률」을 비롯해 「파견근로자 보호 등에 관한 법률」, 「노동위원회법」을 말하며 2007년 7월 1일 시행에 들어갔다.

기간제(계약직) 근로자로 2년 이상 일하면 사용주가 사실상 정규직으로 전환해야 한다. 하지만 노동계는 이 법들이 임시직 사용 사유를 제한하지 않고, 차별해소 방안도 실효성이 없어 비정규직을 더욱 확산시킬 것이라며 이의 개정을 주장해 왔으며, 사용자측에서도 고용기간 2년 초과 시 무기계약으로 간주하는 등의 사항은 노동시장의 유연성 제고에 역행하는 처사라며 반발해왔다. 그럼에도 불구하고 동 법은 2007년 7월부터 300인 이상 사업장에, 2008년 7월에는 100인 이상 사업장, 2009년 7월1일부터는 5인 이상 사업장으로 확대됐다. 이에 따라 현실에서는 비정규직도 줄이지 못하면서 고용시장의 유연성마저 줄어들었다는 비판을 받고 있다.

3. 투자구조의 변화

1980년대 중반까지 대기업이 주도하는 중화학부문의 투자가 가속화되었다. 화학, 전기전자, 철강, 운수업 등 설비투자 상위업종의 투자 집중도가 심화되었다. 특히 1982년 대기업의 경우 중화학공업의 설비투자액이 전 산업 설비투자에서 차지하는 비중이 23.7%였으나 외환위기 직전인 1996년에는 동 비중이 55.3%로 증가하였다. 또한 1980년대 중반 이후 설비투자 재원의 조달구조에도 변화가 시작되어 설비투자재원 중 기업의 내부자금 조달 비중이 1970년대 23.8%(1972~1979년)에서 1980년대에는 40.1%(1980~1989년)로 증가하였다. 이는 정부주도의 중화학공업정책에서 탈피하여 기업의 독자적인 판단에 의한 투자가 본격화되었음을 의미한다.

기존 업체와 신규업체 간의 경쟁도 심화되기 시작하였다. 이러한 경쟁격화가 외환위기로 이어지면서 경제개발 시작 이후 1990년대 중반까지 높은 신장세를 보이던 설비투자가 외환위기 직후인 1998년 중에는 외환위기의 충격과 강도 높은 기업구조조정 등으로 투자심리가 위축되면서 큰 폭의 감소를 기록하였다. 1999년에는 극심한 설비투자 위축에 따른 반사효과가 작용한 데다 저금리, 주식시장 호조 등으로 기업의 자금조달 여건이 개선되면서 큰 폭의 증가로 전환하고 2000년에는 벤처기업 창업[60] 호조 등으로 높은 신장세가 이어졌다. 그러나 2001년 이후 설비투자는 다시 큰 폭의 감소를 보이면서 한 해 걸러 감소세를 반복하거나 증가세가

---

60) 2000년 정부 지원 등에 힘입어 벤처기업 창업이 크게 늘어났으나 이후 내수부진으로 위축되었다가 최근 경기회복에 대한 기대감 등으로 다시 증가하고 있다.

벤처기업 창업[1]

(단위: 개)

	1999	2000	2001	2002	2003	2004	2005
증감규모	2,892	3,864	2,594	−2,614	−1,076	265	1,765

주: 1) 1998년 2,042개 창업
자료: 중소기업청, 중소기업 조사통계DB

추세적으로 낮아지는 등 이전과는 달리 투자부진 현상이 구조적인 양상을 보이기 시작하였다.

외환위기 이후 투자행태에 근본적인 변화가 일어난 것 중 하나는 그룹 단위의 전략적 투자가 불가능해지면서 투자의사결정의 기준이 되는 목표수익률이 대폭 상향 조정되었다는 점이다. 대기업집단의 경우 지배구조 관련 규제의 불확실성이 크게 확대되었으며, 사업의 다각화에 대한 정서적 반감 등도 높아져서 기업의 목표수익률을 높이는 요인으로 작용하였다.

4. 산업 내부시스템 변화 – 퇴출구조의 정비

한국경제는 1960년대 본격적인 고도성장시스템을 만들어 나가면서 산업 내부시스템을 주기적으로 바꾸지 않을 수 없었고 이 과정에서 산업 및 기업 구조조정을 해왔다. 외환위기 전 부실기업 처리 메커니즘은 정부 주도의 부실기업 정리가 주를 이루었다. 경제규모가 커지면서 정부주도의 구조조정은 한계에 이르게 되었고 특히 1987~1996년의 높은 투자증가세는 공급능력으로 확장되지 못하고 구조조정에 직면하게 되었으며 이 당시의 과당경쟁과 과잉투자는 구조조정 관련 제도의 경직성과 퇴출시장의 부재로 인해 경제에 커다란 충격을 주게 되었다.

부실기업들이 대량으로 퇴출되는 외환위기를 계기로 부실기업을 처리하는 퇴출구조 시스템이 정비되기 시작하였다. 과거 정부주도의 부실기업 정리 시에는 정부가 직권조정에 의해 사업포기나 제3자 인수방식을 하다 보니 이에 따르는 금융지원이나 세제상의 지원이 있어서 정부주도하에 사업 통합이나 재배치가 용이하였으며 사후 정산과 이에 따른 신속한 채무조정이 가능하였다. 물론 이 당시만 해도 근로자나 주주의 권리의식이 미약하여 가능한 일이었다. 외환위기 이후에는 금융시장과 자본시장이 글로벌시장에 편입되면서 자산 실사과정에 있어서 절차적 정당성이 중시되었으며 절차적 정당성을 훼손하는 경우 특혜시비에 휘말리게 되었다. 또한 해당 금융기관의 경우 생존이 불투명하다보니 근로자 주주 및 협력업체가 서로의 이해관계에 따라 첨예하게 대립하게 되었다.

외환위기 이후 우리나라의 기업구조조정 체계는 크게 두 가지로 나뉜다. 하나는 법원 주도의 구조조정이고 다른 하나는 채권단 주도의 구조조정이다. 법원 주도의 「통합도산법」에 따른 기업회생절차는 종전의 회사정리법, 화의법, 파산법 및 개인채무자회생법을 '채무자 회생 및 파산에 관한 법률(약칭 통합도산법)'을 합친 것으로 2006년 4월 1일부터 제정·시행하여 왔다.

법률에 의거하지 않고 시장원리에 의해 채권단이 주도하는 기업구조조정은 신용공여액의 규모에 따라 다르다. 첫째는 주채무계열제도로, 은행업감독규정에 의거하여 매년 5월 금융권은 총 신용공여액의 0.075% 이상인 대기업그룹을 주채무계열로 선정하고 취약계열에 재무구조개선약정 체결하는 것이다. 두 번째는 신용공여액이 500억 원이 넘는 개별 대기업에 대해서는 기업구조조정촉진법에 의해 전 금융권이 참여하는 워크아웃 등의 구조조정을 하게 된다. 세 번째로 신용공여액이 500억 원 미만의 기업이나 개인사업자 등 중소기업은 채권은행 자율협약에 의거하여 워크아웃방식을 취한 구조조정을 하게 된다. 매년 대기업은 상반기(6월), 중소기업은 하반기(10월)에 신용위험평가를 실시하고, 그 결과에 따라 워크아웃 등 구조조정을 추진해 왔으나 2015년의 경우는 조선업, 해운업, 석유화학업 등 글로벌 구조적 경기침체로 12월에 신용위험평가를 추가로 시행하였다.

그동안 채권단이 주도하여 진행하는 구조조정체제가 글로벌 금융위기 시 취약업종 내 부실기업을 신속·효율적으로 정리함으로써 위기극복에 일정 정도 기여하였다고 판단된다.[61] 그러나 시장여건과 기업행태가 변하면서 채권은행 중심의 기업별 재무구조 개선 위주의 구조조정은 부진한 모습을 보이게 되었다. 부실채권(NPL)시장과 사모펀드(PEF)시장이 성장하였지만 부실기업을 적시에 구조조정하여 정상화시키는 분야가 발달하지 못하여 구조조정이 부진하였다. 또한 저금리상태가 장기간 지속되어 이자비용이 저렴하고 유동성이 풍부한 것도 한계기업이 제때 구조조정되지 못하고 이른바 존비기업으로 남게 되는 원인이 되었다. 정부는 이런 상황을 타개하고자 채권은행 주도에서 민간주도로 구조조정의 틀을 전환하고 시장중심의 상시적 기업구조조정 시스템을 구축하겠다는 계획을 내놓았으나 성과가 좋지 못한 상황이다.[62]

2015년 12월 미국의 기준금리 인상 이후 지속적인 금리인상이 예상되고 중국경제의 경착륙 가능성이 우려되는 등 대외적 불확실성이 커지는 가운데, 기업들의 수익성 악화와 전반적 채무상환능력이 저하 가능성이 증대되고 있다. 특히 산업 차원의 구조적인 경쟁력에 문제가 있는 업종에 대해서는 채권은행 중심의 기업구조조정에 한계가 있기 때문에 부실우려 기업의 재무구조개선만으로 근본적 정상화를 이루기 어렵고 지역경제, 협력업체 등에 미치는 영향 등 정치적 문제까지 복잡하게 얽혀 있다. 은행도 기업구조조정을 하게 되면 당장 대규모 손실이 발생하므로, 한계기업에 대해 여신을 유지하며 처리를 미루는 경향이 있다. 이에

---

61) 관계부처 합동, 「산업별 구조조정 추진현황과 향후계획」 논의 - 2015년 제24차 경제관계장관회의 개최,' 2015.12.30 보도자료.
62) 관계부처 합동, '기업구조조정 추진현황과 향후계획' 2014.4.26 보도자료.

따라, 정부는 2016년 10월부터 '정부 내 협의체'를 구성하여 산업별 경쟁력 강화 및 구조조정 방향을 논의하고 여기서 논의된 산업별 경쟁력 강화 및 구조조정 지원방향을 기초로 하여, 채권단 및 업계는 기업별 방안을 마련하고 구조조정을 추진하고 있다.

5. 기업경영시스템의 변화

한국경제는 외환위기를 계기로 기영경영시스템이 성장을 선호하는 경영시스템에서 안정을 선호하는 경영시스템으로 크게 전환된다. 외환위기 전 국제자본시장이 충분히 개방되지 않은 상태에서 정부주도의 경제성장정책으로 정부의 영향력이 미치는 국내은행이나 제2금융권 그리고 산업은행이나 수출입은행과 같은 국책은행 등을 동원하여 기업에 대해 비교적 안정적인 자금공급을 해 왔다. 이를 바탕으로 기업은 정부정책에 호응하는 적극적 확대경영 기조를 유지할 수 있었다. 주식시장에 대한 외국인 개방도가 낮아서 기업의 자금조달이 주로 국내금융시장에서 이루어졌기 때문에 정부와 기업은 경제운용의 동반자로서 산업정책이나 고용 등에 서로 협조하며 운영을 해 나가는 방식이 가능하였다.

그러나 외환위기 이후 자본시장 특히 주식시장의 외국인 투자가 완전히 개방되었고 국내 주요 대형은행의 외국인 지분율이 60%를 상회하는 상황이 벌어졌다. 뿐만 아니라 주요 대기업에 대한 외국인 투자가 이루어져서 외국인 주주들이 기업경영에 목소리를 내게 되었다. 과거와 같은 기업과 정부 간의 정책공조는 어렵게 되었다. 기업의 독자적인 책임하에 투자결정을 내리고 책임을 져야 하는 구조로 바뀌다 보니 상대적으로 안정경영을

외환위기 이후 기업경영시스템의 변화도

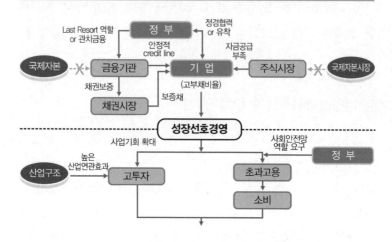

위환위기 이전

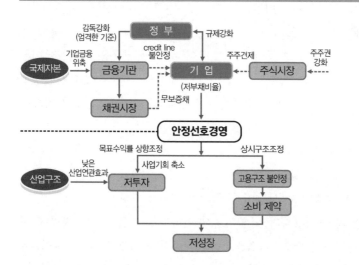

위환위기 이후

하게 되었다. 이렇게 기업이 성장선호경영에서 안정선호경영으로 급선회를 하게 된 데는 외환위기를 극복하는 과정에서 초긴축과 급진적 구조조정을 진행하면서 경제가 과잉조정된 탓도 크다. IMF의 한국경제 보고서가 한국경제의 구조적 문제점을 지나치게 부각시켰다는 논란이 끊이지 않았다. 외국 채권은행들의 자금회수가 IMF 금융지원 결정 이후에 가속화되어 우량기업의 회사채유통수익률이 30%를 상회하였고 원/달러 환율이 2,000원까지 급등하여 금융비용부담률이 위기 전 5.8%(96년)에서 위기후 9.0%(98년)로 급등하였다. 이로 인해 기업의 연쇄부도가 일어나 산업기반에 심각한 타격을 받을 정도로 투자·소비 등 실물경제변수들이 과잉 침체되어 1998년 실질경제성장률이 -6.9%를 기록하였다. 만일 구조적 문제가 그 정도로 심각하였다면 1999년 경제가 급반등하기는 어려웠을 것이다.

6. 수출구조의 변화

한국경제에서 수출은 산업구조 변화와 경제성장의 동인으로, 유치산업 보호에 입각한 수출주도형 공업화 전략은 20세기의 성공 사례이기도 하다. 강한 성장지향성, 자립지향성, 정부주도형 전략 등 한국경제의 원형(prototype)이 수출을 통해 형성되었다.

최근 한국경제를 이끌어왔던 제조업 수출이 부진해지면서, 잠재성장률 저하와 더불어 한국경제의 미래에 대한 염려가 크다. 1990년대 이후 국제무역은 중국 등 개도국의 등장과 글로벌 가치사슬(GVCs, Global Value Chains)의 확대라는 커다란 변화를 겪으면서 유례없는 무역의 증가를 기록하였다. 이런 국제무역의 변화와 확대에 따라 한국 무역도 변화와 확대를 경험하였다. 우선 1997년 아시아 경제위기 이후 한국경제의 무역의존도는 점점 더 커졌다. 한국의 명목GDP에서 수출이 차지하는 비중은 2000년대 초반에는 22% 정도였으나, 2011년에는 42%에 육박할 정도로 커졌다. 그러나 한국경제의 고용과 성장을 이끄는 수출의 낙수효과가 예전에 비해 감소하고 있다는 염려가 커지고 있는 것도 사실이다.

2000년대 초반만 하여도 한국의 수출국에서 선진국이 차지하는 비중이 높았으나, 점차 개도국이 차지하고 있는 비중이 확대되어 2010년 이후 한국 수출의 절반 이상은 개도국으로 향하고 있다. 이런 한국 수출의 개도국 집중 현상은 지난 20년 동안 세계 무역의 특징과 관련이 있다. 1995년 이후 전 세계 GDP와 상품수출 모두 증가 추세였고, 특히 상품수출 증가율이 GDP 증가율을 추월하였다. 1995년부터 2000년까지 전 세계 상품수출은 연평균 7%로 크게 성장하였고, 동 기간 연평균 GDP 성장률의 두 배를 상회하였다. 그러나 2009년 세계 금융위기의 여파로 전 세계 상품수출이 12%나 감소하였고, 최근에는 2%의 성장률을 보이고 있다. 이런 세계 무역의 성장세는 개도국 무역의 성장에 크게 의존한다.

외환위기 이후 수출의 성장기여도는 높아지고 있으나 산업 간 연관효과는 약화되는 추세이다. 전체 수출 대비 10대 수출 산업 수출 비중은 1980년 55.9%에서 2014년 86.3%로 크게 확대되었다. 문제는 2010년대 들어 80%를 상회하고 있는 수출 10대 산업 업종들이 IT(MTI 코드, 81, 82, 83), 수송기계(동 74), 기계(동 71, 72), 철강 제품(동 61), 화학(동 21, 22) 들과 이와 관련 산업들로 2000년대 이후 큰 변화가 없다는 점이다.

시기별 세계 교역 10대국 변화

1962년

1	US	17.1
2	DE	12.3
3	UK	10.8
4	FR	6.8
5	CA	5.5
6	IT	4.9
7	JP	4.8
8	NL	4.5
9	BE	4.0
10	SE	2.8

1970년

1	US	14.5
2	DE	12.6
3	UK	7.2
4	JP	6.7
5	FR	6.4
6	CA	5.2
7	IT	4.9
8	NL	4.4
9	BE	4.0
10	NO	2.5

1980년

1	US	13.1
2	DE	10.7
3	JP	7.6
4	FR	6.9
5	UK	6.5
6	IT	4.9
7	NL	4.2
8	SA	3.9
9	BE	3.8
10	CA	3.4

1990년

1	US	14.2
2	DE	11.6
3	JP	8.1
4	FR	6.9
5	UK	6.4
6	IT	5.4
7	NL	4.0
8	CA	3.8
9	BE	3.7
10	HK	2.6

2000년

1	US	16.2
2	DE	8.4
3	JP	6.9
4	UK	5.3
5	FR	4.8
6	CA	4.1
7	CN	3.8
8	IT	3.8
9	HK	3.3
10	NL	3.3

2010년

1	US	11.1
2	CN	10.3
3	DE	8.1
4	JP	5.0
5	FR	3.8
6	UK	3.6
7	NL	3.2
8	IT	3.2
9	KR	3.1
10	HK	2.9

2014년

1	CN	12.5
2	US	11.7
3	DE	7.9
4	JP	4.4
5	FR	3.6
6	UK	3.3
7	KR	3.2
8	NL	3.1
9	HK	3.0
10	IT	2.9

주: 독일은 구서독과 통독, 벨기에는 벨기에-룩셈부르크와 벨기에를 대표하여 표기함.
자료: UN Comtrade, 현대경제연구원.

한국은 주요 국가와 비교해 수출의존도가 높으며 특히 대중국 수출의존도가 높은 나라이다. 최근 중국 수입증가율이 하락하고 있는 가운데, 우리나라의 대중국 수출증가율이 지속 하락하고 있으며 2010년 이후로 급속한 하락세를 보이고 있다. 글로벌 금융위기 이후, 중국은 대외 수요부족, 국내 산업재편, 제조업 경쟁력 강화 등 원인으로 수입증가율이 빠르게 하락하고 있다. 중국의 수입증가율은 2000년 35.8%, 2010년 38.9%에서 2015년에는 18.4% 감소하였으며 2016년에도 10%대의 감소세를 보이고 있다. 중국의 대세계 수출증가율은 2014년 6%에서 2015년 -2.7%로 크게 떨어졌으며 2016년에는 -6.8%까지 낮아졌다.

중국의 노동집약적 산업 생산기지의 해외 이전도 한국의 대중국 수출 비중이 줄어든 요인으로 작용했다. 한국의 대중국 수출의존도는 2015년 기준 26.0%로 2000년 10.7%의 2배 이상 증가하였다. 2016년 한국의 대중국 수출 비중은 1~10월 기준 24.9%로 24%대에 머무는 것은 2012년 24.5%를 기록한 이후 처음이다. 중국은 우리나라의 최대 무역흑자 대상국이나, 중국 수입증가율 하락으로 대중국 수출증가율도 동반 하락하는 등 수출구조의 리스크가 확대되는 양상을 보이고 있다.

제3장

저성장 경제 진입과
한국경제의 과제

1. 경제성장률의 구조적 하락

한국경제의 성장률은 1970~1980년대에는 9%대의 고성장기였다면 1990년대는 6%대, 2000년대는 4%대 그리고 2010년 들어서는 2~3%대의 성장률을 보이는 등 구조적 하락추세를 보이고 있다. 이러한 하락추세가 당위론적인 것인지 정책적 실패인지는 분명하지 않지만 앞장에서 논의한 것처럼 세계경제도 성장률이 하락 추세이다. 2011년 이후 실제 세계경제성장률이 경제전망치에 못 미치는 현상이 지속되고 있다.[63] 국제통화기금과 세계은행, OECD 등 세 개 기구의 전망치 평균을 보면 실제치를 하회하고 있다. 국내성장률 전망도 상향편의를 지속하고 있는 것은 마찬가지이다.

---

63) IMF 등 주요 예측기관들도 상기 하방리스크를 감안하여 2011년 이후 매년 세계경제 성장률 전망치를 하향조정하는 일이 반복되고 있다.

2. 선진국 경제의 저성장 추세

성장률의 둔화는 한국경제만의 문제는 아니다. 특히 글로벌 금융위기 이후 선진국경제의 생산증가율이 둔화되고 있는데 미국의 연방준비제도이사회, 일본은행, 유럽중앙은행, 영란은행 등 주요 국가들의 중앙은행이 위기 이후 경기부양을 위해 적극적으로 통화를 푸는 양적 완화정책을 사용해온 것을 감안하면 매우 빈약한 성장이라고 할 수 있다.

그럼에도 불구하고 세계 물가상승률은 브레튼우즈 체제 채택 이래 매우 낮은 수준을 유지하고 있다. 선진국, 신흥국 모두 저성장세가 지속되고 있으며 아시아경제의 성장률도 구조적으로 하락하고 있는 추세이다.

3. 생산요소 투입 증가세 둔화

우리나라의 성장률이 하락하는 것은 근본적으로는 노동과 자본 등 생산요소 증가세가 둔화된 데 기인한다. 우선 저출산·고령화의 진전과 주5일제 근무 등으로 투입 가능한 노동량이 위축되어 왔다. 우리나라 근로자의 연간 총근로시간은 2014년 기준으로 2124시간(OECD 통계)으로 미국(1,789시간), 일본(1,729시간), 독일(1,383시간)보다 길지만 싱가포르(2,392시간), 대만(2,174시간)보다 짧다.

생산의 다른 축인 자본의 투입이 신규투자의 위축 등으로 총고정자본형성의 증가폭이 크게 축소되었다. 총고정자본형성 증가율이 1975~1997년 기간 중 연평균 11.6% 증가하였으나 2000~2005년 중에는 평균 2.9%, 2006~2011년 중에는 2.3%로 급격히 위축되었으며 2011년 1.0%, 2012년, -1.7%, 2013년 4.2%,

2014년 3.4%, 2015년 3.8%로 줄어들었다.

주당 근로시간도 한국은 짧은 기간 동안 빠르게 축소되어 왔다. 1995년 기준 한국의 주당 근로시간이 52.9시간이었던 데 비해 주요 선진국들은 영국이 38.3시간, 독일이 37.6시간 등으로 이미 근로시간이 축소된 상황이었다.

4. 불황형 저성장

최근 한국경제가 직면하고 있는 장기적인 저성장의 모습은 과거에 경험하지 못했던 새로운 형태이다. 대규모의 경제적 충격이 없음에도 불구하고 경기회복이 장기간 지연됨에 따라 경제주체들의 피로감이 점증하고 역동성이 고갈되고 있다. 또한 현 경기국면에 대한 판단도 일치되지 못하면서 불황에 대응하는 경제정책의 방향과 강도에 대해서도 이견이 존재하고 있다. 대부분의 경제지표들이 뚜렷한 방향성을 가지지 못하면서 경제 지표를 해석하고 판단하는 데에 있어 합의가 어려운 상황이다.

향후 경기를 낙관적으로 보는 시각에서는 경제 내에 좋아지는 부문도 없지만 뚜렷하게 심각하다고 평가되는 부문이 없다는 점을 근거로 향후 경기가 개선될 것으로 보고 있다. 반면, 비관적인 입장에서는 뚜렷하게 회복세를 보이면서 경기를 선도하는 경제지표들이 없다는 점이 더 우려스러우며, 이는 장기불황의 시작이 될 수 있음을 경고하고 있다.

최근 경기불황의 특징은 글로벌 경제의 회복 지연에 따른 피로감이 누적되면서 점점 긍정적인 경기 신호가 소멸되는 '늪(swamp)지형' 불황이다. 외환위기 직후와 금융위기 직후 나타났던 경기가 빠른 속도로 회복된 것과 대비된다.

2008년 글로벌 금융위기와 2010년 유럽의 재정위기 이후의 경기흐름 형태는 생산의 활동성이 조금씩 약화되면서 점차 불황의 폭이 확대되는 모습을 보이고 있다. 2011년 이후 경제성장률은 연평균 3%에 불과하며 2012~2013년, 2015~2016년 기간 중 각각 2%대의 성장률을 기록하고 있다. 2011년 3.7%를 기록한 이후 2%대 성장률을 보이다가 2014년 3.3%로 잠시 반등하기도 하였으나 2015년에 다시 2%대로 성장률이 하락한 것이다.

한국경제의 경기선도 산업이라고 할 수 있는 제조업 경기에서도 이러한 '늦지형' 불황의 형태가 나타나고 있는데, 생산증가율이 이전보다 크게 낮아지는 가운데 그 추세 자체가 우하향세를 보이고 있다.

2016년 6월 통계청은 최근의 경제환경 변화를 반영하여 제9차 경기종합지수의 개편을 실시하고 제11순환기의 경기저점을 2013년 3월로 잠정 설정하였고 역시 잠정적으로 설정된 2011년 8월 경기 고점으로 잠정 설정하고 있으나 이후의 동행지수순환변동치의 모습은 진폭과 주기가 짧은 소규모의 파동이 진행되고 있다.

한국경제의 현재 불황을 유발한 요인은 수요 충격에 기인하는 바 크며 제조업의 경우를 보면 장기간에 걸친 출하 감소와 재고의 증가로 기업들의 가동률이 떨어지면서 생산활동을 위축시키는 결과를 가져왔다. 제조업의 평균가동률은 2011년 1분기에 81.3%에서 5년 동안 하락 추세를 지속하면서 2016년 1분기에 73.6%를 기록하였다.

외환위기 직후에는 내수(서비스업) 부문은 어려웠으나 수출(제조업) 부문은 환율 상승 등으로 호조를 지속하는 모습을 보였다. 신경제 버블 붕괴기(2001~2002년)에는 수출(제조업)이 부진한 모습을 보였으나 내수(서비스업) 부문이 경제를 지탱하는 역할을 보였다. 최근 제조업 생산 증가율이 장기간 낮은 수준에 머물면서 서비스업의 생산증가율도 하락 추세를 지속하는 모습을 보이고 있다. 특히 제조업 생산 증가율은 2014년 1분기를 정점으로 급락한 이후 저성장 국면을 지속하여 왔다. 서비스업 생산 증가율은 2014년 3분기를 정점으로 하락 추세를 지속 중이다. 2013년 이후에는 수출 및 내수 출하 증가율이 방향성은 엇갈리는 모습이나 두 변수가 낮은 수준에서 증가율이 머물고 있는 것으로 보아 수출의 부진이 내수로 전이되고 있다고 볼 수 있다.

불황이 장기화되면서 최근에 들어 민간부문의 자생력이 크게 약화되고 있으며 그러다 보니 공공부문이 경제성장을 견인하고 있다. 만일 재정지출 확대를 통한 공공부문의 경기 안정화 노력이 없었다면 2015년 실제 경제성장률은 1%대 중반에 그쳤을 것이다.

5. 한국경제의 대응방안

1) 지속적인 구조개혁을 통한 생산성 향상

맥킨지글로벌연구소가 추정한 바에 의하면 세계 19개국과 나이지리아(세계 GDP의 80%를 점유)의 경제성장률이 1700~1900년까지 1.0%, 1900~1950년까지 1.3% 증가하였으나 1950~2014년까지 3.8%의 고속성장을 하였으며 2014년부터 미래 50년간은 2.1% 성장할 것으로 예측하고 있다.

1950년 이후 고성장의 내용을 살펴보면, 절반인 1.7%p는 인구 증가에 의한 것이며 절반인 1.8%p는 생산성 향상에 기인한 것이다. 멕킨지글로벌연구소가 향후 50년간 2.1% 성장을 예측한 근거는 과거 50년 동안의 생산성 증가에 해당하는 1.8%p 생산성 증가가 향후 50년간에도 있을 것이라고 가정하고 있다. 반면에 인구증가에 의한 노동력 증가는 0.3%p에 그칠 것으로 예상하고 있다. 이처럼 향후의 기술력 향상 등에 기인한 성장 외에는 성장 요인은 많지 않은 상황이다. 지속적인 구조개혁을 통한 생산성 향상을 위한 다양한 분야에서의 노력이 필요하다.

저성장·저물가의 악순환 속에서 불황형 경상수지 흑자구조가 고착화된 현 한국경제가 대응해야 할 중요한 과제는 당연히 경제를 활성화시키는 일이지만 앞서 설명한 것처럼 한국경제의 당면한 현황은 대부분이 구조적 요인에서 비롯된 것이다. 당연히 재정정책이나 통화정책만으로는 해결하기 난망하므로 지속적인 구조개혁 노력을 해야 한다. 서비스업의 낙후성, 기업 규모의 양극화, 경직적 노동시장과 고비용구조 등 정부의 육성정책으로 해결될 문제가 아니며 각 분야에서 생산성을 제고시키려는 혁신적 노력이 있어야 한다.

2) 추격자에서 선도자로의 능력 향상

새로운 경제질서와 패러다임 변화 속에서 한국경제의 성장동력을 발굴하기 위해서는 국민의 창의력과 상상력이 절대적인 시대가 왔다. 한국경제의 본질적인 변화와 혁신을 이끌어 내야 생존이 가능한 시대가 도래하고 있는 것이다.

그동안 한국경제는 선진국 모방의 추격자(fast follower)로 놀랄 만한 수준의 성장을 이끌어 내는 데 성공하였지만 향후에는 선도자(first mover) 경제를 만들어 가야 한다. 이를 위해서는 산업융합, 과학기술과 문화기술의 융합을 넘어서는 경제혁신을 구조적으로 이끌어 나가야 한다. 선진국들이 창업이나 기업가 정신을 강조하며 앞서 나가는 것을 능가하는 전략을 세워야 한다.

지금처럼 정보와 기술의 확산속도가 빠르고 국가 간 자본과 자원의 이동에 따르는 비용이 급격히 낮아지는 환경에서는 어느 국가도 선두자리에 있다고 보기 어렵다. 어느 국가가 과감한 혁신으로 새로운 경지에 이르느냐에 따라 성패가 달라지게 된다.

최근 불과 십수 년 만에 세계경제를 제패한 구글이나 애플, 아마존 등의 기업이 그 대표적 사례이다. 기업들이 신기술을 빨리 사업화하고 새로운 산업을 일으킬 수 있는 환경을 마련해 주어야 국가경쟁력도 향상될 것이다. 과거 정부와 대기업이 주도해 온 추격형 성장방식에서 환골탈태하여 벤처기업과 기업가 정신이 새로운 산업을 만들어 내는 선도형 경제로 갈 수 있도록 제도를 바꾸고 능력을 배양해야 한다.

3) 민간과 정부의 역할 재조정과 갈등 조정

정부는 혁신주도 경제성장에 부합되도록 민간과 정부의 역할을 재정립하는 작업이 필요하다. 기술혁신은 민간이 주도하도록 하고 정부는 이를 뒷받침하기 위한 보완 및 서비스를 제공하는 방향으로 역할을 재정립해 나가야 하는데, 현재 한국은 이러한 역할을 주도적으로 끌고 나갈 주체조차 정하지 못한 상황이다. 세계적인 기술혁명을 통해 생산의 효율성을 극적으로 높이려는 트렌드에 적극 동참하기 위해서는 수요동향과 생산성에 민감한 민간기업의 주도적 역할이 중요하기 때문이다.

정부는 실물과 사이버공간을 연결하는 사물인터넷이 시공간을 대폭 축소시킴으로써 생산효율이 급격히 상승하고 있는 제조업의 경영환경 변화를 인식해야 한다. 이러한 인식하에 이종업종 및 동종업종 기업 간 협력이나 경쟁기업 간에서도 경쟁과 협력이 일상화되도록 하여 혁신이 활성화될 수 있도록 기본여건을 조성해 주는 데 주력해야 한다.

이를 위해 정부는 규제개혁의 강도를 더 높이고 정부관련 행정 빅데이터를 공개하고 오픈된 플랫폼을 구축하며, 높은 효율성을 창출한 이종산업 간 협력사례를 발굴·개발하여 산학 및 글로벌·지역 네트워크 구축 등 혁신을 뒷받침하기 위한 기반구축과 서비스를 제공하는 데 정책역량을 집중해야 한다. 그 외에도 사회적 합의를 기반으로 기업지배구조, 노동구조, 기업투명성 등을 지속적으로 개선함으로써 기업이 혁신에 동참할 수 있도록 합의적 의사결정능력, 유연성 등을 강화시켜야 할 것이다.

세계적인 인구구조 변화에 기인한 세계수요 부족, 중국경제의 성장둔화 등으로 저성장이 일반화되는 환경하에서는 고속성장 시기의 성장이득과는 정반대로 큰 비용을 치르게 될 가능성이 크다. 고속성장 시 가려졌던 대외내적 갈등(대외적으로 통상마찰, 대내적으로 복지문제 등)이 세계적 성장둔화로 인해 표출될 수 있으므로 갈등조정을 위한 장치 등에 관심이 필요하다.

4) 뉴-노멀 시대, 한국경제의 대응방안

글로벌 금융위기 이후 세계경제가 겪고 있는 패러다임 변화는 다양한 방향으로 전 세계 국가들을 강타하고 있지만 대표되는 것은 저성장, 저물가, 소득양극화 심화, 가계 및 국가부채 확대로 인한 재정건전성 악화. 고용여건 악화 등이다. 이런 당면과제하에서 중국의 위상이 높아짐에 따라 G2가 주도하는 세계경제 질서의 흐름이 바뀌면서 거대 경제권 간의 비동조적·대립적인 관계가 형성되고 있다.

미국의 통화긴축정책이 서서히 진행되고 있는 가운데 유럽·일본은 마이너스 금리정책을 확대하고 있다. 미국 주도의 세계경제 질서에 대한 중국의 대응으로 동아시아 경제 질서에 큰 변화의 물결이 일고 있고, 사물인터넷이 촉발하는 제조업의 효율화 경쟁 역시 그동안 겪어보지 못한 큰 변화이다.

'뉴노멀(New-Normal)'이라는 새로운 경제질서가 형성되어 가고 있는 시점에서 한국경제의 대응방안은 쉽지 않다. 중국이 높아진 위상에 걸맞은 새로운 경제질서의 구축을 시도한다는 것은 세계경제의 주도권을 둘러싼 긴장감이 조성될 가능성이 높아짐을 의미하기 때문이다.

모바일기기 보급에 힘입어 새로운 산업생태계가 조성되면서 물리적 기기와 사이버 공간을 연결한 사물인터넷으로 산업이 빠르게 진화해 가고 있는 점도 한국경제가 당면한 큰 도전이다.

저성장, 저물가, 불황형 경상수지 흑자구조 고착화 등 한국경제 당면한 과제는 대부분이 구조적인 문제들이다. 각 분야에서 지속적인 구조개혁을 통해 생산성을 향상시키려는 노력이 있어야 한다. 정부는 혁신주도 경제성장에 부합되도록 기술혁신은 민간 주도로 하고 정부는 이를 보완하는 방향으로 역할을 재정립해야 한다. 정부와 대기업 위주의 추격형 성장방식에서 벤처기업과 기업가 정신이 새로운 산업을 만들어 내는 선도형 경제로 가야 한다.

선진국 간의 경제적인 비동조성 심화로 정치·경제적 긴장감이 높아지게 되면 세계경제에 불안감이 야기될 수 있다. 신흥개도국의 경제 불안, 세계교역량 둔화, 국제자본의 이동성 증가 등을 모니터링하면서 불안정성이 높아질 경우 신속히 대비할 수 있도록 제도 개선 등을 통해 국가적 역량을 제고해 나가야 할 것이다.

제4차 산업혁명의 파고 앞에서,
그래도 희망을 이야기하고 싶다

대한민국은 그동안 겪어보지 못했던 경제침체와 정치이념의 갈등, 양극화의 심화, 인구의 고령화 등 국내외적으로 심각한 도전에 직면해 있다. 새로운 표준(New normal)과 제4차 산업혁명의 도래로 세계경제의 메가트렌드(Mega-trend)가 변화하고 있지만, 한국경제는 여전히 전통적 규범(Old normal)에서 벗어나지 못하고 있으며 경제의 재도약을 위한 정책마저도 제대로 추진하지 못하고 있다.

한때 '한강의 기적'을 주도했던 정부의 역량도 현저히 저하되어 미래의 건전한 성장을 위한 정책을 일관되게 주도하지 못하고, 오히려 경직된 규제의 답습으로 민간의 자율과 창의적 역량을 극대화시키지 못하고 있다. 소득의 격차와 입시장벽으로 인하여 계층 간 양극화가 지속적으로 확대되고 있어, 나라의 발전을 위한 공동체 의식과 사회적 동력(Social dynamics)이 크게 훼손되어 가고 있다. 인구의 구조적 변화와 급속한 고령화로 사회복지와 후생, 보건의료에 대한 선도적인 전략이 긴급히 요구되고 있으며, 미래 사회를 주도할 과학기술정책의 새로운 패러다임도 절실히 요청되고 있다.

2016년 1월 스위스 다보스에서 열린 '세계경제포럼(일명 다보스포럼)'의 주제였던 '제4차 산업혁명'은 당시만 해도 일반 한국인에게는 별로 와 닿지 않았다. 그런데 그해 3월 인공지능(AI) '알파고'가 이세돌과의 바둑 대국에서 4대 1로 대승을 거두면서 제4차 산업혁명의 개념이 한국 사회에 화두로 등장했다. 최근 길거리에는 핸드폰을 보면서 증강현실을 경험하는 닌텐도의 '포켓몬고' 후폭풍이 불고 있다. 제4차 산업혁명이 더 이상 먼 이야기가 아니고 벌써부터 시작되고 있음을 피부로 느낀다.

다보스포럼의 창시자인 클라우스 슈밥(Klaus Schwab)은 산업발전의 혁명적 변화를 4단계로 구분한다. 제1차 산업혁명은 수력과 증기의 힘을 써서 생산을 기계화했고, 제2차 산업혁명은 전기의 힘을 써서 대량생산체제를 만들어 냈으며, 제3차 산업혁명은 전자공학과 정보기술(IT)을 사용하여 생산을 자동화하였다. 제4차 산업혁명은 물리학, 전자공학, 생물학의 경계가 모호해지는 첨단기술의 융합이 특징이다. 인공지능, 로봇공학, 사물인터넷, 자율주행차, 3D인쇄술, 나노기술, 생명공학, 소재과학, 에너지저장기술, 양자컴퓨터와 같은 분야에서 떠오르는 기술 도약에 의해 그동안 경험해 보지 못했던 새로운 세계가 펼쳐질 것이다.

하지만 우리 앞에 닥친 현실은 소득불평등과 일자리 붕괴라는 미래에 대한 암울한 불확실성이며, 대학에 있는 필자에게 더 뼈아픈 현실은 청년실업 문제이다. 2016년 필자가 참가한 여러 학회에서 학자들은 모두 산업혁명으로 인한 일자리 상실문제를 심각하게 논의했다. 많게는 현재 일자리의 3분의 2가 기계에 의해 대치될 수 있다고 주장한다. 기술의 발전은 인류문명의 속성으로, 과거 모든 기술발전이 산업에 적용될 때마다 일자리의 변화는 수반되었다. 이번 제4차 산업혁명이 일으킬 일자리 변화가 심상치 않은 파고를 몰고 올 것이지만 국가경제의 총량을 키우며 도전에 응한다면 그동안 한국경제가 극복해 온 경험으로 감당 못할 파고는 아니라고 본다.

그럼에도 불구하고 저성장의 늪으로 빠져들고 있는 미래 한국에 대해 걱정이 앞서는 것은 사실이다. 그런데 이런 류의 우려는 한국경제론을 충실히 읽었다면 느꼈겠지만 해방 이후 주기적으로 대두되어 온 주제이기도 하다. 한국경제는 세계 모든 경제전문가들조차 희망이 없는 국가라고 폄하할 때 현재와 같은 성장을 이루어 냈다. 과거 한국은 제1차와 제2차 산업혁명에서 소외되어 있었지만 뒤늦게 제2차 산업혁명을 딛고 일어서 정부와 온 국민이 똘똘 뭉쳐 한강의 기적을 이루었다. 제3차 산업혁명인 정보화 사회에서도 과감한 선행투자로 반도체, 휴대폰 산업에서 세계 1등 반열에 올라서면서 IT 강국으로서 우뚝 섰다. 한국경제는 세계 어느 선진국보다 제4차 산업혁명의 핵심인 광속의 통신망에 의한 5세대 이동통신과 무인화에 적응을 잘 할 수 있는 여건을 갖추고 있다고 생각한다.

아직도 제4차 산업혁명의 개념은 가슴에 와 닿지 않고 한 마디로 정의하기가 쉽지 않다. 심지어 일부 경제학자들은 3.5혁명이라고 이야기하고 있다. '유비쿼터스(Ubiquitous)의 커넥티드 소사이어티(Connected society)' 환경이란 용어가 그마나 이즈음을 가장 잘 대변하는 용어가 아닐까 싶다. 한국은 인터넷 속도가 세계에서 가장 빠른 국가로 기존의 사람과의 연결에서 사람과 사물, 사물과 사물, 심지어 동물까지 연결되는 사물인터넷(IoT)에 인공지능(AI)이 접속되는 지능화 사회(IS, Intelligent Society)에 가장 적합한 환경을 보유한 국가이다.

이미 무한경쟁에 들어간 자율주행차에 들어갈 전장부품, 인공지능, 사물인터넷을 탑재한 생활가전·스마트홈·헬스케어, 로봇 등과 관련한 새로운 시장이 만들어지고 있다. 이러한 가운데 중국 정부는 반도체에 향후 10년간 약 175조 원을 투자해 한국을 추월하겠다고 계획을 발표하면서 무섭게 기술 M&A를 해 오고 있다. 1980년대 일본이 미국 반도체 기술을 따라 잡았는데, 1990년대 중반부터 한국에게 자리를 내어 주었다는 사실을 생각하면 중국의 추격을 만만히 볼 수가 없다. 일본의 소프트뱅크도 영국의 ARM사를 매입하는 등 미래 반도체시장 쟁탈전이 본격화되고 있다. 중국은 나아가 2025년까지 독일·일본 수준의 '제조업 강국'이 되겠다는 목표를 내걸었고, 중국 자본은 독일 기업 인수전에 종종 뛰어들고 있다.

한국은 강점으로 가지고 있는 산업분야에서는 추격하는 경쟁자를 확실하게 제압하면서 우리의 경쟁력이 떨어진 게임사업이나 로봇사업은 전열을 재정비해 추격해 나가야 한다. 다행히도 1990년 말부터 우리가 만든 영화, 드라마, 방송, 음식, 비보이, 게임, 음악과 같은 대중문화인 한류가 아시아를 넘어 미국, 유럽 등으로 급속히 확산되고 있으며, 우리의 소프트 역량을 국제화시키고 있다. 또한 화장품, 성형의료, 관광업 등을 차세대 먹거리로 집중 육성하면 희망의 시대가 열리게 될 것이다.

최근 필자의 주위에는 제4차 산업혁명 관련 포럼 등이 여러 개 만들어져서 운영되고 있고, 전문가들도 저마다 제4차 산업혁명에 대해 많이 언급하고 있다. 물론 이런 연구모임들 중에는 제4차 산업혁명의 개념 자체도 잘 이해하지 못할 뿐만 아니라 큰 그림을 그리지 못하고 지엽적인 문제들만 논의하는 경우가 더 많다. 걱정스러운 것은, 무엇보다 4차 산업혁명을 몸으로 겪어야 할 미래세대인 초중고 및 대학의 교육혁신이 중요한데, 대비가 미흡하고 변화에 대한 준비가 되어 있지 못하다는 점이다. 정부는 소프트웨어 중심사회를 얘기하면서 초중고에서 소프트웨어를 필수과목으로 교육한다고 하지만 소프트웨어보다 더 중요한 것은 창의성과 기업가정신 교육이다. 정부와 국민은 범부처적·범국민적으로 현 상황에 대처해야 하며, 기업들도 중장기 경영전략의 최우선 과제로 삼는 등 제4차 산업혁명에 대한 범국가적 대비가 필요한 때다. 특히 완전히 새로운 기회, 가 보지 않은 길을 함께 걷기 위해선 우리 모두의 도전과 용기가 필요하다.

우리는 그동안 마치 미래의 대한민국은 없는 것처럼 위기감에 쌓여 있었지만 매번 극복해 내고 오늘에 이르렀다. 정부와 기업들이 모두 분발하고 노력한다는 것이 전제조건이긴 하지만, 제4차 산업혁명이 한국경제의 위기가 아니라 기회가 될 수도 있다는 점, 그리고 무엇보다 우리 국민은 위기상황에서 힘을 발휘하는 민족이라는 데서 희망을 읽는다.

Bibliography
참고문헌

강철규, 『강한 나라는 어떻게 만들어지는가』, 사회평론, 2016.

경제기획원, 경제백서, 각 년호(1982~1988).

_____, 『개발연대의 경제정책: 경제기획원 20년사』, 삼성인쇄, 1982.

경제기획원, 『제1차 경제개발5개년계획, 1962/66』, 1961.

_____, 『제1차 경제개발5개년계획, 1964: 보완계획』, 1964.

고영선, 『한국경제의 성장과 정부의 역할: 과거, 현재, 미래』, 연구보고서 2009-02, 한국개발연구원, 2008.

공정거래위원회, '2010년 시장구조 조사 결과 발표', 2010.12.21자 보도자료.

곽태원, 『감가상각제도와 자본소득과세』, 서울: 한국개발연구원, 1985.

국회미래전략위원회, 『미래를 위한 제언 2016』, 국회사무처, 2016.5.

김광석, 『수입자유화의 경제적 효과와 산업조정정책』, 한국개발연구원, 1998.

김광석·웨스트팔, 『한국의 외환·무역정책』, 서울: 한국개발연구원, 1976.

김낙년, 「한국의 국민계정, 1911~2007」, 『경제분석』, 제15권 제2호, 한국은행 금융경제연구원, 2009.6, pp.55~95.

_____, 「1960년대 한국의 경제성장과 정부의 역할」, 『경제사학』. 제27호, 1999, pp.115~150.

김정렴, 『최빈국에서 선진국의 문턱까지: 한국 경제정책 30년사』, 랜덤하우스중앙, 2006.

김종일, 「한국의 산업별 성장요인 분석과 생산효율성 비교」, 『경제학연구』, 제46권 제1호, 1998, pp.3~24.

남성일 외, 『한국의 노동 어떻게 할 것인가?』, 서강대학교출판부, 2007.

박영구, 「구조변동과 중화학공업화」, 이대근 편, 『새로운 한국경제발전사: 조선 후기에서 20세기 고도성장까지』, 나남출판, 2005, pp.403~428.

_____, 『한국 중화학공업화 연구 총설』, 도서출판 해남 2008.

_____, 『한국의 중화학공업화: 과정과 내용 (Ⅰ), (Ⅱ), (Ⅲ)』, 도서출판 해남 2012.

박종규, "공적자금 상환대책의 이행실적 평가", 주간금융브리프 16권 10호 2007.2.24.

상공부, 《무역진흥 40년》, 1988.

서영경, 성광진, 김동우, '원/달러 환율변동성이 큰 배경과 시사점', BOK 경제브리프, 2011-1.

손정목, 「회사령 연구」, 『한국사 연구』 45, 한국사연구회, 1984.

————,『일제강점기 도시화과정 연구』, 일지사, 1996.

예금보험공사,『연차보고서』, 각 년도.

오원철,『내가 전쟁을 하자는 것도 아니지 않느냐』, 한국형 경제건설 7, 한국형경제정
책연구소, 1999.

유정호,「1970년대 중화학공업정책이 자본효율성과 수출경쟁력에 미친 영향」,『한국개
발연구』, 제13권 제1호, 1991, pp.65~113.

————,「공업화 속도에 대한 세계시장의 규모와 영향」,『KDI 정책연구』, 제19권 제2
호, 1997, pp.73~157.

이영수, "자기자본 규제강화가 은행 자산 포트폴리오에 미치는 영향,"『금융시스템』제
2호, 한국은행 2000, pp.12~32.

이영훈, '한국경제사 연구의 동향과 과제.' 경제논집 제53권 제1호 학술동향,
pp.101~120.

————,『대한민국 이야기: 해방전후사의 재인식 강의』, 기파랑, 2007.

이인실,『시크릿 한국경제 성장엔진 5』, FKI미디어, 2013.

이인실, 박승준,「우리나라 거시경제정책조합과 재정건전성」,『재정학연구』제6권 1호
(통권 76호), 2013.2, pp.209~243.

이인실 외,『공적자금 투입의 중간평가와 과제』, 한국경제연구원 연구보고서 2002-01,
2002.

이장규,『대통령의 경제학』, 기파랑, 2014.

이종원,『한국경제론』, 율곡출판사, 2002.

자산관리공사,『한국자산관리공사 부실채권정리기금 기금운용 평가편람-현황 및 요약보
고서, 종합관리, 사업운영, 자산운용』, 2001.

————,『부실채권정리백서(1997.11~1999.12), 2000.

재경부,『공적자금백서-금융구조개혁의 완결을 위한 중간점검』, 2000.

재경부·공적자금관리위원회,『공적자금관리백서』, 각 년호.

전국경제인연합회,《한국경제정책 40년사》, 1986.

전용덕,「한국의 농지개혁, 소득 재분배, 농업생산, 그리고 거래비용」, 전용덕·김영용·
정기화,『한국경제의 성장과 제도변화』, 한국경제연구원 1997, pp.103~158.

조종화·박영준·이형근·양다영,『동아시아 발전모델의 평가와 향후 과제: 영·미 모델과
의 비교를 중심으로』, 연구보고서 11-08, 대외경제정책연구원, 2011.

최광,『경제 원리와 정책』, 비봉출판사, 2003.

최상오,「외국원조와 수입대체공업화」, 이대근 편,『새로운 한국경제발전사: 조선 후기에
서 20세기 고도성장까지』, 나남출판, 2005, pp.349~375.

한국개발연구원,『시장경제의 재발견』, 한빛비즈, 2012.

한국경제60년사 편찬위원회,『한국경제60년사』, 한국개발연구원(총괄편, 1권 경제일반,

2권 산업, 3권 대외경제, 4권 국토 환경, 5권 사회복지 보건).

한국무역협회, 《한국무역사》, 2006.

한국은행, 『경제통계연보』, 각 년도.

한국은행, 『조사통계월보』, 각 호.

함정호 외, 『한국경제의 선택: 원화강세에 대응한 새로운 성장패러다임의 모색』, 도서
출판 해남, 2003.

공적자금관리위원회홈페이지, http://www.fsc.go.kr.

예금보험공사 홈페이지, http://www.kdic.or.kr.

자산관리공사 홈페이지, http://www.kamco.or.kr.

통계청 국가통계포털, http://kosis.kr.

Acemoglu, Daron & James Robinson, 『Why Nations Fail: The Origins of
    Power, Prosperity, and Poverty』, 2012. (최완구 역, 『국가는 왜 실패하는
    가』, 시공사)

Amsden, Alice H., 『Asia's Next Giant: South Korea and Late Industrialization』, Oxford
    University Press, New York, 1989.

Asian Development Bank, 『Asia 2050: Realizing the Asian Century』, 2011.

Chang, Ha-Joon, 『Kicking Away the Ladder: Development Strategy in Historical
    Perspective』, Anthem Press, 2002.

Claessens, Stijn, Daniela Klingebiel and Luc Laeven, "Financial Restructuring in
    Banking and Corporate Sector Crises: What Policies to Pursue?",
    NBER Working Paper 8386, 2001. 1.

Dziobek, Claudia and Ceyla Pazarbasioglu, "Lessons from Systemic Bank Restructuring:
    A Survery of 24 Countries", IMF Working Paper, 1997. 12.

Dziobek, Claudia, 'Market-Based Policy Instruments for Systemic Bank Restructuring,'
    IMF Working Paper, WP/98/113, August 1998.

Eric Beinhocker, 『The origin of Wealth: Evolution, Complexity, and the Radical
    Remaking of Economics』, Harvard Business School Press, 2006. (안현
    실·정성철 역, 『부의 기원』, 랜덤하우스, 2007)

Glick, R. and Hutchison, M. (2001). "Banking and currency crises: how common
    are twins?" In Glick, R., Moreno, R. & Spiegel, M. M. (eds.) Financial
    crises in emerging markets, Ch. 2, Cambridge, UK: Cambridge University
    Press. Previously issued as Federal Reserve Bank of San Francisco
    Center for Pacific Basin Studies Working Paper No. PB99-08, Federal
    Reserve Bank of San Francisco.

Hahn, Chin hee and Sukha Shin, 「Understanding the Post-Crisis Growth of the Korean Economy: Growth Accounting and Cross-Country Regessions」, in Takatoshi Ito and Chin Hee Hahn(eds.), 『The Rise of China and Structural Changes in Korea and Asia』, Edward Elgar, 2010, pp.97~141.

International Monetary fund, World Economic Outlook, each year.

International Monetary fund, Global Financial Stability Report, each year.

Jones, Leroy P. and Il SoKong, Goverment, Business, and Entrepreneurship in Economic development: The Korean Case, Cambridge and London: Harvard University press, 1980.

Kaminsky, G. L. and Reinhart, C. M., 'The Twin Crises: The Causes of Banking and Balance-of-Payments Problems, The American Economic Review, June 1999, pp.473~500.

Levine, R., N. Loayza and T. Beck, "Financial Intermediation and Growth: causality and Causes", Journal for Monetary Eocnomics 46, 2000, pp.31~77.

Lucas, Robert E., 「Making a Miracle」, 『Econometrica』, 1993, vol.61, issue 2, pp.251~272.

Madison, Angus, 『The World Economy-A Millennial Perspective』, Development Centre Studies, OECD 2001.

Morris, Ian, 『Why the West Rules-for Now: The Patterns of History, and What They Reveal About the Future』 Farrar, Straus and Giroux, 2011.

Nelson, Richard R., 「Physical and Social Technologies, and Their Evolution」, Columbia University LEM Working Paper, June 2003.

Prescott, Edward C, 1998. 「Needed: A Theory of Total Factor Productivity」, 『International Economic Review』, Department of Economics, University of Pennsylvania and Osaka University Institute of Social and Economic Research Association, vol.39(3), pages 525-551, August.

Radelet, S. and Jeffrey Sachs, 「Asia's Reemergence」, 『Foreign Affairs』, Vol.76, No.6, 1997.

Reinhart, C. M., and Rogoff K. S., "This Time is Different: A Panoramic View of Eight Centuries of Financial Crises, Mimeo", 2008.4.

Sharma, Ruchir, 『Breakout Nations: In Pursuit of the Next Economic Miracles』, Penguin Books, 2013.

Studwell, Joe(2014), 『How Asia Works』, Grove Press (김태훈 역, 『아시아의 힘』, 프롬북스, 2016)

Woo, Jung-en, 『Race to the Swift: State and Finance in Korean Industrialization』, Columbia University press, 1991.